中国科学院院士传记丛书
老科学家学术成长资料采集工程

地学"金钉子"
殷鸿福 传

李彩容 ◎ 著

1935 年	1952 年	1980 年	1993 年	1996 年	2001 年	2011 年
生于山东威海	考入北京地质学院矿产地质与普查勘探系	被选派作为高级访问学者赴美	当选为中国科学院院士	任中国地质大学（武汉）校长	将古生代—中生代界线"金钉子"定址中国	创建生物地质与环境地质国家重点实验室

老科学家学术成长资料采集工程
中国科学院院士传记丛书

地学『金钉子』
殷鸿福 传

李彩容 著

中国科学技术出版社
·北京·

图书在版编目（CIP）数据

地学"金钉子"：殷鸿福传 / 李彩容著 . -- 北京：中国科学技术出版社，2023.2

（老科学家学术成长资料采集工程丛书 . 中国科学院院士传记丛书）

ISBN 978-7-5046-9989-3

Ⅰ.①地… Ⅱ.①李… Ⅲ.①殷鸿福 – 传记 Ⅳ.① K825.89

中国国家版本馆 CIP 数据核字（2023）第 032360 号

责任编辑	杨　丽
责任校对	邓雪梅
责任印制	李晓霖
版式设计	中文天地

出　　版	中国科学技术出版社
发　　行	中国科学技术出版社有限公司发行部
地　　址	北京市海淀区中关村南大街 16 号
邮　　编	100081
发行电话	010-62173865
传　　真	010-62173081
网　　址	http://www.cspbooks.com.cn

开　　本	787mm×1092mm　1/16
字　　数	258 千字
印　　张	16.75
彩　　插	2
版　　次	2023 年 2 月第 1 版
印　　次	2023 年 2 月第 1 次印刷
印　　刷	北京顶佳世纪印刷有限公司
书　　号	ISBN 978-7-5046-9989-3 / K·348
定　　价	85.00 元

（凡购买本社图书，如有缺页、倒页、脱页者，本社发行部负责调换）

老科学家学术成长资料采集工程
领导小组专家委员会

主　任：韩启德
委　员：（以姓氏拼音为序）
　　　　陈佳洱　　方　新　　傅志寰　　李静海　　刘　旭
　　　　齐　让　　王礼恒　　徐延豪　　赵沁平

老科学家学术成长资料采集工程
丛书组织机构

特邀顾问（以姓氏拼音为序）
　　　　樊洪业　　方　新　　谢克昌

编　委　会

主　编：老科学家学术成长资料采集工程领导小组办公室
编　委：（以姓氏拼音为序）
　　　　定宜庄　　董庆九　　郭　哲　　胡化凯　　胡宗刚
　　　　刘晓堪　　吕瑞花　　潘晓山　　秦德继　　申金升
　　　　王扬宗　　吴善超　　熊卫民　　姚　力　　张大庆
　　　　张　剑　　张　藜　　周德进

编委会办公室

主　任：孟令耘　　杨志宏
副主任：宋维嘉　　韩　颖
成　员：（以姓氏拼音为序）
　　　　高文静　　李　梅　　刘如溪　　罗兴波　　马　丽
　　　　王传超　　余　君　　张佳静

老科学家学术成长资料采集工程简介

　　老科学家学术成长资料采集工程（以下简称"采集工程"）是根据国务院领导同志的指示精神，由国家科教领导小组于2010年正式启动，中国科协牵头，联合中组部、教育部、科技部、工信部、财政部、文化部、国资委、解放军总政治部、中国科学院、中国工程院、国家自然科学基金委员会等11部委共同实施的一项抢救性工程，旨在通过实物采集、口述访谈、录音录像等方法，把反映老科学家学术成长历程的关键事件、重要节点、师承关系等各方面的资料保存下来，为深入研究科技人才成长规律，宣传优秀科技人物提供第一手资料和原始素材。

　　采集工程是一项开创性工作。为确保采集工作规范科学，启动之初即成立了由中国科协主要领导任组长、12个部委分管领导任成员的领导小组，负责采集工程的宏观指导和重要政策措施制定，同时成立领导小组专家委员会负责采集原则确定、采集名单审定和学术咨询，委托科学史学者承担学术指导与组织工作，建立专门的馆藏基地确保采集资料的永久性收藏和提供使用，并研究制定了《采集工作流程》《采集工作规范》等一系列基础文件，作为采集人员的工作指南。截至2021年8月，采集工程已启动592位科学家的学术成长资料采集项目，获得实物原件资料132922件、数字化资料318092件、视频资料443783分钟、音频资料527093分钟，具有重要的史料价值。

采集工程的成果目前主要有三种体现形式，一是建设"中国科学家博物馆网络版"，提供学术研究和弘扬科学精神、宣传科学家之用；二是编辑制作科学家专题资料片系列，以视频形式播出；三是研究撰写客观反映老科学家学术成长经历的研究报告，以学术传记的形式，与中国科学院、中国工程院联合出版。随着采集工程的不断拓展和深入，将有更多形式的采集成果问世，为社会公众了解老科学家的感人事迹，探索科技人才成长规律，研究中国科技事业的发展历程提供客观翔实的史料支撑。

总序一

中国科学技术协会主席 韩启德

老科学家是共和国建设的重要参与者，也是新中国科技发展历史的亲历者和见证者，他们的学术成长历程生动反映了近现代中国科技事业与科技教育的进展，本身就是新中国科技发展历史的重要组成部分。针对近年来老科学家相继辞世、学术成长资料大量散失的突出问题，中国科协于2009年向国务院提出抢救老科学家学术成长资料的建议，受到国务院领导同志的高度重视和充分肯定，并明确责成中国科协牵头，联合相关部门共同组织实施。根据国务院批复的《老科学家学术成长资料采集工程实施方案》，中国科协联合中组部、教育部、科技部、工业和信息化部、财政部、文化部、国资委、解放军总政治部、中国科学院、中国工程院、国家自然科学基金委员会等11部委共同组成领导小组，从2010年开始组织实施老科学家学术成长资料采集工程。

老科学家学术成长资料采集是一项系统工程，通过文献与口述资料的搜集和整理、录音录像、实物采集等形式，把反映老科学家求学历程、师承关系、科研活动、学术成就等学术成长中关键节点和重要事件的口述资料、实物资料和音像资料完整系统地保存下来，对于充实新中国科技发展的历史文献，理清我国科技界学术传承脉络，探索我国科技发展规律和科技人才成长规律，弘扬我国科技工作者求真务实、无私奉献的精神，在全社会营造爱科学、学科学、用科学的良好氛围，是一件很有意义的事情。采集工程把重点放在年龄在 80 岁以上、学术成长经历丰富的两院院士，以及虽然不是两院院士、但在我国科技事业发展中作出突出贡献的老科技工作者，充分体现了党和国家对老科学家的关心和爱护。

自 2010 年启动实施以来，采集工程以对历史负责、对国家负责、对科技事业负责的精神，开展了一系列工作，获得大量反映老科学家学术成长历程的文字资料、实物资料和音视频资料，其中有一些资料具有很高的史料价值和学术价值，弥足珍贵。

以传记丛书的形式把采集工程的成果展现给社会公众，是采集工程的目标之一，也是社会各界的共同期待。在我看来，这些传记丛书大都是在充分挖掘档案和书信等各种文献资料、与口述访谈相互印证校核、严密考证的基础之上形成的，内中还有许多很有价值的照片、手稿影印件等珍贵图片，基本做到了图文并茂，语言生动，既体现了历史的鲜活，又立体化地刻画了人物，较好地实现了真实性、专业性、可读性的有机统一。通过这套传记丛书，学者能够获得更加丰富扎实的文献依据，公众能够更加系统深入地了解老一辈科学家的成就、贡献、经历和品格，青少年可以更真实地了解科学家、了解科技活动，进而充分激发对科学家职业的浓厚兴趣。

借此机会，向所有接受采集的老科学家及其亲属朋友，向参与采集工程的工作人员和单位，表示衷心感谢。真诚希望这套丛书能够得到学术界的认可和读者的喜爱，希望采集工程能够得到更广泛的关注和支持。我期待并相信，随着时间的流逝，采集工程的成果将以更加丰富多样的形式呈现给社会公众，采集工程的意义也将越来越彰显于天下。

是为序。

总序二

中国科学院院长　白春礼

由国家科教领导小组直接启动，中国科学技术协会和中国科学院等12个部门和单位共同组织实施的老科学家学术成长资料采集工程，是国务院交办的一项重要任务，也是中国科技界的一件大事。值此采集工程传记丛书出版之际，我向采集工程的顺利实施表示热烈祝贺，向参与采集工程的老科学家和工作人员表示衷心感谢！

按照国务院批准实施的《老科学家学术成长资料采集工程实施方案》，开展这一工作的主要目的就是要通过录音录像、实物采集等多种方式，把反映老科学家学术成长历史的重要资料保存下来，丰富新中国科技发展的历史资料，推动形成新中国的学术传统，激发科技工作者的创新热情和创造活力，在全社会营造爱科学、学科学、用科学的良好氛围。通过实施采集工程，系统搜集、整理反映这些老科学家学术成长历程的关键事件、重要节点、学术传承关系等的各类文献、实物和音视频资料，并结合不同时期的社会发展和国际相关学科领域的发展背景加以梳理和研究，不仅有利于深入了解新中国科学发展的进程特别是老科学家所在学科的发展脉络，而且有利于发现老科学家成长成才中的关键人物、关键事件、关键因素，探索和把握高层次人才培养规律和创新人才成长规律，更有利于理清我国科技界学术传承脉络，深入了解我国科学传统的形成过程，在全社会范围内宣传弘扬老科学家的科学思想、卓越贡献和高尚品质，推动社会主义科学文化和创新文化建设。从这个意义上说，采集工程不仅是一项文化工程，更是一项严肃认真的学术建设工作。

中国科学院是科技事业的国家队，也是凝聚和团结广大院士的大家庭。早在1955年，中国科学院选举产生了第一批学部委员，1993年国务院决定中国科学院学部委员改称中国科学院院士。半个多世纪以来，从学部委员到院士，经历了一个艰难的制度化进程，在我国科学事业发展史上书写了浓墨重彩的一笔。在目前已接受采集的老科学家中，有很大一部分即是上个世纪80、90年代当选的中国科学院学部委员、院士，其中既有学科领域的奠基人和开拓者，也有作出过重大科学成就的著名科学家，更有毕生在专门学科领域默默耕耘的一流学者。作为声誉卓著的学术带头人，他们以发展科技、服务国家、造福人民为己任，求真务实、开拓创新，为我国经济建设、社会发展、科技进步和国家安全作出了重要贡献；作为杰出的科学教育家，他们着力培养、大力提携青年人才，在弘扬科学精神、倡树科学理念方面书写了可歌可泣的光辉篇章。他们的学术成就和成长经历既是新中国科技发展的一个缩影，也是国家和社会的宝贵财富。通过采集工程为老科学家树碑立传，不仅对老科学家们的成就和贡献是一份肯定和安慰，也使我们多年的夙愿得偿！

鲁迅说过，"跨过那站着的前人"。过去的辉煌历史是老一辈科学家铸就的，新的历史篇章需要我们来谱写。衷心希望广大科技工作者能够通过"采集工程"的这套老科学家传记丛书和院士丛书等类似著作，深入具体地了解和学习老一辈科学家学术成长历程中的感人事迹和优秀品质；继承和弘扬老一辈科学家求真务实、勇于创新的科学精神，不畏艰险、勇攀高峰的探索精神，团结协作、淡泊名利的团队精神，报效祖国、服务社会的奉献精神，在推动科技发展和创新型国家建设的广阔道路上取得更辉煌的成绩。

总序三

中国工程院院长　周　济

由中国科协联合相关部门共同组织实施的老科学家学术成长资料采集工程，是一项经国务院批准开展的弘扬老一辈科技专家崇高精神、加强科学道德建设的重要工作，也是我国科技界的共同责任。中国工程院作为采集工程领导小组的成员单位，能够直接参与此项工作，深感责任重大、意义非凡。

在新的历史时期，科学技术作为第一生产力，已经日益成为经济社会发展的主要驱动力。科技工作者作为先进生产力的开拓者和先进文化的传播者，在推动科学技术进步和科技事业发展方面发挥着关键的决定的作用。

新中国成立以来，特别是改革开放 30 多年来，我们国家的工程科技取得了伟大的历史性成就，为祖国的现代化事业作出了巨大的历史性贡献。两弹一星、三峡工程、高速铁路、载人航天、杂交水稻、载人深潜、超级计算机……一项项重大工程为社会主义事业的蓬勃发展和祖国富强书写了浓墨重彩的篇章。

这些伟大的重大工程成就，凝聚和倾注了以钱学森、朱光亚、周光召、侯祥麟、袁隆平等为代表的一代又一代科技专家们的心血和智慧。他们克服重重困难，攻克无数技术难关，潜心开展科技研究，致力推动创新发展，为实现我国工程科技水平大幅提升和国家综合实力显著增强作出了杰出贡献。他们热爱祖国，忠于人民，自觉把个人事业融入到国家建设大局之中，为实现国家富强而不断奋斗；他们求真务实，勇于创新，用科技为中华民族的伟大复兴铸就了辉煌；他们治学严谨，鞠躬尽瘁，具有崇高的科学精神和科学道德，是我们后代学习的楷模。科学家们的一生是一本珍贵的教科书，他们坚定的理想信念和淡泊名利的崇高品格是中华民族自强不息精神的宝贵财富，永远值得后人铭记和敬仰。

通过实施采集工程，把反映老科学家学术成长经历的重要文字资料、实物资料和音像资料保存下来，把他们卓越的技术成就和可贵的精神品质记录下来，并编辑出版他们的学术传记，对于进一步宣传他们为我国科技发展和民族进步作出的不朽功勋，引导青年科技工作者学习继承他们的可贵精神和优秀品质，不断攀登世界科技高峰，推动在全社会弘扬科学精神，营造爱科学、讲科学、学科学、用科学的良好氛围，无疑有着十分重要的意义。

中国工程院是我国工程科技界的最高荣誉性、咨询性学术机构，集中了一大批成就卓著、德高望重的老科技专家。以各种形式把他们的学术成长经历留存下来，为后人提供启迪，为社会提供借鉴，为共和国的科技发展留下一份珍贵资料。这是我们的愿望和责任，也是科技界和全社会的共同期待。

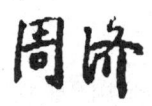

周济

殷鸿福

采集小组成员与殷鸿福先生合影（2018年10月9日）
（左起：胡娅妮、李梦云、殷鸿福、李彩容、常露方）

采集小组成员与殷鸿福先生合影（2020年11月19日）
（左起：杜兴玥、罗鑫宇、殷鸿福、程玲玲、王熳莉）

目 录

老科学家学术成长资料采集工程简介

总序一···韩启德

总序二···白春礼

总序三···周　济

导　言··· 1

| 第一章 | 战火中的童稚岁月·························· 5

　　上海幼年··· 5
　　定海童年··· 7

第二章	"地质种子"发新芽 ································· 10
	接受全面的素质教育 ································· 10
	初探地球奥秘 ································· 14
	国之所需　心之所向 ································· 15

第三章	朝夕问道忌功利 ································· 18
	大学生活 ································· 19
	名师与课堂 ································· 22
	暂调西北地质局 ································· 23
	师从杨遵仪院士 ································· 26
	研究生生活 ································· 32

第四章	宝剑锋从磨砺出 ································· 36
	留校任教 ································· 36
	"五七"干校中的乐天派 ································· 38
	机会只垂青于有准备的人 ································· 40

第五章	访学海外　开阔视野 ································· 43
	访美收获 ································· 44
	留英之旅 ································· 54

第六章	潜心科研　硕果累累 ································· 58
	三叠系研究国际闻名 ································· 60
	将古生代—中生代界线"金钉子"定址中国 ································· 67
	在古生物学和古生态学方面的成果 ································· 81

  建立生物地质学学科体系 …………………………………… 83
  引领地球生物学走向国际前沿 ………………………………… 93
  创建生物地质与环境地质国家重点实验室 ………………… 103
  造山带研究的新思路及其成功应用 ………………………… 107
  重视长江流域环境演化及地方发展 ………………………… 114

第七章 | 走马上任　传承薪火 ………… 121

  育人育才的教育理念 ………………………………………… 122
  握好方向盘　建设"211 工程" ……………………………… 126
  殷校长的两把阔斧 …………………………………………… 131
  推动国家重点实验室建设 …………………………………… 136
  热衷"买地"的殷校长 ……………………………………… 137
  推荐院士尽责尽力 …………………………………………… 140
  廉洁精神永流传 ……………………………………………… 140

第八章 | 学之良师　德之楷模 ………………… 142

  不畏艰险探索野外 …………………………………………… 142
  锲而不舍开放长兴 …………………………………………… 147
  勤俭朴素捐资助学 …………………………………………… 153
  严师高徒拓宽学科 …………………………………………… 157
  建设梯队传承精神 …………………………………………… 169
  退而不休余晖红 ……………………………………………… 176

结　语 ……………………………………………………… 184

附录一　殷鸿福年表 …………………………………… 187

附录二　殷鸿福主要论著目录·················213

参考文献·················237

后　记·················239

图片目录

图 1-1	1936 年殷鸿福一岁时照片	6
图 1-2	1940 年殷鸿福全家人合影留念	6
图 2-1	1946—1949 年殷鸿福初中学籍卡	11
图 2-2	1949 年 7 月殷鸿福于上海育才中学初中毕业时班级合影	13
图 2-3	1949—1952 年殷鸿福高中学籍卡	13
图 2-4	1953 年 5 月 26 日《中国青年报》刊登殷鸿福文章	17
图 3-1	1952 年初殷鸿福入大学时的证件照	19
图 3-2	1958 年殷鸿福在南祁连山帐篷前骑骆驼照	33
图 4-1	1961 年殷鸿福研究生毕业照	37
图 4-2	1964 年殷鸿福与胡雍的结婚照	38
图 5-1	1981 年殷鸿福在举办于俄亥俄州的美国地质协会年会留影	45
图 5-2	1982 年纽约科学院邀请殷鸿福讲学招贴	46
图 5-3	1980 年殷鸿福在位于华盛顿的美国国家自然历史博物馆留念	47
图 5-4	殷鸿福在英国皇家学会与国际三叠系分会秘书长杰弗里·沃林顿（Geoffrey Warrington）合影	55
图 5-5	1998 年殷鸿福与哈勒姆及威格诺尔在煤山合影	56
图 5-6	《中国古生物地理学》英文版	57
图 6-1	殷鸿福等获 1985 年地质矿产部科学技术成果奖二等奖证书	63
图 6-2	1988 年殷鸿福在陕西秦岭野外记录观察留影	65
图 6-3	国际地层委员会 2017 版国际年代地层表	70
图 6-4	1989 年殷鸿福获国家教育委员会科技进步奖二等奖证书	74
图 6-5	1993 年殷鸿福当选为中国科学院院士证书	78
图 6-6	2001 年殷鸿福获湖北省自然科学奖一等奖证书	79
图 6-7	2002 年殷鸿福获国家自然科学奖二等奖证书	80
图 6-8	2000 年 7 月国际地层委员会主席格拉斯坦致殷鸿福的信	80

图 6-9	殷鸿福、徐道一、吴瑞棠编著的《地质演化突变观》	85
图 6-10	1988 年 11 月 19 日钱学森院士写给殷鸿福的信	87
图 6-11	2000 年《中国古生物地理学》获湖北省自然科学奖一等奖证书	89
图 6-12	殷鸿福等著《扬子区及其周缘东吴—印支期生态地层学》封面	90
图 6-13	殷鸿福等著《生物成矿系统论》封面	91
图 6-14	殷鸿福等著《生物地质学》封面	91
图 6-15	2008 年生物地质学研究获国家自然科学奖二等奖证书	92
图 6-16	1998 年中国中央造山带国际会议与会人员合照	111
图 6-17	殷鸿福与国际地质科学联合会（IUGS）领导在 1998 年"中国中央造山带结构、组成和演化"国际学术研讨会上合影	111
图 6-18	1999 年秦岭研究获教育部科技进步奖一等奖证书	113
图 6-19	1999 年秦岭研究获国家自然科学奖二等奖证书	113
图 6-20	2011 年《长江中游洪灾形成与防治的环境地质研究》入选第三届"三个一百"原创出版工程证书	119
图 7-1	2002 年殷鸿福向青年学子讲解化石时的照片	124
图 7-2	1995 年殷鸿福获全国先进工作者称号证书	125
图 8-1	2009 年殷鸿福获科技部野外科技工作突出贡献奖时的照片	147
图 8-2	1998 年 3 月殷鸿福等 10 名全国政协委员为呼请开放浙江长兴煤山提交的 2208 号提案	150
图 8-3	1998 年 12 月 14 日殷鸿福为呼请开放浙江长兴煤山剖面写给浙江省省长的信	152
图 8-4	周大可、何心一对殷鸿福院士的评价	155
图 8-5	2014 年 4 月 16 日陈慧慧发给殷鸿福的感谢信	156
图 8-6	殷鸿福捐赠证书	157
图 8-7	2019 年 1 月殷鸿福获 2018—2019 年度"华人教育名家"称号海报及奖杯	160
图 8-8	殷鸿福在"华人教育名家"颁奖现场致辞照片	160
图 8-9	2018 年 9 月 10 日殷鸿福获中央广播电视总台"最美教师"荣誉证书及奖杯	161
图 8-10	弟子谢树成对殷鸿福院士的评价	167

图 8-11　弟子赖旭龙对殷鸿福院士的评价……………………………168
图 8-12　2017 年 9 月殷鸿福与宋龙妹的结婚照……………………176
图 8-13　2018 年元旦前夕殷鸿福给温总理的回信……………………179
图 8-14　2018 年殷鸿福在"平凡化石故事·非凡贡献人物（1998—2018）"活动合影……………………………………………181
图 8-15　1995 年殷鸿福获全国先进工作者称号证书………………182
图 8-16　2002 年殷鸿福获献身地质事业半个多世纪荣誉证书………182
图 8-17　2019 年 11 月殷鸿福荣获中国古生物学会"终身成就荣誉"奖牌…………………………………………………………182
图 8-18　2021 年 11 月殷鸿福获首届"湖北省杰出人才奖"………182

导 言

　　殷鸿福是我国著名地层古生物学及地质学家，中国科学院院士，中国地质大学（武汉）教授、博士生导师，曾任该校校长。1935年3月出生于山东威海，1956年毕业于北京地质学院矿产地质与普查勘探系，1961年于该校研究生毕业，后留校任教。1993年当选为中国科学院院士。

　　殷鸿福推动古生物学与地质学全面结合，对间断平衡论、新灾变论、事件地层学有系统研究，提出了地质演化突变理论，在生态地层学、生物—有机质—流体成矿系统和中国古生物地理学等方面均有专著，在此基础上建立了生物地质学，并进而建立了我国的地球生物学学科体系。他发表了化石描述论著近300种，图版80多幅。殷鸿福系统总结中国及东亚的三叠系，提出国际二叠系—三叠系界线新定义、界线事件的火山成因说等，确立了中国浙江长兴煤山为全球二叠系—三叠系界线层型（"金钉子"）。2019年获中国古生物学会授予的"终身成就荣誉"。在地质与古生物的世界里，他是一位不知疲倦、创新进取的开拓者；在教书育人的过程中，他是一位兢兢业业、务实求真的传道者；在中国地质大学（武汉）的发展中，他是一位高瞻远瞩、勇于改革的领导者。在"院士""教师""校长"三种角色里，他都取得了令人瞩目的成绩。他与"地质与古生物"结下了不解之缘。

殷鸿福院士先后在生物地层学、生物地质学、地球生物学等领域开展了系统性研究。地质学与生物学的交叉、结合，加上开拓创新、务实求真的科研态度，最终结出了丰硕的果实。殷鸿福也成为1991年以来，当选为中国科学院院士后获国家级奖项最多的院士之一。

20世纪60年代初，殷鸿福致力于贵州三叠系生物地层问题的研究，用大量翔实的图表数据初步建立起贵州三叠系生物地层系统，为后期三叠系研究打下基础。他还参与了我国第一部古生态学教材《古生态学》的编写。

70年代末，殷鸿福转战西北，建立了我国西北地区第一个海相中生界地层系统——祁连山区海相三叠系地层系统，并通过对陕西渭北地区三叠系的研究，发现了典型的海相双壳类——正海扇等，他首先提出了华北地区存在三叠纪海侵的观点。

80年代，殷鸿福访学回国后，引进了国外一些古生物学思想，包括间断平衡论、分支系统学、古生物地理、大陆漂移与微板块等，出版了《地质演化突变观》一书。他在1986年提出以牙形石微小欣德刺的首次出现作为三叠系开始的标志，推翻了使用一百多年的化石标准。他领导国际二叠系—三叠系界线工作组克服重重困难，于2001年3月确立中国浙江长兴煤山为全球二叠系—三叠系界线层型，为这一国际领先成果作出了卓越贡献。此外，他开始走上了地质学与古生物学结合的道路——生物地质学。1988年，殷鸿福等著《中国古生物地理学》出版，专著论证了中国各时代的古生物地理区划，为中国板块活动的研究提供了重要的依据。80年代末，殷鸿福首先将地质微生物活动与矿床学结合起来，主持了微生物成矿的研究。经过多年的实践，提出了生物—有机质—流体成矿系统的理论体系。

80年代后期到90年代，殷鸿福系统地研究秦岭和东昆仑山这两个活动带，敏锐地察觉到立足于稳定区的传统地层学不能解决活动带地层问题。他认为，古亚洲洋和特提斯洋的板块运动具有多岛洋、软碰撞和多旋回的特点，要用构造岩片四维裂解拼合复原法研究造山带地层。他还提出了应用古地磁、构造、沉积、地球化学、古生物地理和古气候复原古海盆的活动方法，并以秦岭和华南为对象探索活动论的古海洋恢复和盆地演化。90年代末至21世纪初,殷鸿福等著《生物地质学》专著出版,同时他不断开拓新的学科领域,推动从生物地质学向地球生物学的跨越。

21世纪,殷鸿福多次主持、参与地球生物学重大项目,如中石化重大项目、"973"项目、国家重点研发项目等,并参与了多部地球生物学专著的编写。2010—2021年,他负责了《地球生物学》《深部地下生物圈》《极端地质环境微生物》三部国家自然科学基金委员会及中国科学院"国家科学思想库·学术引领系列"图书的出版,为地球生物学的发展作出了重要贡献。

身为教师,殷鸿福院士因材施教、认真教学,长期坚持课堂教学与野外实践教学相结合,每年坚持为大一学生讲授普通地质学。在近60年的教学生涯中,殷鸿福院士桃李遍天下,先后培养了五名长江学者和国家杰出青年科学基金获得者。他所在的"地史古生物学"团队于2008年入选国家教学团队;所在的"地质学教学团队"同年入选"全国高校黄大年式教师团队"。他自己也在2018年获评"全国最美教师"之际,用"问道争朝夕,治学忌功利"概括了自己的从教之道。

身为校长,殷鸿福推动了中国地质大学"211工程"建设,包括:重点学科建设、公共服务体系建设项目;"秭归实习基地""学科国际化"和"数字地大工程"建设;"地质过程与矿产资源""生物环境与环境地质"等国家重点实验室的建设。此外,他多次以奖学金等方式捐助困难学生。在人才培养、学科发展、学校建设等方面,殷鸿福做了大量工作并取得成果。

无论作为"院士""教师"或"校长"中的任何角色,殷鸿福都对社会作出了重大贡献。他谨遵自己的为人与治学之道,用他身上艰苦奋斗、追求卓越、淡泊名利、勇于创新等宝贵精神影响着同事与后辈,用行动践行了"做一名地质工作者终身为祖国服务"的诺言。

殷鸿福学术成长资料采集项目于2018年4月启动,2020年9月完成采集工作,历时两年多。其间,采集小组成员前往中国地质大学武汉(简称地大)和北京校区等地查阅殷鸿福的相关档案、报道和书籍;采集小组访谈了他本人及其女殷蔚华、其子殷蔚明,他的高中同学周大可,在古生物教研室工作期间的同事何心一、李志明、吴顺宝，他担任校长期间的同事张锦高与王焰新，他的学生童金南、赖旭龙、谢树成。在采集项目开展中，采集小组获得了殷鸿福院士极大的支持。

采集小组采集到大量重要资料。一是证书类，包括殷鸿福院士的本科和研究生毕业证书、尹赞勋地层古生物学奖奖状、中青年有突出贡献专家证书、中国科学院院士证书、中华人民共和国国务院全国先进工作者证书、中华人民共和国科学技术部国家自然科学奖二等奖证书、何梁何利基金科学与技术进步奖证书、中华人民共和国国务院国家自然科学奖二等奖证书等。二是书信类，包括温家宝总理给殷鸿福院士的信和钱学森致殷鸿福院士的信等。三是手稿类，有殷鸿福院士三峡野外实习记录簿、湘鄂西野外实习记录簿、湘西南湘西北地层简介、把"金钉子"建在我国的工作资料、全球古生代—中生代界线"金钉子"的背景材料、研究生毕业论文等。四是档案类，有上海市立育才中学校学生状况一览表、上海市立育才中学学生成绩表、"全球二叠系—三叠系界线层型研究"科学技术成果鉴定证书等。五是照片类，有殷鸿福就读的上海市育才中学初中毕业班级合影、上海市育才中学高中毕业班级师生合影、殷鸿福院士童年和青年时期的照片、温家宝总理在中国地质大学（武汉）与殷鸿福合影等。其他还有胡锦涛总书记对于"关于培养、提拔青年的几点建议"的批示和浙江长兴煤山二叠系—三叠系全球界线层型剖面的标本等。这些采集成果揭示了殷鸿福院士的学术成长轨迹。

本传记共八章，分别从求学、教学、科研、行政、精神品质五大方面对殷鸿福进行了画像。第一章至第三章记录了殷鸿福在定海、上海、北京三地求学的经历；第四、五章描写了殷鸿福研究生毕业后留校任教以及先后到美国、英国访学的经历；第六章叙述了殷鸿福分别在生物地层学、生物地质学、地球生物学等领域做出的努力以及取得的累累硕果；第七章是他在担任校长期间，对中国地质大学发展作出的重要贡献的再现，包括育人育才的理念、"211工程"的推进、实习基地的构建等；第八章展现了他不畏艰险、锲而不舍、刻苦求真、勤俭朴素、淡泊名利、热爱科学、勇于创新等精神品质。

第一章
战火中的童稚岁月

殷鸿福出生于山东威海，籍贯浙江舟山。出生后不久，殷鸿福便被父母带回工作所在地上海，并在此度过了一段幸福安稳的时光。1941年底，日本偷袭珍珠港，太平洋战争爆发，日本军队侵入上海国际公共租界内，严重影响了租界内人民群众的生命安全。殷鸿福跟随祖父母、姑姑和姐姐回老家舟山定海避难，父母则带着其他孩子继续在上海工作生活。颠沛流离的逃难经历培养了殷鸿福坚韧的品质，亲身经历的战争点燃了他的爱国之情。

上 海 幼 年

1935年3月15日，在山东威海，一个小生命呱呱坠地，殷恩祖、邱珠兰一家迎来了他们的第四个孩子殷鸿福。殷鸿福有两个姐姐和一个哥哥，大姐殷梅良、二姐殷梅娣和三哥殷鸿樑。殷鸿福出生不久便跟随父母来到上海，与祖父母、父母、姑姑和姐姐哥哥们生活在一起。在殷鸿福一岁零两个月时，殷家迎来了第五个孩子，弟弟殷鸿笙，殷家一家十口，三

图1-1 1936年殷鸿福一岁时照片（由殷鸿福提供）

世同堂，好生热闹。殷鸿福的父亲殷恩祖毕业于南开大学，时任上海英国领事馆的翻译兼秘书，母亲邱珠兰是一位普通的家庭妇女，照料着全家人的生活起居，小鸿福便是在这样严父慈母的环境中长大。

父亲殷恩祖受过高等教育，对孩子们的要求比较高，希望孩子们可以青出于蓝而胜于蓝，成为对社会有用的人才。在那个没有课外辅导班的年代，父亲每天下班回来都要给孩子们布置额外的作业。父亲的专长是英语，也偏重培养孩子们的英语能力，每次孩子们做完父亲布置的英语作业，还要统一交上去，由父亲检查批改，或指出错误严加批评，或态度认真给予鼓励。这无疑是一件苦差事，每每回想起来都"苦"不堪言。① 母亲邱珠兰虽只是一名普通的家庭妇女，但深知修身齐家的道理，并践行于日常生活之中，影响着孩子们。后来殷鸿福回

图1-2 1940年殷鸿福全家人合影留念（由殷鸿福提供。前排左起：弟弟殷鸿笙、祖母、三哥殷鸿樑、祖父殷定发、殷鸿福；后排左起：二姐殷梅娣、母亲邱珠兰、姑姑殷桂卿、父亲殷恩祖、大姐殷梅良）

① 殷鸿福访谈，2018年10月9日，武汉。资料存于采集工程数据库。

忆道:"虽然母亲没受过高等教育,但我们从小就知道忠孝仁爱、礼义廉耻这些,这是受母亲一些潜移默化的影响。"① 正是成长于这样一个严父慈母的家庭之中,殷鸿福得到了良好的知识启蒙和素质教育,这对他的一生有着重要的影响。

定 海 童 年

自 19 世纪 40 年代英、美、法三国先后与清政府签订了《南京条约》《虎门条约》《望厦条约》《黄埔条约》和《上海土地章程》起,三国先后在上海设立租界。1899 年,美英租界正式更名为"上海国际公共租界",占地约 22 平方千米。法租界占地约 10 平方千米。抗日战争时期,继发动七七事变之后,日本帝国主义又于 1937 年 8 月 13 日发动了八一三事变,大举进攻上海。1937 年 11 月 12 日,上海沦陷,但由于上海市区早已被英、美、法三国占领为租界,日本只好占领了上海的外围地区。由于日本军队不能干扰英美等国家,自然也不便染指英美所管辖的公共租界,英美法的物资依然在上海港口输入输出,营造出上海暂时的繁荣景象。这份安宁在几年后便被打破。1941 年 12 月 7 日(夏威夷时间),日本偷袭珍珠港对美宣战,太平洋战争爆发,日本军队占领公共租界。殷家人兵分两路,六岁的殷鸿福跟随祖父母、姑姑和姐姐回老家舟山定海避难,而父母为了领到薪水来养家糊口,带着其余的孩子继续在上海工作生活。

定海老家后来亦被日本占领,日子充满了艰辛,二姐殷梅娣便是夭折于此。殷鸿福的童年是在舟山定海度过的。定海是中国千岛城市舟山的县城,现在是舟山市政治、经济、文化中心,因其优越的地理位置,属我国南北海运和远东国际航线之要冲,是长江流域对外开放的海上门户和通道。过去的定海县虽小,但是统辖整个舟山群岛。据殷鸿福回忆:"定海县

---

① 殷鸿福访谈,2018 年 10 月 9 日,武汉。资料存于采集工程数据库。

是很小的一个县城，从东门走到西门，大概十分钟，上小学的时候就这样走的。"[1] 早先的时候，殷鸿福的祖父在外谋发展，挣了些钱，回定海老家盖了栋房，买了十几亩地，仍旧要靠父亲寄钱补贴一家人的基本生活。幸运的是，土地改革的时候衡量地主的标准是每户三十亩地以上，殷家划为"小土地所有者"，没有对他家造成过多的影响。由于舟山靠近海边，盛产鱼类，鱼类便成了殷家饭桌上必可不少的一道菜。舟山渔场是我国最大的渔场之一，产鱼量很大，为了不让鱼腐烂，每次打上来的鱼大都要用盐腌制，殷鸿福一家每日三餐除了吃刚打上来的新鲜鱼，就是吃腌制过的咸鱼，当时食用油量少且价格昂贵，鱼并不像现在可以用油来煎炸，只能做一些水煮或清蒸的简单加工。留给殷鸿福印象最深的食物是"酒酿"，他回忆道："那时候印象最深的就是现在所谓的酒酿，湖北叫米酒，米酒打个蛋在上头，是那时候最好的东西了。后来一直想回家乡吃酒酿，现在市场上卖的吃到嘴里味道都和小时候的不一样了。"[2] 童年的味道永远都那么美好，那么简单，殷鸿福每每回忆起来嘴角就会自然地上扬。

快乐的时光总是过得很快，转眼间，殷鸿福也到了该上学的年纪。1942年9月，祖父母送他上了本地的定海小学，当时叫平政桥小学，由一位姓秦的女校长主持。殷鸿福在小学跳了一级，共接受了五年小学教育。由于日本侵华战争的加剧，定海县也受到了一定的影响，定海小学开始开展"皇民化"运动，由一位朝鲜籍的女老师教大家日语，殷鸿福和同学们都不爱念日文，背地里经常骂那位日语老师。由于日本军队人数有限，像定海县这样的小地方通常驻扎的日本军队人数很少，大多是一些汉奸、伪军之类的，但老百姓还是生活在日本人的监管下，大家都过得很不自在。为了防游击队，日本军队还在定海的城门口设了一道关卡，进出定海县城的老百姓都要接受日军的检查，只要稍被怀疑，被打一棍子甚至插一刀子是常有的事，殷鸿福老家的亲友们，被打的、打伤的有很多。

殷鸿福在读小学期间，除开每日上课，课后最喜欢做的事情就是待在祖父的房间里阅读祖父购置多年的小说，如《水浒传》《三国演义》等古

---

[1] 殷鸿福访谈，2018年10月9日，武汉。资料存于采集工程数据库。

[2] 同[1]。

代经典小说。各路绿林好汉勇猛忠义的故事，三国时期帝王将相之"演义"，精彩的小说情节深深地打动着殷鸿福，为他在定海老家日复一日的平淡生活留下了一抹色彩，缓解了殷鸿福对远在上海工作的双亲的思念之情。

第二章
"地质种子"发新芽

1946年7月,殷鸿福于浙江舟山定海小学毕业,并随家人返回上海。9月,他进入了当时堪称全国中学样板的上海育才中学读初中。在初中阶段,殷鸿福认真好学,各门功课皆取得了好成绩,在年级名列前茅,因此得以保送升入上海育才中学高中部就读。

接受全面的素质教育

1946年7月,十一岁的殷鸿福从浙江舟山定海小学毕业,同年9月,跟随家人返回上海,就读于上海育才中学。上海育才中学创办于1901年,创办人是英籍犹太人埃利斯·嘉道理(Ellis Kaddoorie),当时的育才中学位于山海关路和卡德路(今石门二路)的交界处,地处上海国际公共租界内。学校分为初中部和高中部,因是由英国人开设的,对英文的要求很高,入学考试和平时测验非常严格,毕业的学生大多优秀,一些高中毕业生能够直接前往英国高等学府深造。育才中学初中部开设了数学、物理、化学、语文、英文、历史、地理、自然等课程,高中部课程与初中相似,只是学习的知识更加深入，像数学课程，初中学习算数、代数、几何，高中学习解析几何、三角等。①育才中学重视英文，甚至连音乐课的教材《一百零一首歌》（One Hundred One）全部都是英文歌曲。当时给殷鸿福上英文课的老师，叫丁博士（Doctor Ding），也是用英文授课。学校浓厚的英文学习氛围给了殷鸿福很大的影响。②

虽然课程难度较大，但是殷鸿福基本上每门功课都很好。那时同学们还戏称他为"书呆子"，因为在全年级三个班九十多个同学里，他的成绩一直名列前茅，尤其是英文。他的初中同班同学周大可回忆道："殷鸿福这人从小学习好，肯学，聪明，这和他家庭环境有关系，他父亲是英国领事馆的翻译，所以他英文底子很好。"③

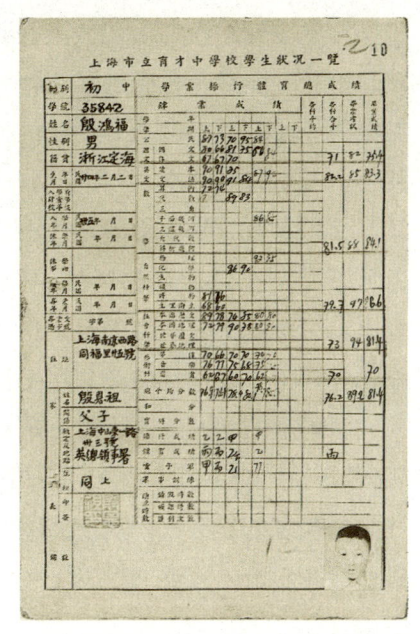

图 2-1　1946—1949 年殷鸿福初中学籍卡（由殷鸿福提供）

除开常规的文化课学习，学校也安排了许多课外活动，注重学生的德智体美劳全面发展，不强调应试教育，而是提倡素质教育。早晨上课前学生们要去操场跑步或者做早操，以增强学生的体质。而且课程作业也不多，殷鸿福可以经常和同学朋友一起玩耍。虽然当时的社会经济条件不好，体育设施严重不足，但只要是和同学朋友在一起，大家就是在操场上打打闹闹，也是件很令人开心的事情。放学回家路上，殷鸿福会跟同学一起在马路边闲逛，边走路边聊天边嬉戏，"有时候还意犹未尽，过门不入，就继续一起走，口袋里有点零钱还可以买冰淇淋什么的"。孩子们的快乐就是这么简单。

---

① 殷鸿福访谈，2018 年 10 月 9 日，武汉。资料存于采集工程数据库。
② 同①。
③ 周大可访谈，2019 年 3 月 9 日，北京。存地同①。

第二章　"地质种子"发新芽　　*11*

除了接受常规的学校教育，殷鸿福还要接受家庭教育。殷鸿福的父亲殷恩祖是一名翻译，受过高等教育的他非常重视孩子们的教育，希望他们都能够成才。在殷鸿福小的时候就受到过父亲的启蒙教育，只是因为战争使得家庭分离，父亲才中断了对他的教育。现在殷鸿福又回到了父母身边，父亲对他的学业格外地关注。当时并没有随处可见的课外辅导机构和家教，父亲自己便当起了孩子们的英文家教，每天额外给孩子们布置作业，然后认真批改，每天晚上还要检查子女的学习情况。在父亲专业、严格的教导下，殷鸿福的英语水平得到了极大提升。少年时期在英文方面打下的坚实基础，为他日后访学英美深造做好了铺垫。

殷鸿福上初中的时候，抗战刚胜利不久，上海还未解放，当时担任育才中学校长的袁哲是国民党党部委员，所以学校内的政治斗争比较尖锐。国民党在学校内发展的"三民主义青年团"和当时的中共地下党员时常有摩擦。"三民主义青年团"是孙中山向苏联学习的产物，但是后期随着国民党性质的改变，变成了反动组织。

殷鸿福的哥哥殷鸿樑比殷鸿福高三个年级，与一心向学很少参加社会活动的殷鸿福不一样，哥哥是学校的学生会主席，倾向进步。殷鸿福的大姐殷梅良在中学时也积极参与学生运动。

1949年，十四岁的殷鸿福从育才中学初中部毕业，保送至高中部学习。殷鸿福不仅学习成绩优秀，还担任了团支委，对待工作尽心尽力。

1949年前的上海，国民党跟共产党斗争的形势在学校中也有所反映。1949年4月新民主主义青年团成立，上海解放后，同年11月，殷鸿福在同学周大可（中共地下党员）的介绍下加入了青年团，并且参加了在国际电影院召开的第一次新民主主义青年团会议。当时全上海与会的青年团团员才一千多人。成为团员后，殷鸿福又多了一个新身份——《中国青年报》的送报员。殷鸿福每个礼拜分三次到中国青年报报社去领报纸，并拿回学校来发给同学们，就这样，殷鸿福积累了一些社会实践经验。1951年时他读高二，当时全国掀起了抗美援朝、保家卫国的高潮。育才中学当然不例外，学校根据上面部署，动员青年参军，殷鸿福和许多同班同学都报了名。后来由于未成年人需家长同意而未获批准。但他们的爱国热情在校抗

图 2-2　1949 年 7 月殷鸿福于上海育才中学初中毕业时班级合影（第三排右起第六人为殷鸿福，由殷鸿福提供）

美援朝总结大会上受到了表扬。这批参军的同学后来都进入军事大学深造，分配在外交、海军、后勤等部门，与殷鸿福一直保持着亲密的联系。

殷鸿福能够取得优异的成绩与学校全面系统的素质教育，与他对自己的严格要求以及社会、家庭的影响有着密切的关系。在这些因素的共同作用下，殷鸿福成长为一个全面发展的优秀青年。

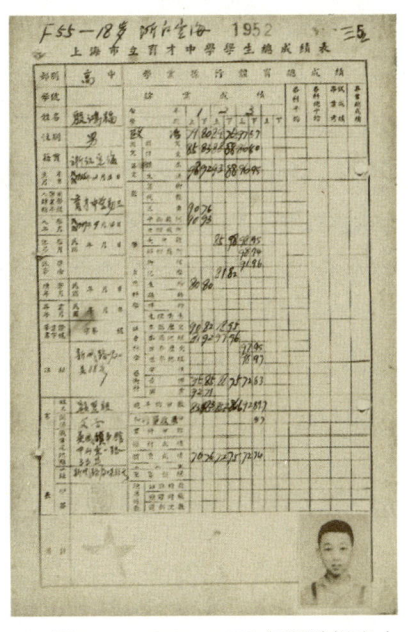

图 2-3　1949—1952 年殷鸿福高中学籍卡（由殷鸿福提供）

第二章　"地质种子"发新芽

初探地球奥秘

上海育才中学汇集了许多优秀教师，比如，清华大学教授郑之蕃①、著名音乐家贺绿汀②、著名历史学家顾颉刚③等。在这一大批优秀教师中，对殷鸿福日后选择专业产生了巨大影响的，就是他的地理老师黄杰民④。

中学一年级时，黄杰民老师在殷鸿福班上担任地理老师，这位老师不仅具备专业的教学水平，还是一名中共地下党员。他用火热的爱国之情，用诗意的语言给殷鸿福描绘了祖国的地理地貌，使他了解祖国的大好河山以及地下埋藏着的丰富宝藏。并且，在授课过程中黄杰民老师生动形象地描述了他亲眼观测到的地质地理景象，让殷鸿福意识到上海不过是中国一个很渺小的点而已，世界其实很大，有无尽的空间等待他去探索⑤。黄杰民老师告诉殷鸿福，并非所有的中国人都是像上海人一样生活，还有很多穷苦的百姓生活在水深火热之中，中国需要发展，需要科技的支撑。这一认识的转变为他日后决定走出上海，亲眼见识祖国的地大物博并投身于地质科研行业打下了基础。受到黄杰民老师的影响，再加上被地球的神秘感吸引，殷鸿福逐渐对地学产生了浓厚的兴趣。

可以说黄杰民老师是殷鸿福人生中一个至关重要的人物，没有黄老师生动有趣的地理课启发，就没有后来在地质工作中大放光彩的殷鸿福。时至今天，殷鸿福还对黄杰民老师有着十分清晰的印象。

有一天，殷鸿福买早餐时，忽然一本破烂的书刊吸引了他的目光。这是一本中国地图册，放在每天买早餐的大饼摊子上，估计是因为卖不出

---

① 郑之蕃（1887—1963），数学教育家，清华大学算学系的第一任主任。
② 贺绿汀（1903—1999），中国当代著名音乐家、教育家。
③ 顾颉刚（1893—1980），中国现代著名历史学家、民俗学家，古史辨学派创始人，现代历史地理学和民俗学的开拓者、奠基人。
④ 黄杰民，殷鸿福中学时期的地理老师。中共地下党员，新中国成立后不久即调离育才中学。
⑤ 殷鸿福访谈，2018年10月9日，武汉。资料存于采集工程数据库。

去，而被卖大饼的小贩一页一页地撕下来，用来包大饼。殷鸿福见到时，这本地图册的封面已被撕掉，但是对于热爱地理的殷鸿福来说，这也是难得的地理资料，他如获至宝，可小气的老板怎么也舍不得给他，说这地图册是要撕下来包大饼的。殷鸿福灵机一动，拿出身上所有的钱买了几个大饼，老板这才把地图册给他。① 回到家后，殷鸿福用抹布轻轻地把书擦干净，并且用报纸小心翼翼地包好，从此每天放学以后，他一个人待在房间里，静静地翻看这本中国地图册。在地图册的地质图上，他看到有着无数盆地和山脉的西部地区几乎是一片空白。他心想：难道矿产就埋在别国的土地下？难道西部就没有矿产资源吗？一本残缺而破旧的中国地图册，就这样打开了殷鸿福学习地质的理想之门。

殷鸿福从中学起就收集与地质有关的东西，如大饼摊上的地图册还保留至今，里面有一张世界地质图和有关地质的一些文字。此外殷鸿福还经常到学校图书室借一些关于地质、矿业方面的书，也记了一些笔记，可惜都没有保留下来。②

国之所需　心之所向

中华人民共和国成立以后，经过三年时间的恢复，国民经济得到根本性好转。工业生产已经超过历史最高水平，但是当时的中国还是一个落后的农业国，工业水平远远低于发达国家。为了把我国建设成为工业强国，在党中央的直接领导下，由周恩来、陈云同志主持制定了"第一个五年计划"。"第一个五年计划"的主要任务有两点，一是集中力量进行工业化建设，二是加快推进各经济领域的社会主义改造。"一五"计划选择了与苏联类似的工业化道路，即高积累，优先发展重工业的发展战略。以重工业为核心是这一时期工业化的鲜明特色，国家对工业化建设的迫切要求激发了对专业领域高素

---

① 殷鸿福访谈，2018年10月9日，武汉。资料存于采集工程数据库。

② 同①。

质人才的需求。1952年，中国政府在苏联教育体制的影响下，进行高等院校调整，拆分了一批具有悠久历史的、学术上很有影响力的综合性大学，建立了一批以专门学科为主的高等院校，归有关部委管辖，从而确立了按照专业条块分割的高等教育体制。其中的八所学校——北京医学院、北京航空学院、北京地质学院、北京钢铁学院、北京石油学院、北京矿业学院、北京林学院、北京农业机械学院，位于北京市海淀区专门为高等院校规划的学院路上。这些学校是由原来的北京大学、清华大学、北洋大学、燕京大学、南开大学等当时国内顶尖高校的相关院系组建而成。这些学校地理位置接近，大师云集，学术声望很高，因此被称为"八大学院"。

1952年，殷鸿福即将高中毕业，当时的上海流传着一种说法——"清华交大，电机机械"。在绝大多数同学的眼中，这八个字是他们实现个人理想，报效祖国的最好途径。按照当时的考试成绩，殷鸿福报考清华大学或者上海交大都是没有问题的。殷鸿福是班里的尖子生，又担任班里的团支委，与他同班的另外两个团支委，三人的关系很好，常常一起"压马路"，放学后一边高谈阔论一边步行回家。这几天，班里突然传开了一句话："别看他们几个是团干部，最后还不是清华交大电机机械？"面对班里同学言辞上的"挑衅"，殷鸿福与另外两个团支委决定，报志愿的时候偏偏不选这些热门专业。结果，三个人全都守了约。他本人毅然选择了刚成立不久的北京地质学院，并且选择了冷门的地质矿产与勘探系，另外两人一人报了同样冷门的水利专业，一人服从分配，留校做了辅导员。现在回想当年，殷鸿福说，选择冷门的地质学专业并不是由于和同学"斗气"的热血冲动，而是深思熟虑后的结果。一方面，中华人民共和国刚刚成立，百废待兴，国家急需建设重工业，而矿业是工业的先行，中国当时急需地质人才，1950年毛主席还专门为中国留学生题字"开发矿业"。想要为祖国建设添砖加瓦的殷鸿福很自然地选择了地质学专业。[①]另一方面，由于中学时期黄杰明老师的地理启蒙，让他对地学产生了浓厚的兴趣。并且在他不断收集和阅读地质资料的过程中，也萌发了继续了解地质领域的想法。他在文章中写道："我以自己能终身做一个地质工作者为祖国服务而感

---

① 殷鸿福：正确选定志愿，使我学习得好．《中国青年报》，1953年5月26日。

到幸福和自豪。"[1]

回顾历史，1842年英帝国主义强迫清政府签订了《南京条约》，将上海列为五个通商口岸之一，又自1845年起，英国、美国和法国相继将上海设立为租界，上海的经济发展程度远远高于其他地区。在20世纪80年代中后期的上海流传着这样一句话："宁要浦西一张床，不要浦东一间房。"这也是上海人地域观念的体现。这样的地域观念也深刻影响着当年上海毕业生报考志愿的填写，很多上海人是不愿意到其他城市上大学的。甚至到了后来，北京地质学院矿产地质与普查勘探系干脆不在上海招生了，原因是上海人报考该专业的寥寥无几，想招也招不到。殷鸿福的父母其实也不愿孩子跑到这么远的地方去，还学一个这么冷门又辛苦的专业，但是殷鸿福并没有受家人意见的影响，自己填写并上交了志愿，因为他的心里很清楚自己想要的是什么。也正是因为这样，1952年他以高分报考地质专业的事迹登在1953年5月26日的《中国青年报》上，作为正确选报志愿的典型。在以后的风雨征程中，他把自己的理想深深扎根于为祖国的地质事业而奋斗。

图2-4　1953年5月26日《中国青年报》刊登殷鸿福文章（由殷鸿福提供）

---

[1] 大山情未了　追求无止境．见：中共武汉市委组织部，中共武汉市宣传部，武汉市人事局，等主编：《江城院士风采》．武汉：武汉出版社，2008年，第55—62页．

第三章
朝夕问道忌功利

1952年，十七岁的殷鸿福只身前往北京，来到了影响他一生的地方：北京地质学院。在这里，殷鸿福完成了本科阶段的学习，体验了多姿多彩的大学生活，但与此同时，班级里、社会上发生的一些事情也引发了他对于社会的思考。1956年，正在写毕业论文的殷鸿福被暂调西北地质局，工作是寻找煤矿。中蒙边境沙漠横亘，极度缺水。在这里，殷鸿福和队友们遭遇了前所未有的生存挑战，这些挑战磨砺了他的意志。也就在这一年，殷鸿福的人生遇到了重大转机，国家开始招收副博士研究生，殷鸿福成了资深地质学家杨遵仪[①]院士的首位弟子。与导师杨遵仪院士的结识对殷鸿福人生的走向产生了巨大的影响。毕业后的殷鸿福留在母校任教。

[①] 杨遵仪（1908-2009），地层古生物学家、地质学家、地质教育家，中国科学院资深院士、中国地质大学教授。中国古生物学和地层学的奠基人、中华人民共和国地层古生物事业的开创者之一和中华人民共和国地层古生物教育事业的开拓者。殷鸿福的研究生导师。

大 学 生 活

为了适应大规模社会主义建设的需要，1952 年，中央根据"以培养工业建设人才和师资为重点，发展专门院校，整顿和加强综合性大学"的方针，在全国范围内进行院系调整。北京大学地质学系、清华大学地学系、天津大学（原北洋大学）地质工程系和唐山铁道学院（现西南交通大学）采矿系地质组、西北大学地质系合并成立了北京地质学院。殷鸿福在此开始了本科阶段的学习。

图 3-1 1952 年初殷鸿福入大学时的证件照（由殷鸿福提供）

殷鸿福就读于矿产地质与普查勘探系（简称地质系），地质系在大一一年里是不分专业的，一个大系里有 800 多个学生，大家都上一样的课程。由于中国当时缺乏矿产，勘探工作薄弱，系里安排的专业课程就围绕着这两个方向来开展，大多与地质、岩矿、构造及勘探、工程有关。除了上专业课，系里还开设了一些专业基础课程提高学生的基础知识水平。从大二开始划分专业，第一个是普查专业，要学习测量、填图等专业知识；第二个是金属专业，学习各种金属矿及如何寻找，包括铁、铜矿等；第三个就是煤田地质及勘探专业，主要学习关于煤的生成、寻找煤矿等，这个专业当时很重要，但比较苦和脏。殷鸿福选择的就是这个专业，正是因为选择了煤田地质及勘探专业，才会有后来的对古生物领域的研究，因为煤是植物形成的，含煤地层的年代是由古生物确定的，研究煤田必须了解古生物：什么植物形成什么样的煤？这些古生物有什么样的特征？生长在怎么样的环境之中？这些知识都与古生物密切相关，不可分割。

大学时的殷鸿福常常沉浸于知识的殿堂中，吸收着书本的精华。除了广读专业课相关书籍，他还喜欢阅读文学类的书籍来拓宽自己的眼界。现在回忆起来，耄耋之年的殷鸿福还能准确说出当时对自己影响颇深的一本书："给我印象最深的、也是当时最有名的，是《钢铁是怎样炼成的》，那时差不多人人都知道这本书：'人的一生应该这样度过，当他回首往事的时候，他不因虚度年华而悔恨，也不因碌碌无为而羞愧……'这本书是当年大学里头青年的人生指导书。"①中华人民共和国成立初期的青年人，把国家需要和个人理想紧紧拴在一起，为开辟中华人民共和国的新事业做着不懈的努力。也正是抱着无愧人生、奉献祖国的信念，殷鸿福才能锲而不舍，攻克古生物领域的一座座大山。

除开上课与学习的时间，丰富的活动也让殷鸿福的大学时代充满了色彩。大学二年级暑假，学校为了鼓励同学们学习，组织了约30名全优生（各门课都达到优秀的学生），由校苏联专家组长、化石专家帕夫林诺夫带领去南京汤山观察地质、采集化石，并参观南京大学，南京大学展示了李四光研究过的纺锤虫化石薄片。此次活动结束返校后，还组织了报告会。殷鸿福参加了这次旅行，辅助带队的还有刘本培等青年教师。

中华人民共和国成立后，为改变"东亚病夫"的形象，党和国家确立了重视国民体质健康的指导思想。从新中国成立到20世纪50年代中后期，中国奉行的是"一边倒"的外交政策，全面学习苏联成为上下一致的思想和行为准则，高校也学习了苏联行之有效的"准备劳动与卫国体育制度"，简称"劳卫制"。1951年，北京率先实施与"劳卫制"相仿的《体育锻炼标准》。"劳卫制"的检测项目很多，包括田径、体操、举重等，这些项目贯穿着速度、力量、耐力、灵巧，是对人的身体素质的全面锻炼。"劳卫制"的等级分三档，即少年级、一级、二级。少年级和一级比较容易达标，二级比较困难，是运动员的标准，多数学校只有不足50%的学生能通过。为了鼓励学生通过，国家还会颁发证书和奖章以资证明和奖励。殷鸿福在回忆中说道："我们要做引体向上，还要跑5000米，这些考试都是要求通过的，业余还练习抗眩晕滚轮。虽然是一件很难的事情，但是大家都互相鼓励，练得非常开心。"

---

① 殷鸿福访谈，2018年10月9日，武汉。资料存于采集工程数据库。

除了"劳卫制"锻炼,"跑西山"也是殷鸿福和同学们的日常活动。现北京西山国家森林公园位于北京地质学院[现中国地质大学(北京)]的正西方向,是距离北京地质学院较近,且地质特征较为完善的大自然课堂。崇尚知行合一的地质勘探系老师们引导大家前往西山进行实地勘探,开始由高年级的学生们带路,后来自己走,每到星期天,大家一起"跑西山"。因为新中国成立初期学校食堂实行的是"供给制",免费为学生提供饭菜,不在学校吃饭的可以免费领取一天量的馒头、一个鸡蛋和一个西红柿。许多个星期天,殷鸿福和同学们早早起床,伴着启明星辰,带着食堂领来的馒头、鸡蛋和西红柿,出发"跑西山"。那时从北京地质学院到西山是没有公交的,殷鸿福和同学们走着去,几年下来,基本上把西山都走遍了,在大自然的课堂中实践专业知识的同时,同学们也各尽其能发挥所长,自制了各种各样的工具,如在野外脏手不会污染画图的工具,把测量制图的工具合为一体且轻巧易带的衣裤和腰带。现在回想起来,殷鸿福觉得特别有意思,那时候的同学们真是志趣所在,无所不研。春假三天,他和同学们就到周口店去,60公里路程,除了坐一段火车,两头也是走,而且自带小行李。一路上大家说说笑笑,虽然辛苦疲惫,但是精神上得到了极大的满足。到了西山以后大家轮流烧饭做菜,殷鸿福当时涉世未深,也不会买菜,买来了两条死鱼,鱼入锅一煎,肉就全散了,大家也不介意,全都当鱼松吃了。殷鸿福回忆说:"当时也非常高兴,大家都嘻嘻哈哈的,就挺有意思。"为了记录这一段美好的回忆,殷鸿福还专门写过一篇文章,题目就叫《苦练走路》,记录了这些故事,故事生动活泼很是有趣。殷鸿福每每想起大学时代"跑西山"的经历,都认为是对自己身体素质和精神毅力的良好锻炼。以至于多年后,殷鸿福作为地大的教师,常勉励地大的同学们有空时常去学校背靠的南望山跑一跑,锻炼身体的同时多与大自然亲近,发扬地质人的实践特色。一个时代造就一代人,那个时候所经历的苦难,殷鸿福都不觉得苦,反而适应了艰苦的生活,并从中找到了乐趣。正是这种不畏艰辛、苦中作乐的心态,让他在面对生活中的挫折时也能从容淡定,更在后来的学术研究生涯中征服了一座又一座大山,攻克了一个又一个难题。

名师与课堂

当时的北京地质学院，汇集了许许多多来自中国各个地区的优秀名师，他们中很多人后来成为院士。如矿床学家及工程地质学家冯景兰院士、古生物学家及地质学家尹赞勋院士、矿床学家袁见齐院士、地球物理学家及地震学家傅承义院士、地球物理学家及地震学家秦馨菱院士、岩石学家池际尚院士、构造地质学家及地震学家马杏垣院士、矿床学家张炳熹院士、矿床学家及地球化学家涂光炽院士、古生物学家杨遵仪院士、地层古生物学家王鸿祯院士和郝诒纯院士、地球物理学家及地震学家曾融生院士、海洋地质学家及地球物理学家刘光鼎院士、第四纪地质学家及地震地质学家丁国瑜院士、沉积学家刘宝珺院士等中国地质科学奠基人，都长期执教或短期兼职于北京地质学院，为中国地质教育的起步注入核心力量。

每当殷鸿福回想起大学时候的课堂，那些生动有趣的画面恍如昨日，其中让他印象最深刻的便是他后来的研究生导师杨遵仪院士。杨老师在讲授石燕化石时，为说明其形态而模仿燕子的样子，两手燕子展翅引得课堂大笑。此外，还有讲授地史学的王鸿祯[①]院士和讲授矿物学的於崇文[②]院士，这几位院士是从清华大学或北京大学调到北京地质学院来的，都是著名的地质科学家，当时的殷鸿福和同学们并不知道这些老师的来历，只觉得他们的课堂生动活泼、氛围活跃，同学们认真思考老师们提出的每一个问题，师生间在课堂上的沟通总是积极而热烈的。

在殷鸿福的心中，这些老师不仅是他地质学启蒙的引路人，更是为人师表的典范，正是这些地质先驱的辛勤努力与付出，才能有北京地质学

[①] 王鸿祯（1916—2010），中国科学院院士，中国地质大学教授，中国地层古生物事业的开创者之一、中华人民共和国地层古生物教育事业的开拓者之一、历史大地构造学的奠基人之一。

[②] 於崇文（1924— ），中国科学院院士，中国地质大学教授，长期从事地球化学基础理论、理论地球化学、区域地球化学和数学地质研究，为发展中国的区域地球化学作出了开拓性贡献。

院,乃至后来中国地质大学地质事业的辉煌。一代代辛勤的园丁浇灌出美丽的花园,一朵朵娇艳的花儿结出累累硕果。截至 2019 年 11 月,中国地质大学(武汉)先后培养中国科学院和工程院院士 37 人、国家"万人计划"入选者 13 人、教育部"长江学者奖励计划"入选者 19 人、"国家杰出青年科学基金"获得者 16 人、"国家优秀青年科学基金"获得者 19 人、国家"新世纪百千万人才工程"入选者 8 人、教育部"新世纪优秀人才支持计划"入选者 29 人;建成国家重点实验室 2 个、部级重点实验室 7 个、省级重点实验室 11 个;主办学术期刊 11 本。一代代地质人的不懈努力为中国地质事业的发展作出了卓越贡献。

暂调西北地质局

20 世纪 50 年代,一穷二白的祖国最需要的就是矿产资源,而在众多矿产资源中排最前面的是铁,最重要的燃料就是煤。铁和煤的贫乏,是我国建设发展的最大障碍。1952 年 12 月,国家地质部按行政区划在东北、华北、西北、华东、中南、西南 6 个大区建立了地质局。在当年的全国资源会议上,毛泽东、周恩来向地质部提出找铁的任务。[①]1955 年 8 月,一个振奋人心的消息从大西北"镜铁山"矿传来。在甘肃境内的祁连山"镜铁山"矿的发现结束了西北无铁矿的历史。铁矿被发现以后,找到炼铁的原材料煤是当务之急。1956 年 5 月,正在写毕业论文还未大学毕业的殷鸿福等一批同学便暂时被调至西北地质局,从事勘探、寻找煤矿的工作。

在 1956 年 5 月,殷鸿福刚到西北地质局的时候,像青海、新疆等西北更深入的地区由于地理位置偏远,自然环境恶劣,勘探工作暂时开展不了,因此当时西北地质局的地质勘探工作实际上仅限于甘肃、陕西、宁

---

① 中国有座镜铁山。《甘肃日报》,2019 年 6 月 14 日。

夏及周边地区。殷鸿福被分派到叫公婆泉①的地方工作，在星星峡②偏东，在新疆、甘肃和蒙古人民共和国交界的戈壁滩上，由于没有标识，人迹罕至，一不小心便很容易走出国界。当时中国的勘探技术落后，又没有GPS技术定位，殷鸿福等只能根据地图判断自己所处这一片茫茫荒地的大概位置。当时的地质工作者就是在这样恶劣的环境中，开启了中国地质勘探事业之路。

今天的公婆泉位于甘肃省酒泉市肃北蒙古族自治县马鬃山镇，共辖5个行政村，约300户牧民，总人口不到2000人，并设有公婆泉边境检查站，是一个由游牧民族组成的边境小镇。这里的矿产资源极其丰富，截至2019年，公婆泉附近已发现各类矿床128处，其中黄金、煤、铁的储量名列酒泉市前茅。而1956年的公婆泉却是另外一番景象，荒无人烟、气候恶劣，地质情况空白，虽然公婆泉有戈壁滩中唯一可以取水的地方，但是距离殷鸿福工作的地区很远，需要用车送水才能维持生活，艰苦可想而知。因为天气炎热，矿下暑热难耐，许多开矿的工人都脱光了衣裳，赤裸地在矿下工作。讲究一点的就仅穿一条短裤。但是无论穿着如何，下矿后大家都是一样的浑身漆黑，而且衣服怎样都洗不干净。因为这一点，开矿者经常被人戏称为"煤黑子"。由于开矿设施落后，矿工拉煤时完全是在土坡上人工作业，矿井矮仅身高，宽仅容装煤木筐，运矿区一边是光滑的土斜坡，另一边就是步行的台阶。拉着连在装矿的容器上的绳子，矿工们在步行楼梯一边沿着台阶向上走，矿就在旁边的滑坡上一点点拉上来，其辛苦程度甚至超过了长江上拉船的纤夫。这样的情况并不是殷鸿福所在的西北煤矿局独有，而是当时全国许多煤矿开采情况的真实写照。在百废待兴的新中国，就是这样任劳任怨的基层工人，用他们的艰苦劳动一点点铸成了新中国的工业基础，让祖国强大起来，一步步摆脱落后的面貌。

殷鸿福和队友的主要工作是做地质勘探，并寻找煤矿。他们在小煤矿

---

① 公婆泉：又称公波泉，位于今马鬃山镇，隶属于甘肃省酒泉市肃北蒙古族自治县。

② 星星峡：并非峡谷，而是隘口。它是由河西走廊入东疆的必经之处。素有新疆东大门"第一咽喉重镇"之称。星星峡是雄踞于丝绸古道上的险关要隘，四面峰峦叠嶂，一条蛇形的山路蜿蜒其间，两旁危岩峭壁，大有"一夫当关，万夫莫开"之势。它不仅是新疆和甘肃的分界线，同时也是两种不同文化风格的分水岭。

附近，以此为中心向四周勘探，并不断地扩大寻找范围。殷鸿福还清晰地记得当时工作的场景："我们找岩石、找路径、测量、记录，比较艰苦的地方就在这，因为要求填图必须人走，不能骑着牲畜，要人来走，才能用计步器量距离以便填图，相当辛苦。"[①] 然而戈壁滩的生活才是最艰苦的，极度的缺水如同六月的烈日，灼烤着每一位在荒漠戈壁上工作的人，皲裂的皮肤、干裂的嘴唇，身体从内到外都处于极度缺水的状态。找矿队和队部商量好，由队部派车，每隔三天就从公婆泉的水井里取水，拉到找矿队驻扎的帐篷处来，供找矿队维持生命和生活之用。这三天取一次的水特别珍贵，这水不能用来洗衣服、洗澡，只能用来饮用和洗脸、洗脚，除开三天内要喝的水，剩下的水用来每天洗脸，洗脸水微微发绿了才能用来洗脚，实在不能用了才会倒掉。殷鸿福和队友每天挎着两到三个行军水壶去找矿，天气炎热干燥，风沙又大，常常口渴，但是再口渴也不能大口喝水，只能把一口水含在嘴里，直到嘴里的水变成了泡沫，才舍得咽下去，只有这样喝水才能维持一天。可即使是这样节约用水还是出现了意外。一次，在找矿工作逐渐进入尾声时，队部却没有送水来，找矿队原想着是否是因为什么事情耽搁了送水，再等等看。可是一个星期过去了，队部都没有再送水过来，三天的水量不够一个礼拜喝的，眼看着不能再等下去了，就收拾了设备和帐篷让骆驼驮着，人拉着骆驼走，实在渴得不行就喝骆驼尿，就这样走了几十公里才来到了公路上，遇到路过的大车才得救。后来听队部送水的说，以为他们也干得差不多了，所以没送水来，不知道他们又延长了，也没跟队部说。殷鸿福后来回忆说："这个事情反正也不知道是谁的问题，就是很艰苦。"[②] 历史的长河慢慢流淌，虽然这只是殷鸿福一生中经历过的一件小事，却是那个年代地质工作者工作环境的真实写照。新中国成立后的第一代地质工作者，就是在这样艰苦的条件下，靠着惊人的毅力，为中国能屹立于世界民族之林而不懈努力、艰苦奋斗。

---

① 殷鸿福访谈，2018年10月9日，武汉。资料存于采集工程数据库。
② 同①。

师从杨遵仪院士

1956年9月，殷鸿福完成填图找矿工作，从西北地质局回到了北京地质学院，顺利毕业。与此同时，发生了一件事情，对殷鸿福的人生轨迹产生了巨大影响。

中华人民共和国成立后，在发展教育事业方面提出"向苏联学习"的口号。1956年，高等教育部颁布了《1956年高等学校招收副博士研究生暂行办法》，决定部分高校的中国导师开始招收副博士研究生，学制为4年。报考副博士研究生的考生，年龄应在40岁以下，通常需要至少两年的工作经验。若是应届本科毕业生，必须品学兼优并经学校推荐后才有资格参加考试。[①] 入学考试的科目除了政治、外语，还要考1—4门专业科目，考题由各校参照高等学校现行的教学大纲的范围来选定，考试时间定于1956年10月10日至20日，各高校在此期间完成招考工作。北京大学、南京大学、北京地质学院等名校成为首批招收副博士研究生的高校。由于时间紧迫，全国各招生高校按照《1956年高等学校招收副博士研究生暂行办法》的相关规定，迅速组织报名和考试工作。1956年，"我国计划招收副博士研究生769名"。[②]

1956年之前虽然也有研究生制，但是只有苏联的专家能招收研究生，北京地质学院有一个苏联专家组，就由这个组的专家做研究生导师，中国的老师无论科研能力再好都只能做副导师，不能自己独立带学生。大学时期的殷鸿福一直是品学兼优、热爱钻研的好学生，担任班里的团支部委员和班长，但是要成为苏联导师的研究生，或实现"留苏"梦是需要一些条件的。殷鸿福和班上的同学们认为要成绩好、俄文好的才可以去"留苏"。

---

① 《1956年高等学校招收副博士研究生暂行办法》.《中华人民共和国国务院公报》，1956年，第28号，第701页。

② 《青少年爱国主义教育读本》编委会编：《科技与教育》。北京：中国时代经济出版社，2009年，第123页。

但结果却让全班同学都大跌眼镜,最后班上派去准备留苏的是一个成绩不太好、俄文水平一般的同学,因为班上只有这位同学是贫下中农出身,而这位同学自己却不愿意去苏联求学,被送到哈尔滨学习了一年后自己申请退学了,原因是他觉得自己的俄文不行,去苏联以后也没有办法正常生活和学习,结果最后全班同学"留苏"的一个也没有。

《1956年高等学校招收副博士研究生暂行办法》的实施对中国研究生教育来讲是一次重大的改革,中国的导师首次可以招收副博士研究生。而且西北地质局找矿的艰苦经历越发让殷鸿福意识到中国地质事业的崛起光靠人和骆驼来拉动是不行的,一定要有技术,只有进行科学研究才能提高知识水平和技术创新,才能更高效地推动中国地质事业的发展。因此,殷鸿福决定报考北京地质学院的副博士研究生。1956年,北京地质学院招收的副博士研究生只有3个名额,9月份才回到北京地质学院的殷鸿福经过短期复习后参加了考试。考完不到一个月的时间就放榜了,殷鸿福由于扎实的基础和后期的认真复习,成功跻身第一批国内导师招收的研究生队伍,师从我国著名的地层古生物学家杨遵仪院士。

杨遵仪院士是中国地层、古生物事业的开创者之一,中国地层、古生物教育事业的开拓者。杨院士的学术水平和精神境界对殷鸿福的学术生涯和为人处世都产生了极大的影响。

1908年10月7日,杨遵仪出生于广东省揭阳县,兄弟姐妹六人中排行第二,全家仅靠父亲的小药店维持生计。由于家庭不济,高中时杨遵仪时辍时读,勉强完成了学业。毕业后的杨遵仪打了一年工,省吃俭用地攒下100块大洋,告别家人到上海求学。1928年,杨遵仪同时考取南京第四中山大学(现南京大学)和上海暨南大学,选读上海暨南大学政治经济学专业。1929年夏,他考取清华大学继续学习经济学专业。在清华大学受室友程裕淇同学的影响,第二年改学地质学专业。1933年,杨遵仪从清华大学地质系毕业,留校担任助教。1935年,杨遵仪考入清华大学中华教育文化基金资助的留美研究生,成为庚子赔款公费留美学生。1936年,杨遵仪进入美国耶鲁大学研究生院,在地质学家顿巴(C. O. Dunbar)教授的指导下研究地层学及古生物学,并于1939年获理学博士学位,回国任教于中山大学。1942年,杨遵仪投笔从戎,参加抗日联军英国驻华(湖南)军事代表团(BMM),任秘书(翻译)。1946年10月,杨遵仪应聘清华大学任地学系教授,主讲地质学及古生物学。1952年全国大学院系调整后,杨遵仪到北京地质学院先后担任该学院副总务长,专修科主任,水文系、石油系、普查系、地质系主任。1956年12月,殷鸿福正式进入杨遵仪院士的麾下,开始了研究生学习。

杨遵仪院士对无脊椎古生物的门类有深入的研究,尤其是对腕足动物、软体动物、棘皮动物的研究造诣颇深。由于杨遵仪早年有留美经历,因此十分重视中国的古生物学研究与国外研究之间的交流。1979年6月下旬,杨遵仪赴荷兰和英国考察国际地质对比计划(IGCP)"时间准确性"项目的研究实况,并交流了经验。1980年2月,杨遵仪任团长,率代表团赴新西兰惠灵顿参加第五届冈瓦纳地质讨论会,作了《华南海相二叠—三叠系界线》报告。1984年,杨遵仪担任国际地质科学联合会地层委员会冈瓦纳地层分会、二叠系分会、三叠系分会、二叠系—三叠系界线工作组等国际组织的委员,并且是第一位在联合国教科文组织和国际地质科学联合会共同领导的IGCP项目中担任负责人的中国学者。1985年3月至5月,杨遵仪应美中学术交流协会邀请进行了为期两个多月的讲学、访问活动,在美国加州大学圣巴巴拉分校、加州大学伯克利分校、耶鲁大学、美国地质调查所、华盛顿古生物学会、纽约自然历史博物馆等单位系统讲授了中国地质构造特征、地层界线问题和中国的油气地质。1986年,杨遵仪在牛津大学地质与地球物理专著系列中出版了《中国地质学》英文版(杨遵仪、程裕淇、王鸿祯著),这是继李四光之后50年,又一次向国际全面介绍中国地质。同年6月底至7月中,率代表团赴意大利参加有关西特提斯二叠系—三叠系界线的地质考察和讨论会,作了《中国二叠—三叠纪事件研究的进展》的报告,并担任大会执行主席。

导师杨遵仪对与国际学术交流经历的重视,也深深地影响了殷鸿福的学术态度。受导师的影响,殷鸿福也有着与杨遵仪院士相似的海外交流经历。1980年3月至1982年3月,殷鸿福在史密森学会(1980—1981)和美国自然历史博物馆(1981—1982)任高级访问学者期间,先后在耶鲁大学和纽约科学院等 25 所大学和研究所作了关于中国地质、古生物的研究报告。1988 年，殷鸿福等著《中国古生物地理学》一书由中国地质大学出版社出版，该书系统地提出了中国各时代的古生物地理区划，并据此对我国板块活动进行了比较全面的论证。1990 年 11 月至 1991 年 5 月，殷鸿福在英国自然历史博物馆任高级访问学者。1993 年，殷鸿福当选为由 16 个国家 32 名学者组成的国际二叠系—三叠系界线工作组组长。1996 年，殷鸿福担任国际地质对比规划"359"项目——"环太平洋、特提斯及冈瓦纳边缘二叠、三叠系"项目主席，先后有 25 个国家的 180 名学者参加了这一国际合作项目。并从第 30 届（1996）至 32 届（2004）国际地质大会，殷鸿福连续担任有关分会场的召集人。1999 年 3 月和 2001 年 8 月，殷鸿福作为会议主席和主要组织者成功地在中国组织了"泛大陆及古、中生代转折期"和"二叠系—三叠系全球界线层型及古生代—中生代事件"两次国际学术会议。2000 年，殷鸿福当选为国际地层委员会三叠系分会副主席。2004 年 8 月，在意大利佛罗伦萨召开了第 32 届国际地质大会，殷鸿福主持两个分会场，并作了《晚二叠世—早三叠世事件和特提斯重建》的报告。2006 年 6 月，殷鸿福作为执行主席参加于北京举办的第二届国际古生物学大会。此外，殷鸿福重视国内研究与国际接轨还表现在 1996 年至 2003 年任中国地质大学（武汉）校长期间，重新制定教师职称考核标准，把在 SCI 来源期刊发表论文作为一项重要的评价指标。SCI 是美国科学引文索引（Science Citation Index，SCI），是由美国科学信息研究所（Institute for Scientific Information，ISI）于 1961 年创办的引文数据库。SCI、EI（工程索引）、ISTP（科技会议录索引）是世界著名的三大科技文献检索系统，是国际公认的进行科学统计与科学评价的主要检索工具，其中以 SCI 最为重要。20 世纪末，中国还未形成当前这样的"唯论文"现象，当时很少有中国学者能在 SCI 来源期刊发表论文，而只有在 SCI 来源期刊发表论文才说明其研究水平可以与国际接轨。正是靠这样一些不断向国际学术水平靠拢的努力与举措，中国地质大学（武汉）才能不断地推陈出新，站在前人的肩膀上探究科学前沿，成为与国际接轨的世界 500 强高校，当时这样做是必要和有前瞻性的。

殷鸿福一生勇攀高峰，研究成果无数，为中华人民共和国地质事业的发展书写下不可磨灭的一笔。其中不得不说的，就是将"金钉子"定址浙江长兴，而说起这颗"金钉子"，与杨遵仪院士还有一段渊源。地质学上的"金钉子"实际上是全球年代地层单位界线层型剖面和点位（GSSP）的俗称。据统计，截至2018年，全世界共确定"金钉子"66颗。特别的是，浙江长兴煤山一地有二叠系与三叠系界线及长兴阶与吴家坪阶界线两颗"金钉子"，殷鸿福等定的前一颗"金钉子"既是二叠系与三叠系界线的标志，又是中生界与古生界之间的标志，被认为是地质历史上三个最大的断代"金钉子"之一。提起这颗"金钉子"，殷鸿福回忆说："这个项目最初（1978年）是杨老师主持的，他引导我们做的。"[1] 殷鸿福于1993年当选为院士和国际二叠系—三叠系界线工作组组长后，杨遵仪院士已85岁高龄了，身体的原因让他不能长时间地保持精力充沛的状态。而殷鸿福是杨院士最得意的弟子，殷鸿福吃苦耐劳、淡泊名利的精神正是杨院士最为欣赏的，杨院士便放心地把该项目交由殷鸿福主持[2]。殷鸿福负责"全球二叠系—三叠系界线层型的进一步研究"项目（1995—1997），也不负众望，在资金不足、缺少设备的情况下，推进多学科综合研究，确立以牙形石微小欣德刺（*Hindeodus parvus*）的首次出现作为新的化石标准，并克服国际抵制、国内争取开放等重重困难，将"金钉子"定址于浙江长兴。

作为殷鸿福的导师，杨遵仪不仅在学术上为殷鸿福指路，还在精神上为他树立了楷模，充分实践了孔子对于师者育人要"志于道，据于德，依于仁，游于艺"的理念。

给殷鸿福留下印象最深的是杨遵仪的人格魅力。杨遵仪具有与人为善、慈悲为怀和甘为人梯的品格。这样的品格在"文化大革命"时表现得最为明显。因为丰富的研究成果，杨遵仪被定为学术权威，"文化大革命"时期权威都是要被抄家的。杨遵仪从小生活在贫穷的家庭环境里，平时勤俭节约地过日子，不知什么时候捡到过一面国民党的"青天白日满地红

---

[1] 殷鸿福访谈，2018年11月10日，武汉。资料存于采集工程数据库。
[2] 2001年"全球二叠系—三叠系界线层型研究"科技成果鉴定证书主要研制人员名单表。存地同[1]。

旗"，觉得扔了可惜，就把上头绣的青天和白日拆了，做成一块红布用来包衣服，结果时间一长就忘了自己箱子里还有这么个东西。抄家的翻出来一看，针脚的纹路还在上面，这表明还想国民党翻天，就这样杨遵仪被定为反动学术权威。那时候不仅批斗杨遵仪，还批斗他的夫人，两口子受尽了折磨，尝遍了人间百态，一直到"文化大革命"结束才得以平反。平反的时候让杨遵仪指出批斗他的人，当时批斗他的有好几个，都是爱出风头的，全被他否认了，说记不清楚了。其中一个曾经批斗过他的学生还报考了他的研究生，杨遵仪也正常招录了，足以见得杨老先生心胸之宽广。

除此之外，杨遵仪还是一个无私奉献、乐于助人的人。"文化大革命"后，国家各方面都需要发展，就开始派学者到国外学习新知识和新技术。"文化大革命"时期大家都忙着搞批斗去了，如1956年毕业的这一批知识分子，从毕业到打倒"四人帮"的1976年，都已经过去20年了，20年里几乎没有碰英文，整体英文水平不佳。当时就有同事找杨遵仪老先生帮忙修改英文稿："我们出国代表集体发言，您帮忙看一看""国外的国际地质大会50篇文章，您给审一审"。杨老先生也来者不拒，全都给修改。甚至有时候时间很急，请他修改英文稿子的人第二天就要出发，杨遵仪老先生硬是连夜修改，三更半夜地还给人家送上门去。《地质学报》英文版从1983年开办至2003年3月，每期的稿件他都一丝不苟地修改。2002年9月在北京召开的首届IGCP"447"项目国际学术会议的英文稿件及野外路线图基本都是经他修改和校审。他除了自己的教学、科研、学术活动，做的最多的还是利用休息时间帮同行改稿，来者不拒是他一贯的作风。教研室看到古稀之年的他不分昼夜地忙，怕他身体受不了，就向求教者设了一个接待规定，分轻重缓急，但这些人不去办公室了，就到家里或在路上碰见他时将稿件给他，这规定就名存实亡了。修改一篇文章有时比自己写一篇还难，他却总是兢兢业业，乐此不疲。助人和解决他人困难已和他的生命密不可分，成了他的人生乐趣。

杨遵仪的无私奉献、助人为乐还体现在一件事上。1956年至1957年，教研室进了一大批年青助教，副博士研究生也需要兼任本科课程助教，对英语水平有一定要求，但大家英文水平都不行。杨遵仪就让他的夫人徐增惠给大家免费授课，每礼拜上两次课，都不通过学校，教研室的年青同事们直接到他家去听课，课间还有点心茶水供应。殷鸿福后来回忆说："这都是一种慈悲的心所衍生出来的行为，不止一次，还有很多次。"杨遵仪老先生这样真挚和平等地对待学生，对殷鸿福的内心产生了很深的触动。如今耄耋之年的殷鸿福坚持把课堂与野外实践相结合，坚持每年为大一年级的学生讲授普通地质学课程，并把"问道争朝夕，治学忌功利"作为自己的精神信仰。

杨遵仪院士的一生平淡而精彩。他心系科研，有着丰富的研究成果，却又不求名利，九十岁高龄仍旧每天骑自行车上下班。这些精神品质都潜移默化地影响着殷鸿福。如今，身为院士的殷鸿福也穿着质朴，50年代做研究生时睡的床，一直用到现在，使用的交通工具也是自行车，直到八十岁高龄才换为步行上下班。

研究生生活

1956年5月，殷鸿福从北京地质学院矿产地质与普查勘探系毕业。同年12月至1961年5月，殷鸿福在北京地质学院接受地层古生物专业副博士研究生教育。在这一阶段，他除了完成自己的学业，还要做助教，辅助导师完成大学二年级本科学生的课程教学。也是在这一阶段，殷鸿福赴鄂、桂野外，青海祁连山和贵州山区进行科考工作，修改重建了贵州省三叠系生物地层框架，并以此完成毕业论文《贵州三迭纪生物地层问题》，顺利毕业。

殷鸿福的导师杨遵仪老师主讲古生物学大课，使用的教材是1956年与郝诒纯、陈国达合著的《古生物学教程》，这是中国自己编著的第一部高等院校古生物学教材。因为是大课，学时也多，殷鸿福课余时间就去做助教，帮老师辅导实习等。一是当时国家急需高素质人才，培养的大部分副博士研究生都是留校做老师的，提前参与教学也可以培养自己；二是知识通过自己内部消化，再讲给同学们，可以提高自己对知识的理解，夯实基础。除了教学工作，殷鸿福还常常做一些翻译的工作，因为他的英文水平较好，勤奋好学，又有语言的天赋，俄文也掌握得比较好，因此翻译的任务就落在了殷鸿福身上。当时中华人民共和国刚成立不久，科技水平较为落后，为了追赶上美苏等科技水平较为先进的国家，老师们常常会搜集很多英文、俄文的资料，一开始都是大家自己翻译，后来发现殷鸿福的英文俄文水平很好，便请殷鸿福帮忙翻译。地层古生物教研室委任殷鸿福专门翻译资料。为此，北京地质学院图书馆专门为地层古生物教研室提供了两大书柜外文专业书籍，由殷鸿福担任管理员，做翻译的同时负责登记借阅记录。①

地质专业的学生都需要跑野外，古生物学属于地质学的分支学科，因此殷鸿福也要常常到野外进行实践考察。1957 年，殷鸿福与副博士研究生王鸿到广西桂林及贵州南部进行野外勘察，这是殷鸿福第一次到贵州收集副博士论文资料，有一段时期住在都匀的苗寨吊脚楼，体验到山区少数民族的贫苦和纯朴。1958 年夏，殷鸿福和队友一起参加了中国科学院组织的科学考察项目，赴青海省南祁连山考察。考察工作需要骑马与骆驼，为科考增添了一丝乐趣，这次考察给殷鸿福留下了深刻的记忆。

祁连山是中国的矿产宝库，蕴含着各类丰富的矿产，同时又是西部地质调查的处女地。1958 年，国家组织科考队考察祁连山，殷鸿福便是科考队中的一员，大家不仅要迎接地质矿产空白区的

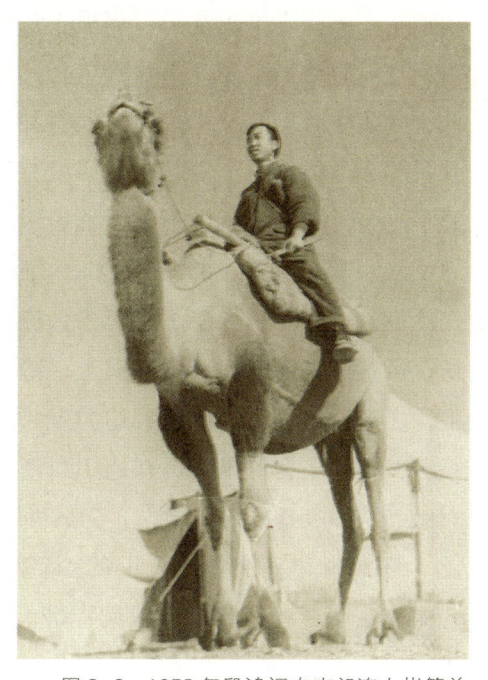

图 3-2　1958 年殷鸿福在南祁连山帐篷前骑骆驼照（由殷鸿福提供）

---

① 何心一访谈，2019 年 3 月 9 日，北京。资料存于采集工程数据库。

第三章　朝夕问道忌功利

挑战，还要时刻防范周围叛乱的危险。当时西藏地区被叛乱的阴云所笼罩。西藏上层反动集团反对改革，受国外反动势力的挑拨，于1959年发动武装叛乱，给西藏人民造成了深重灾难。实际上1958年的七八月份，叛乱在青海就开始了，叛乱武装以某些寺庙为据点，破坏交通，抢劫物资，以挖眼割鼻等手段残害汉族干部。就在青海祁连山脚下，科考队随时可能面临叛乱分子的武装威胁。为了保护科考队员的生命安全，青海省政府给祁连山科考队配备了步枪，科考人员要射击过关才能进山，殷鸿福记得自己的测试成绩是70分。祁连山科考队又分成多支小分队，每支小分队三四人，配有三名解放军。殷鸿福所在的小分队在进入青海省海西蒙古族藏族自治州天峻县后才得知，天峻县曾被叛匪包围。因为天峻县地处偏僻，又事发突然，大部队一时之间赶不过来，就派飞机过来援助。飞机每次俯冲，叛匪就后撤，这样争取了时间，青海最精锐的部队西宁师赶到，才镇压下去。后来到茶卡，那里在前几天亦被叛乱分子占领。当时消息闭塞，也没有通信工具，小分队早到一天就可能要遭遇一战。同时进去的其他小分队中有一名技术人员，他看到对面的山包上有人在招手，以为是小分队的人，虽然身上带着枪，但没有心理防备，爬到半山就被叛匪一枪打死了。当时的科考工作不仅面临着叛匪的暴乱，还要克服环境的艰苦和高原反应。祁连山谷海拔3800米，白天还是烈日当空，酷热难当，晚上却寒冷彻骨，有时白天还下起鸭蛋大的冰雹，打得头上大包小包。一件羊皮袄，抵热又御寒，热了背在肩上，冷了裹住身子，下冰雹就包在头上。夜晚，还有野兽不时在帐篷周边游弋、吼叫。正是那个年代地质工作者不畏艰苦、锲而不舍的精神，祁连山科考工作才能突出重围，完成了地层划分对比、填图等基础地质工作，为后面的祁连山找矿工作打下了基础。

继1959年三峡考察（见第六章第一节《三叠系研究国际闻名》）之后，1960年，为了撰写论文，殷鸿福带上地质锤、罗盘针和放大镜"地质野外工作三大件"，第二次远赴南国贵州崇山峻岭，带四名学生从事三叠系地层学和古生物瓣鳃类的研究。出野外就住在村民家里，和村民一起吃糠咽菜，生病发烧到39℃依然上山。这些经历后来殷鸿福回忆说："没有什么特别的，大家都是这样的，我们在野外当然自己不能做饭，饭店最好的也就是带糠的米，那个时候是没有肉的，吃的也就是野菜，发烧上山也没什么特别的。"[1] 就这样，殷鸿福依靠自身强大的意志力和对地质学的深深热爱，坚持穿行在怪石嶙峋的大山深处，为完成毕业论文《贵州三迭纪生物地层问题》搜集第一手地质资料。

1961 年 5 月 18 日北京地质学院地质矿产系学术委员会评定殷鸿福的毕业论文为优秀，系学术委员会对殷鸿福的论文作出评价：

在毕业论文中，殷鸿福分析和综合了丰富的资料，对贵州三叠纪地层及瓣鳃类生物群进行了系统的研究。进行科研工作的思想方法及工作方法基本上正确。对于所研究的地区及资料明确问题所在，通过分析研究敢于提出独创的见解，对于目前尚不能解决的问题能够指出解决的途径。该论文在利用岩相及古生态方法解决地层问题，进行三叠纪地层分区及探讨三叠系建立标准等方面作出了创造性的成绩或提出了创造性的见解。该论文所提出对于贵州三叠系划分及对比意见基本上正确，给今后该地区的地质找矿工作提供了有利的条件。此外，论文的系统安排得当，文字流畅，图件精致。

当时的系学术委员会主席是著名的地质学与古生物学家郝诒纯[2]老师。殷鸿福在毕业论文中建立起贵州省三叠系生物地层框架，将原定为中三叠统拉丁期雷口坡（巴东）组时代修改为"安尼期"，并把嘉陵江组的时代定为"早三叠世"，大胆挑战了当时的业界权威，引起了学界注意。后来经过地质学界广泛的论证，这项工作成果迄今仍作为贵州地区重要的地层古生物历史文献被广泛引用。殷鸿福为自己的"处女行"画上了令人惊羡的一笔。[3] 贵州"处女行"首战告捷并没有让殷鸿福得到满足，反而激起了他昂扬的斗志，他的野外考察之行从此一发而不可收。

---

[1] 殷鸿福访谈，2018 年 11 月 10 日，武汉。资料存于采集工程数据库。
[2] 郝诒纯（1920-2001），地质学与古生物学家。1943 年毕业于西南联合大学地质地理气象学系，1946 年清华大学地层古生物学研究生毕业，1980 年当选为中国科学院院士。
[3] 湖北省科学技术协会：《科学家的故事——湖北院士风采》。北京：世界图书出版公司，2013 年，第 58-64 页。

第四章
宝剑锋从磨砺出

从北京地质学院毕业并留校任教，这是殷鸿福科研之路的起点。殷鸿福在古生物学领域的研究中如鱼得水，他乐于学习，并对古生物专业有着深沉的热爱。任助教期间，他在《地质学报》和《中国科学》（英文版）上发表了自己的处女作，副博士研究生毕业论文，这是殷鸿福从事科研工作的开端，这一成果的发表更加坚定了他从事科研工作的信心。可惜好景不长，国内外形势波谲云诡、变化莫测，1966年5月至1976年10月的"文化大革命"，学校"停课闹革命"，知识分子有的被打倒，有的被批判、被边缘化，知识青年上山下乡，参加"五七"干校，接受贫下中农再教育，殷鸿福坚持在逆境中与命运抗衡。

留校任教

1961年，殷鸿福从北京地质学院毕业。此时，新中国成立仅12年，国际国内形势波谲云诡、变化莫测，殷鸿福也受到了影响。

1959年中苏关系恶化后，在1957年前后仿苏制的副博士、博士制被认为是资产阶级法权而被取消，因此殷鸿福没有被授予学位证书，只被授予了毕业证书。

不过这并没有影响到殷鸿福的工作。当时实行的是高度集中的计划经济体制，与此相适应，我国高校毕业生就业实行的是"统包统分"的制度，培养学生的费用全部由国家承担，相应的毕业后的工作全部由国家负责分配。殷鸿福由于出众的专业能力被北京地质学院留了下来，成为一名大学助教。殷鸿福在教书育人的同时，也在地质专业的研究上初露头角。1962年，他的副博士毕业论文《贵州三迭纪生物地层问题》和《贵州三迭纪生物地层问题（续）——贵州三迭纪岩相分区和古生态分析》相继在《地质学报》上发表。后者英文版在《中国科学》（*Acta Scientia Sinica*）上发表。1963年，殷鸿福与同在古生物教研室的杨式溥、李凤麟、张席禔合作编写了《古生态学》，本书由中国工业出版社出版，用来作为北京地质学院古生态学教材的试用本，虽然仅限学校内部使用，但当时各大新华书店向全国皆有发行，算得真正意义上的"中国第一部古生态学教材"。

图4-1　1961年殷鸿福研究生毕业照（由殷鸿福提供）

1964年，经双方同学介绍，殷鸿福与胡雍结为夫妇。胡雍毕业于浙江大学，在北京地下铁道工程局工作，是一位勤俭持家、吃苦耐劳的知识女性。1965年，两人爱情的结晶，大女儿殷蔚华出生了，活泼可爱的女儿给殷鸿福的生活增添了许多乐趣，初为人父的他一面笨拙地帮着妻子照顾女儿，一面熟练地站在三尺讲台上教书育人。1968年，小儿子殷蔚明出生了，一双儿女让殷鸿福家里充满了欢声笑语。回想起父亲母亲，小儿子殷蔚明回忆道："在我们印象中，大概可以用八个字来概括，就是'相互理解，相濡以沫'。父亲的工作非常繁忙，一年到头在家的时间并不多，可能就几个月会在家，其他时间都是在野外勘探，尤其是后期经常出国，家里主要是母亲在默默地承担家务，还要照顾和教育子女，而且是任劳任怨

图 4-2 1964 年殷鸿福与胡雍的结婚照
（由殷鸿福提供）

的。"[①] 大女儿殷蔚华对此也深有感触："我觉得我妈妈很了不起，我父亲能够走到这一步，没有我妈妈的支持是做不到的，很多时候是她一个人撑着这个家。我们那个年代的生活条件都比较艰苦，很多事情是需要男人来干的，但是父亲经常不在家，就是由母亲来承担这些。用大板车拉煤，当时我弟弟还小，我妈妈在前面拉，我在后面推。"[②] 虽然由于各种因素，他始终是个助教，但妻子的支持使得殷鸿福能够安心地进行学术研究，免去后顾之忧。殷鸿福也感谢妻子为家庭付出的一切，两人不离不弃，共同维护着这个四人小家的温馨和平静。但是好景不长，一场突如其来的轰轰烈烈的政治运动，使殷鸿福也受到牵连。审查、查抄和"戴帽子"让这个小家瞬间陷入风雨飘摇的困境之中。

"五七"干校中的乐天派

1966 年，"文化大革命"爆发。

1968 年起，大批的"五七"干校在各地开办，几十万老干部和知识分子被"下放"到干校劳动。1969 年，北京 48 所高校的知识分子被下放到农村接受贫下中农再教育，殷鸿福也是下放的知识分子之一。他和同事们下放到的"五七"干校是江西老区峡江县仁和镇西约 10 公里的小农村，从事三年农业劳动，第一项具体工作是建土坯"干打垒"的住房，殷鸿福负责做木匠的活儿。

---

① 殷蔚华、殷蔚明访谈，2018 年 12 月 25 日，武汉。资料存于采集工程数据库。
② 同①。

江西老区农村非常贫困。从衣食无忧的知识分子忽然变成日夜辛劳的农村苦力，殷鸿福仍然心态平和，随遇而安。虽然没有办法进行学术研究，但他依然不断地读书，从未放弃对祖国地质事业的追求和热爱。甚至还在这段艰苦的日子中学会了木匠活、修自行车等技能。在积极乐观的殷鸿福看来，任何工作都是有意义的，都值得全身心投入。木匠活虽然辛苦，但是也有趣，殷鸿福当时家里的许多家具都是他自己亲手打的。殷蔚华、殷蔚明这时由外婆在老家抚养，那段艰难的岁月并没有在他们身上留下什么痛苦的痕迹，而成为他们宝贵的记忆和财富。

1969年到1971年，殷鸿福一直在仁和做农活。最让殷鸿福印象深刻的要数"双抢"季节了，"双抢"就是"抢收早稻，抢种晚稻"。在南方，水稻一般种两季，七月早稻成熟，收割后，得立即耕田插秧，务必在立秋前后将晚稻秧苗插下。因水稻插下后需六十多天才能成熟，八月插下十月收割。又因为七八月份是南方的雨季，如果早稻收割后晒干不及时，就容易被雨淋湿发芽发霉，同时如果晚稻种植太晚，又会影响晚稻的收成，严重时收成将大大减少，甚至绝收。只有不到一个月工夫，要收割、晒谷子、犁田、插秧，十分繁忙。"五七"干校的学生，多半都是没下过地、没干过农活的知识分子，考虑到这个情况，干校给他们这群知识分子分派的任务不多，一个男性只负责一亩地，远低于本村一个农村男性劳动力负担十二亩地的标准，但尽管得到了"特殊照顾"，这一亩地的"双抢"农活，也远远超过了他们这些"五谷不分"的知识分子的能力。"双抢季节"早稻要尽快收起来，在收割早稻与种晚稻中间没有休息时间，早稻收割后要紧接着连夜也要种下晚稻，再加上收割好的公粮要按一百八十斤一麻袋的分量装袋后搬运入库上交。繁重的农务让殷鸿福落下了腰椎间盘突出的毛病，直到现在还是经常腰腿疼，这也是那段旧时光留下的最深刻的印记。

在农村下放的日子虽然艰苦，也无法开展学术活动，但是殷鸿福却从未放弃对学术知识的积累。在"五七"干校期间，他除了带去许多书籍，别的什么也没带。据殷蔚华和殷蔚明姐弟俩的回忆，虽然父亲在"五七"干校期间生活艰苦，而且受到了当时环境对知识分子的打压，但是殷鸿福并未放松学习，就像那句常年被压在殷鸿福书桌玻璃板子下的座右铭："咬定青山不放松，立根原在破岩中。千磨万击还坚劲，任尔东西南北风。"无论身处何种环境，他都始终坚定信念，不放松对专业知识的学习。

机会只垂青于有准备的人

　　1972年殷鸿福结束下放回到北京。学校的教育工作仍然无法进行，因此很多老师都选择回家静等，很少有人选择留在学校，留校的也很少人搞科研，因为既无目标又无经费。殷鸿福当时任北京地质学院助教，他并没有放弃自己的教育和研究工作，而是抓紧时间恶补学术知识。没有教学活动，他就在图书馆踏踏实实看书，自学英、德、法语，一天八个小时。女儿殷蔚华回忆，那时候她年龄还太小，不能去上学，父亲就每天带着她去图书阅览室，自己看画报，父亲看资料看书，对于这段启蒙教育，殷蔚华印象非常深刻。后来殷蔚华长大了，她戏称自己上小学时是班上唯一"脖子上挂钥匙的孩子"。[①] 每天早上殷蔚华和父亲一起出门，她去上小学，父亲去校外图书馆看书，中午父亲也不回家，随便吃点馒头解决一下，又回图书馆继续看书去了。殷蔚华只能自己用脖子上的钥匙开门做饭自己吃，长年累月成了父女俩默契的生活常态。

　　殷鸿福几乎每天都会去距离北京地质学院约8公里的地质部图书馆或3公里的中国科学院图书馆查资料，一待就是一整天，阅览国内外的专业资料，积累国内外的专业知识。没有国家科研资金的支持，他就从自己每月61元微薄的薪水中，扣掉寄回家的21元，再在剩下的40元中挤出一部分，自费完成力所能及的学术研究。没办法把有价值的资料如百年前的古生物期刊借出来，就只能借用相机拍下来，当时还是胶片相机，为了减少开支，一张35毫米的胶片他可以拍4页材料。在这期间他复习和初步学

---

① 殷蔚华、殷蔚明访谈，2018年12月25日，武汉。资料存于采集工程数据库。

习了英语、德语、俄语和法语，做了几千张学术卡片，记下了几十本学习笔记，拍摄了几十卷胶卷的资料。[①] 殷鸿福靠极度节俭和辛勤努力先后完成了十余篇论文。但由于当时的国家形势，这十余篇论文到后来才发表，且一发而不可收。

1978年12月，党的十一届三中全会召开，改革开放的春风吹遍了祖国的大江南北。1978年是中国的春天，也是殷鸿福的春天。"文化大革命"结束，实施改革开放，中央决定淡化"阶级斗争为纲"这个不适用于当下的口号，把全党工作的重点转移到社会主义现代化建设上来，1979年9月第五届全国人民代表大会常务委员会第十一次会议通过决定，撤销国家地质总局，重建地质部。地质部的重建使得殷鸿福的科研工作开始有足够的条件支撑，往后的学术生涯更是一路辉煌。而且他在"文化大革命"十年中积累的研究成果陆续发表，1978年，殷鸿福也因此顺利晋升为武汉地质学院的讲师。

殷鸿福认为自己人生的机遇有两点。第一，从1976年开始，国内刊物开放，殷鸿福"文化大革命"时期坐"冷板凳"研究的十来篇文章终于有机会发表了，1977年投稿，到1978年、1979年、1980年陆续都刊登出来了。他一遇到时代机会便能牢牢地把握住，论文发表见刊，走在学术前沿。第二，1978年，邓小平采取了两大措施。第一个措施就是恢复高考，第一次不分城乡、出身或者其他因素，凡是有条件的全部可以参加考试，这对于教育界来讲是一件大事情。另外，在科学技术人才培养方面，以考试的形式选拔人才出国学习。所有的人，在出国之前必须参加英语考试，过关的人才能够派送到美国或者到其他国家去访问学习。这对于殷鸿福来讲是一次难得又必然的机会，难得在于改革开放的时代机会，选用考试这种更加公平的选拔方式，必然在于殷鸿福"文化大革命"十年中苦坐"冷板凳"，每天坚持学习和研究，没有落下专业研究与外语学习，机会终是会留给有准备的人。

考试的日期定下来了，而此时的殷鸿福仍在贵州野外进行着地质工

---

① 张磊：中国地学教育的"金钉子"。中国地质大学（武汉）官网，2018-09-11。

第四章 宝剑锋从磨砺出

作，在考试的前五六天，殷鸿福临时从野外调回武汉①复习备考，备考时间不到一周。殷鸿福居然考得还不错，据传考到了地质部的第四名，前面还有两名是翻译专业出身的，能考到这样的成绩，完全是靠着平时的积累。顺理成章地，殷鸿福就成为第一批派去国外进修的优秀的人才。

"文化大革命"期间，殷鸿福进行了极佳的自我沉淀。他不断学习，在困难时期对学术研究也毫不懈怠。正如他自己所说："那八年对我来说是很好的正常搞学问的（时期），我（写的）十几篇文章也没地方发表，但后来全都用上了。"②到后来，所写论文陆续发表，积累的英语功底也让他脱颖而出，在专业领域也独具慧眼。正应了那句老话：机遇只垂青于有准备的人。

---

① 1975年，北京地质学院整体迁至湖北省省会武汉，更名为武汉地质学院。1987年，国家教委批准武汉地质学院更名为中国地质大学，武汉、北京两地办学，总部设在武汉。
② 殷鸿福访谈，2018年11月10日，武汉。资料存于采集工程数据库。

第五章
访学海外　开阔视野

　　1978年和1980年，殷鸿福先后晋升为武汉地质学院讲师和副教授。1980年3月，经国内集训一年余的殷鸿福被选派作为高级访问学者赴美访问，这一去就是两年，直到1982年3月访问期结束，殷鸿福才重新回到武汉地质学院，继续任教生涯。在两年学术访问期间，殷鸿福先后在史密森学会（Smithsonian Institute）（1980—1981）和美国自然历史博物馆（American Museum of Natural History）（1981—1982）任高级访问学者，并在耶鲁大学和纽约科学院等25所大学和研究所作了关于中国地质、古生物的研究报告。赴美访问期间，殷鸿福发表了6篇学术论文。殷鸿福渊博的知识和勤奋的工作得到了美国同行的高度评价。回国之后，殷鸿福发表了文章《古生物学向何处去》，为国内古生物学的研究指明了新方向。1988年，殷鸿福等著我国第一部生物地质学专著《中国古生物地理学》出版。1990年至1991年，殷鸿福作为高级访问学者赴英国自然历史博物馆进行访问和学习，其中大半时间，殷鸿福用来完善并翻译整理《中国古生物地理学》。1993年，殷鸿福当选为中国科学院院士。1994年《中国古生物地理学》英文版由牛津大学出版社出版。

访 美 收 获

1980年3月至1982年3月，殷鸿福被选派作为高级访问学者赴美访问。他能作为高级访问学者赴美访问一方面是改革的春风带来的契机，改革开放以后，国家修改了纯以政治出身选拔人才去国外深造的先例，而增用英语成绩作为选拔标准。另一方面是他在前几年的自我学习过程中，一直坚持学习英语，甚至还学习了法语、德语等其他语言，这样的优势使得他成为访美的优秀人选，这是对他"咬定青山不放松"品质最好的实证。

据殷鸿福的儿女回忆，殷鸿福在访美期间，基本上不会和家里人谈及学术方面的事情，由于沟通费时，当时儿女年纪又小，殷鸿福寄信回国只为了报平安，偶尔会谈一些生活上的事情。

殷鸿福在美访学期间主要做了两件事，第一是做学问，第二是开展学术交流。当时访美，国家会给赴美访问学者发放一定的生活补贴，虽然不是很多，但是殷鸿福省吃俭用，月底还能有一点结余。他将节省下来的钱都用于科研，包括购买外文书籍等，当时这些外文学术书籍价格高昂，但是殷鸿福还是努力省下钱来买书。访美结束回国时，殷鸿福带回来了一大箱子上千册的外文专业书，后来捐给了学校图书馆。

在进行学术交流方面，殷鸿福有意识地拓展自己的学术朋友圈，结交学术朋友，通过参加地学界的各种学术交流、学术会议等方式结交国际地质学、古生物学界的泰斗，并与这些国际地质学界的大咖进行交流，来开拓自己的眼界和建立自己在国际学术界的影响力。在当时的国际环境下，许多中国派往他国的留学生和学者生活是住处—办公室两点一线，不大与外国人一起活动。究其原因，一方面是由于文化差异，口语不佳。加上当时的中国刚实行改革开放的政策，十年动乱，使得国内别说是科研项目，就连教育都一度停滞不前，经济更是被发达国家甩开很大一段距离，所以有些出国的留学生在面对国外繁荣的学术和经济环境时会不自觉地产生一种自卑感，不愿意或不善于与外国人沟通。另一方面，外国人对中国留学生仍然抱有偏见。所以许多留学生无法融入国外环境，不能很好地把握出国留学的机会开展学术交流。在美期间，殷鸿福参加了四次学术会议，包括1980年至1982年三次美国地质协会（GSA）年会并作报告。作为国际科学协会，美国地质协会为世界各地的学术界、政府和

图5-1　1981年殷鸿福在举办于俄亥俄州的美国地质协会年会留影（由殷鸿福提供）

工业界的成员提供交流平台和知识服务。自1888年以来，美国地质协会的会议出版物和所研究的项目都促进了地球科学家的专业发展，并提高了地球科学的管理和服务水平。美国地质协会鼓励就地球科学问题开展合作研究和公共对话，并支持各级地球科学教育，这是一个具有全球影响力的地质协会。

殷鸿福虽然并不太喜欢社交活动，但是他身上有一股闯劲，他想要在访学期间尽可能多学习和了解国外地质学界的学术研究现状。虽然一开始的交流都是结结巴巴的，但是他努力地想要与国外的学术环境建立联系，不浪费出国交流学习的每一个机会。他认为，到国外去就是要与外国人沟通，既然出了国，就要去做出国应该要做的事情，就是要尽可能融入到国外的大环境中，去再学习、再进步，如果不去跟国外的学术环境建立联系，闭门造车，就失去了出国的意义。这需要战胜自己的自卑感，要战胜自己对于新环境的恐惧和抵抗，战胜自己的惰性。到美不久，他就在埃利斯·约克尔森（Ellis Yochelson）[①]推荐下到马里兰大学作关于中国地质的报告，从此一发而不可收，先后在25个单位作了中国地质和三叠系研究等方面的报告，并在学术交流中得益匪浅。

---

① 埃利斯·约克尔森（1925- ），史密森学会所属美国国家自然历史博物馆研究员，曾任美国古生物学会主席，专攻腹足类。

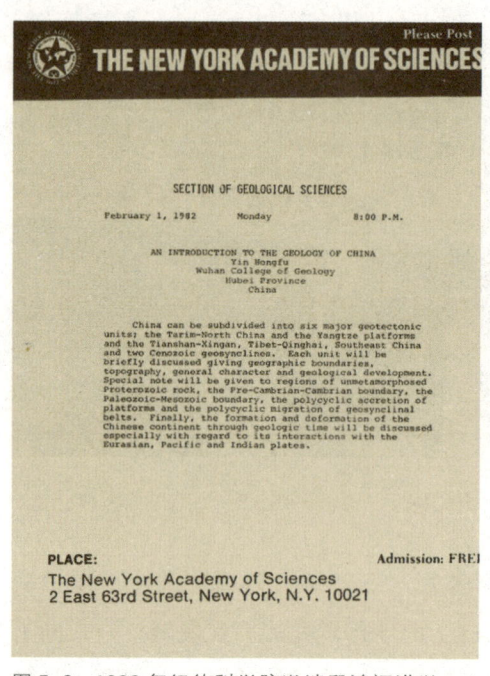

图 5-2 1982 年纽约科学院邀请殷鸿福讲学招贴（由殷鸿福提供）

积极接触国外的研究思想，这是他的使命，是他代表国内因种种原因无法亲自来到美国参与交流的学者必须要完成的使命——将新的思想带回国内去。"机遇只垂青于有准备的人"，殷鸿福打小并不是一个热衷于参加活动应酬的人，孤身前往毫不熟悉的美国，在不熟悉的环境下和不熟悉的人度过的异乡之旅却并没有让他胆怯。在上海的生活、学习经历让他从骨子里就热衷于接受新鲜事物，从小父亲严格的英语教育也让他逐渐掌握了与外国人无障碍交流的必备技能。"文化大革命"时期的经历又更加磨炼了他的意志，培养了他乐天的精神。殷鸿福热爱自己的事业，因此不愿意错过任何一个学习的机会。20世纪80年代，国内地质学界学术研究的理念太过落后，研究水平远不及欧美，殷鸿福就像海绵一样努力汲取新鲜的知识，拓宽视野，不断和国外的专家学者打交道，开展学术交流。这种敢闯、不怕任何困难的拼劲对于他的一对子女都有很大的影响。

在美访学期间，殷鸿福被耶鲁大学、纽约科学院等 25 所著名大学和科研机构邀请讲学，作了关于中国的地质、古生物的研究报告，并发表了自己的研究观点。

作为高级访问学者，殷鸿福在 1980 年至 1981 年工作于史密森学会所属的美国国家自然历史博物馆（National Museum of Natural History，NMNH）。史密森学会设在美国华盛顿，是世界最大的博物馆体系，由美国历届副总统担任理事会主席。它所属的 16 所博物馆中保管着一亿四千多万件艺术珍品和珍贵的标本。同时，它也是一个研究中心，从事公共教育、国民服务以及艺术、科学和历史各方面的研究。美国国家自然历史博物馆是世界上规模最大的自然历史博物馆，馆内设有5个科研部门，分别是人类学、无脊椎动物学、古生物学、物理科学和脊椎动物学。其中，古生物学和人类学的收藏质量和数量在世界各博物馆中占居首位。

图5-3　1980年殷鸿福在位于华盛顿的美国国家自然历史博物馆留念（由殷鸿福提供）

1981年至1982年，殷鸿福作为高级访问学者到位于纽约的美国自然历史博物馆学习。这是世界最大的私立自然历史博物馆，与前述的国家博物馆齐名。这个馆的特色是学术思想非常活跃，殷鸿福的指导者诺曼·纽威尔（Norman Newell）院士是突变论的倡导者。访问期间学术报告很多，殷鸿福在此接触到很多新的学术思想。可见美国相当地重视古生物学方面的研究，在古生物学方面的研究也在世界上占据领先地位，殷鸿福作为高级访问学者来到这两个世界级单位进行工作和学习，造就了他在古生物学研究上出众的能力和渊博的学识，一切都得益于他孜孜不倦的求学过程和乐此不疲的跑野外地质工作经历。

殷鸿福在访问两馆期间，分别由诺曼·纽威尔和埃利斯·约克尔森两位古生物专家担任他的指导者。殷鸿福清楚地认识到，访美期间他的身份虽然是"高级访问学者"，名义上与国外学者是合作关系，但实际上是一种师生关系，更多的应该是作为学生到国外进行学习和研究。1981年，他与纽威尔等在内华达州、犹他州和加州做了两个月野外工作。此外还在五个州跑了短期野外。

当时，国内对于古生物学的理论研究和实践没有太大的变化。具体来讲就是先到野外采集化石，再对标本进行鉴定，然后完成相应的论文写作。其中大部分是分类描述，这虽是基础工作，但只适应于生物地层学等

第五章　访学海外　开阔视野

范围较窄的实践。

但是来到美国，与美国的地质古生物学家接触之后才发现，国外这方面学术研究水平已经遥遥领先于国内。国内常规的研究流程仅仅是国外学者所做的最基础的工作，许多外国学者的思想已经不仅仅局限在古生物学的专业研究上，还会把古生物学联系到其他的领域交叉研究，比如板块运动、古地理学、古生物成矿、演化理论等领域。

访美期间，殷鸿福看到的这些新的理论和方法都让他受到了极大的启发。据殷鸿福回忆，到美国之后对他影响最大的，就是获悉古生物学的研究还可以与板块运动、生物成矿等领域关联起来，进行学科之间的交叉互补，互相佐证研究。这一认识对殷鸿福来讲就像哥伦布发现了"新大陆"一样，把古生物学与其他学科相结合，给予了古生物学研究的生机，使这一门单调的学科焕发出了新的活力。

殷鸿福在美国受到的学术启发远不止于此，他回忆道："国外研究者们拿出很多实际材料证明生物的演化不是像最早达尔文说的，以极其微小的变异，通过日积月累慢慢变化的，有这方面的演化，但是也有可能出现突变，甚至于是灾变。"①

殷鸿福在纽约和华盛顿两个城市各学习了一年，这两个地方的学者都给他留下非常深刻的印象。诺曼·纽威尔的思想在那个时候已经超越了大部分的古生物学者，使殷鸿福受益良多。纽威尔懂得跨专业思考，生物突变理论或叫间断平衡论（punctuated equilibrium）的理论研究也是由美国自然历史博物馆最早提出来的，其创始人之一奈尔斯·埃尔德雷奇（Niles Eldredge）是纽威尔的学生，另一位创始人名叫斯蒂芬·古尔德（Stephen Gould）。

纽威尔和埃尔德雷奇认为世间的事物，包括生物的演化，在很长一段时间内都处于一个平衡的状态。比如人们有规律的生活作息，每天都这样，这就叫平衡（equilibrium）。但是平衡也不是总存在的，可能有一段时间这个平衡一下子被打断了，然后它重新再达到一个新的平衡，比如学

---

① 殷鸿福访谈，2018年11月10日，武汉。资料存于采集工程数据库。

生毕业了，也不上课了，而是去上班。这样的变化就叫作间断平衡，中文翻译过来叫作阶段性变化，不是渐进式的变化，是一个阶段接着下一个阶段的。回顾地球历史的发展进程，很容易发现世间事物确实就是这么变化的。

这套理论创新给了殷鸿福深刻的印象，以至于1983年回国后，他马上就完成并发表了论文《"间断平衡论"风靡欧美——国外古生物学新动向之一》。他在文中指出：

> 从地质学的发展历史来看，目前似正处于一个否定之否定的阶段中。十九世纪中叶以前是特创论和突变论的时代。后来，现实主义原理和演化论问世，否定了或则突变、或则不变的哲学。但在同时，达尔文和莱伊尔的后继者把渐变强调到了不应有的高度。最近二十年来，地质学界有一种趋势，要重新强调突变或间断的地位，这是又一个否定。承认渐变与突变的结合以及突变对发展起推动作用，这在哲学上是正确的，因此值得介绍和研究。①

在这篇文章中，殷鸿福详细介绍了风靡欧美的"间断平衡论"的含义、根据、论证、影响及现状，正是在访美期间增长的见识让殷鸿福开拓了视野，有更新的研究方向，生物演变的学术新思想为他回国之后写的《地质演化突变观》一书奠定了基础。

殷鸿福在访美期间的另外一个重要任务就是不断地学习和收集珍贵的专业资料。在国内，由于古生物鉴定研究方法的限制，要做研究，必须有最原始的化石鉴定原始资料。而这些原始资料原版往往在欧美，生成年代比较早，非常珍贵，借一次就损坏一次，因此要在国内借阅到相关的老资料非常困难。而这种困境在国外就不存在了，在美国的高校或研究院（所）的图书馆中借资料，只需要把要借的资料清单写在纸条上，每天都会有专门的工作人员帮忙查找并及时地送到借阅人面前。而且如果在校内

---

① 殷鸿福："间断平衡论"风靡欧美——国外古生物学新动向之一。《地球科学》，1983年第2期，第1-8页。

的图书馆借不到，图书馆的工作人员还可以从其他的高校图书馆复印一份后提供给借阅人使用。如果其他高校图书馆也没有，还可以到华盛顿国会图书馆查找，美国华盛顿国会图书馆是全世界藏书量最大的图书馆之一，是一座巨大的知识宝库。华盛顿国会图书馆里藏书丰富，涵盖的图书种类非常齐全，什么书都有，各种图表、手稿、地图、期刊、唱片、电影胶片等，应有尽有，只要给一定的借阅费，并与负责跑腿借书的工作人员说一声，就可以从那里把需要的资料借出来。

美国丰富的图书馆藏、方便的借书流程以及发达的互联网设备让殷鸿福可以找到各种想要的学术前沿资料和领先的学科领域理论书籍，他凭借之前在国内积累的一些资料和在访美期间，利用查找到的资料进行进一步的鉴定验证之后，一口气发表了6篇SCI来源期刊论文，如《华南晚二叠世长兴期海扇类》《贵州青岩中三叠世腹足类》等。那时候的中国百废待兴，各学科的研究都是刚刚起步，国内期刊的质量不如国外期刊。殷鸿福把自己在国内收集到的资料与新理论结合，有时还与外国学者进行学术合作，他将这些论文发表在国外的期刊上，让国际学者一起鉴定其思想的科学性，扩大中国学者的国际影响。这些论文的完成与发表，一方面来自殷鸿福在国内不断积累下来的材料，另一方面也是他通过国际合作，并不知疲倦地学习新知识和新方法的成果。

殷鸿福还利用在国外接触到的跨学科研究思维进行研究。比如，1980年7月，他发表了《三叠纪古生物地理与大陆漂移》一文，从三叠纪古生物地理和地质的角度，对大陆漂移理论进行探讨，并通过摆出古生物地理学上发现的证据来支持大陆漂移理论。这篇研究成果于1982年4月获得武汉地质学院年度优秀科研成果三等奖。又如《古、中生代之交生物演化型式及原因》一文，分析了古、中生代之交的生物突变，解释了生物突变可在连续地层中发生、突变中有渐变因素、突变的内因与外因，特别是提出外因中的火山效应，为使火山说成为后来的主流观点作出贡献。此文后作为杨遵仪院士牵头的"华南二叠系—三叠系界线地层及生物群"成果的一部分获国家教委科技进步奖二等奖。这些成果的获奖，说明殷鸿福的努力并未白费，国内学者正在逐渐接受这种多学科综合交叉的学术研究思想。

美国自然历史博物馆馆长菲斯克（Fisk）在给当时的武汉地质学院院长王鸿祯的信中写道："作为馆长，我知道谁每天来得最早，走得最晚，星期天仍在工作……"在美国科学院院士纽威尔给王院长的信中，高度评价了殷鸿福在美国的学习和研究工作，他在信中说道："殷不愧为中国学者的优秀代表。"[①] 来自异国同事的客观评价，可见殷鸿福确实没有辜负访美的可贵机会，他身上坚定的学术钻研精神让人敬佩不已。

就在殷鸿福访美期间，国内的古生物学发展进入了瓶颈阶段，最主要的原因在于国内古生物学关注的领域太窄，主要集中在化石研究领域。化石研究是古生物学最早的研究目的，也是古生物学作为一门学科发展的基础。通过研究古生物化石可以锚定一个时间点，可以判定在某一时期出现了某种生物的起源或灭绝。在传统的古生物学领域，古生物学家通过野外化石采集、鉴定和描述来确定含化石层形成的时间，这属于生物地层学的研究范畴。但是美国的访学经历让殷鸿福深刻地体会到了国内地质学研究与国外的差距，当时国内的古生物学研究仅仅停留在了最基本的化石鉴定层面，但是国外最新一套研究方法则拓展了其研究领域，古生物学已经被应用到研究板块运动、生命演化、古生物成岩成矿现象等更广的层面上，而远不止生物地层学的范畴了。即使是化石鉴定本身，也深入很多。例如美国国家自然历史博物馆有一个游泳池大小的酸泡池，把腕足类等化石以合适程序酸处理后，可以获得具有精美刺饰的标本，使人叹为观止。

比起国外科研进展较猛的势头，国内的古生物科研思维和方法都处于相对落后的状态。对此，殷鸿福深刻地意识到，一定要将他在国外学到的拓展思维带回国内，从而促进国内古生物学的进一步发展。

以生物成矿为例，如果一个地方发现了矿藏，那么这些矿藏是由地下的岩浆造成的？还是像石油那样由生物来形成的？再比如铅锌矿的形成很多时候都与生物有关系，即便它是金属的，其中也有一部分是来自生物成因的有机质流体中，所以找到了这类金属矿也得用生物的知识进行研究。

---

① 《地学卷·古生物学分册》。见：钱伟长总主编，《20世纪中国知名科学家学术成就概览》。北京：科学出版社，2014年，第389-398页。

另外要研究地球的历史，也可以用生物地质学知识来开展研究。见识了国外先进的研究成果，殷鸿福明白了，其实古生物学已经渗透到了地质科学的各个角落，国内研究如果也能这样进行拓展，古生物学就能够古树长青。这一点是殷鸿福到国外之后最大的收获，也是他毕生追求的理念。

与殷鸿福同期访美的学者，有的选择留在了美国，他们各自有自己选择留下的原因。美国作为当时最强的资本主义国家，在物质条件和经济发展上都远超中国，美国的大公司又非常重视人才，纷纷向访美学者们抛来了橄榄枝。除开物质条件的原因，很多中国访美学者对"文化大革命"有意见，多年的委屈使得他们不愿再回到祖国。此外，还有一类人，他们学习的专业是计算机、IT方面的，当时国内并没有研究条件，为了更好的发展只能选择留在美国。就这样，访美人才外流成了一大现象。

在这样的环境中，殷鸿福没有受到丝毫影响，并且他坚定地认为访美就是去学习国外先进的思想和研究方法，然后将这些新的方法、新的思路带回国内。当时他的指导者约克尔森借用古希腊神话西西弗斯的故事善意地劝告殷鸿福说："中国是个惯性很大的巨轮，想推动这巨轮的人，要当心被它碾扁。"面对国外朋友的劝告，他只是笑着回答："总是要有人去推动这轮子的嘛！"殷鸿福认为既然已经在美国学到了一套新的办法、新的思路，就要回国进行推广，因为这些新的东西可以帮助中国进一步地发展壮大，还可以加入自己的想法，改进和上升的空间很大。此时在殷鸿福心里，古生物地理学不再是原来研究对象单一的学科了，后来他把这门学科拓展为"生物地质学"，就是用古生物学的知识来寻找矿藏，来说明岩石的成因，来判断地球的古地理、板块漂移等各种各样的现象。

抱着重振中国古生物学的信心，1982年3月，殷鸿福在美进修期满，毅然选择回国，并且继续担任武汉地质学院副教授。然而回国之后的殷鸿福面对着国内尚不成熟的科研条件与环境，好像走到了人生中又一个重要的岔路口。

从国外进修回来，学界对殷鸿福的关注度日益提高。导师杨遵仪甚至在他刚刚回国的第二天，一大早便登门，劝他留在北京。前支部书记建议他到地质大学北京校区做教研室副主任，而不是回武汉继续任教。在杨遵仪等老师的安排下，殷鸿福在教研室以及许多地方讲学，传播他在美国吸收的新理论和新思想。但是殷鸿福在传播过程中逐渐意识到老一辈的专家学者并不都支持他所宣讲的新理论和新思想。这样的困境让殷鸿福逐渐意识到，在北京这个云集了各个研究领域和研究方向的老专家的地盘上，资历尚浅又富有批判性新思维的自己难有施展拳脚、展现抱负的机会。于是他毅然转身，离开这片相对繁荣、科研条件更好并且拥有三位院士导师的学术环境，投身于各方面条件都较差，但相对更加自由的武汉地质学院。老一辈的学者由于年纪较大，如殷鸿福的恩师杨遵仪院士，政策允许这些老专家留在环境更好的北京。而像殷鸿福这些留学归来、年轻力壮、大有可为的中青年学者，怀抱着"开疆扩土"的热情，正需要这一片待垦的荒土。

让殷鸿福决定回到武汉的原因有两点。一是美国"镀金"归来的殷鸿福在学识和阅历上都处于武汉地质学院古生物教研室前列，大家都愿意让他来做学术带头人，而殷鸿福也愿意并且迫切期待召集一批志同道合的伙伴一起做具有开创性的学术研究。二是殷鸿福非常感激武汉地质学院送他去美国访学，返回武汉任教可以回馈学校的培养。回想那段经历，1978年，殷鸿福被聘任为武汉地质学院讲师。同年，殷鸿福通过外文考试，学校就选派他作为高级访问学者，经一年培训后赴美学习，并很快在1980年聘他为副教授。那时候，殷鸿福可以说是武汉地质学院地质系的学术拔尖人物，正是风生水起的时候。在美国的两年中，无论是在教学上还是科研上，殷鸿福几乎都没有为武汉地质学院作出什么贡献。这一点在重情重义的殷鸿福看来无疑是一种煎熬。在殷鸿福的心里，他是希望能为武汉地质学院的发展作出自己的贡献的。所以，无论是从未来的学术前途还是从为人处世的原则来看，殷鸿福选择回到武汉重启研究事业，都是遵从内心，深思熟虑后的选择。从他往后几十年的教书育人、钻研学问的生涯来看，在人生的岔路口，他做出了正确的选择。

早在美国学习访问的时候，受国际研究思想的影响，殷鸿福就在着手思考如何将古生物学与地质学结合起来。后来他在《古生物学向何处去》《生物地质学》等文中表达了他赴美访学及归国前后的下列思想：

古生物学当前面临着两个危机。第一，当代地球科学前沿正在向地球系统中的各圈层相互作用方向转移，各分支学科的发展很大程度上取决于它与其它学科交叉渗透，并共同服务于上述前沿的程度。作为传统意义上的古生物学（palaeontology）或分类古生物学，需要尽快找到一条学科开拓、创新、交叉的路子。第二，在市场经济冲击下，传统的、理科性的、以地质时期生物界为研究对象的古生物学在地质市场上需求甚低、生源减少、经费困难。需要找到一条应用的路子，使之参加到经济和社会发展的行列中去，在全方位服务中取得生存发展的资格。在开拓、创新、交叉和应用的路子中，很重要的一条，就是走古生物学与地质学全面结合，古生物学为其它学科全方位服务的路子，即生物地质学的路子。①

留 英 之 旅

1990年11月至1991年5月，殷鸿福受英国皇家学会（Royal Society）的资助，赴英国进行学习访问，并在英国自然历史博物馆任高级访问学者。英国皇家学会成立于1660年，学会宗旨是促进自然科学的发展。它是世界上历史最长且从未中断过的科学学会，在英国起着全国科学院的作用。

殷鸿福所在的英国自然历史博物馆是欧洲最大的自然历史博物馆。拥有古生物化石标本700多万号，图书馆有书刊50万种。还有各类的科学家，分别在动物学、昆虫学、古生物学、矿物学和植物学等五个研究部工作。该馆是植物、动物和矿物的国际分类学研究中心之一，为来自世界各国的学者所利用。受英国皇家学会资助并到英国自然历史博物馆工作的科学家，要么是在国家进行重要科研项目的科学家，要么就是已经独具盛名

---

① 殷鸿福：古生物学向何处去.《中国地质教育》，1994年第11卷第3期，第48-49页。

的知名科研工作者。殷鸿福能够有此殊荣不仅说明了他在科学界的名声，同时也是对他科研实力和理论贡献的认可。

英国访学期间，殷鸿福除参加各种与专业相关的学术会议外，大部分的时间都在进行《中国古生物地理学》的主编和翻译工作。《中国古生物地理学》是由殷鸿福等人于1988年完成并出版的著作。书中从活动论的板块学说出发，应用现代生物地理学和古生物地理学的理论和方法，对中国各时代古生物地理进行系统研究，并在写作的过程中

图5-4 殷鸿福在英国皇家学会与国际三叠系分会秘书长杰弗里·沃林顿（Geoffrey Warrington）合影（由殷鸿福提供）

收集了各时代主要化石门类的资料，进行了多门类综合分析及计算机的数据处理。全书系统论述了我国震旦纪至第四纪的古生物地理及其与板块活动、海陆分布、气候变迁的关系。并附有各时代世界及中国古生物地理分区图、景观复原图及聚类分析图。《中国古生物地理学》一经出版，就获得了地质矿产部（简称地矿部）科技成果奖二等奖（中文版）和湖北省自然科学奖一等奖（中、英文版），其科学内容详见第六章《建立生物地质学学科体系》一节。

当时英国伯明翰大学的教授安东尼·哈勒姆（Anthony Hallam），曾任国际古生物学会理事长。哈勒姆曾经带学生到中国煤山进行考察，并与殷鸿福进行"二叠纪—三叠纪界线"的合作研究。煤山考察期间，殷鸿福做哈勒姆的向导，因此两人颇为熟悉。殷鸿福到英国后，哈勒姆主动联系到他，邀其到伯明翰大学讲学。殷鸿福认为哈勒姆的学术思维开阔，他是一位知识面很广的古生物学教授，可以将不同的问题与古生物学结合起来进行思考。在看到殷鸿福等撰写出版的《中国古生物地理学》中文版之后，哈勒姆认为这本书可以作为一本综合教材，非常值得推广，因此他推荐

图 5-5　1998 年殷鸿福与哈勒姆（右）及威格诺尔（中）在煤山合影（由殷鸿福提供）

《中国古生物地理学》在牛津大学出版社出版。但是要出版必须要解决两个问题：第一是书一定要是全英文版的，但是当时这本书只有中文版，仅在中国出版过，全书英文翻译无疑是一个巨大的工程；第二是文章字体样式都必须符合牛津大学出版社的要求，才能用电子文档排版。而 1990 年的中国，购买一台计算机需要花费 1 万多元人民币，费用极其高昂，当时中国学者撰写论文都还是手写，去哪里找计算机呢？《中国古生物地理学》有 338 页，共计 53.7 万字，内容相当之多。当时在国内与殷鸿福一起合作的学者们大多数还不能够将这本篇幅庞大、思想前沿的著作翻译成英文并达到牛津出版物严格标准的水平，因此全书的主要翻译和电子文档工作最后都只能由殷鸿福自己完成。为了实现出版的愿望，殷鸿福将他当时在英国所获得的津贴，拿出一半多花在了这本书的翻译和电子文档上面。英国不同于美国，在大学里和博物馆中打印资料都是要收费的。殷鸿福在翻译的过程中需要把每个章节翻译后打印出来，检查是否存在问题，再不断进行修订，如此反复，每个章节通常都需要打印几次，最后算下来，在打印排版方面就花掉了他大部分津贴。最后在哈勒姆的推荐和帮助下，《中国古生物地理学》得以在牛津大学出版社成功出版,并且哈勒姆还为殷鸿福的这本心血之作撰写了前言。他认为这本著作"价值无可估量"①。

殷鸿福与哈勒姆的友谊并未因为这本书的出版或者是英国访学的结束而结束,两人直到哈勒姆逝世前一直保持着联系。殷鸿福访学回国之后,便介绍他的弟子赖旭龙等人去哈勒姆的高足威格诺尔(P. Wignall)处进修,他们也和哈勒姆教授交好。后来童金南等又与威格诺尔合作进行了中英合作重大项目的研究。就这样两国学者之间的情谊更加深厚了。一代代学者用自己的人格魅力和学术风采叩开了国际舞台的大门,也因此收获了越来越多的国际友谊和尊重。

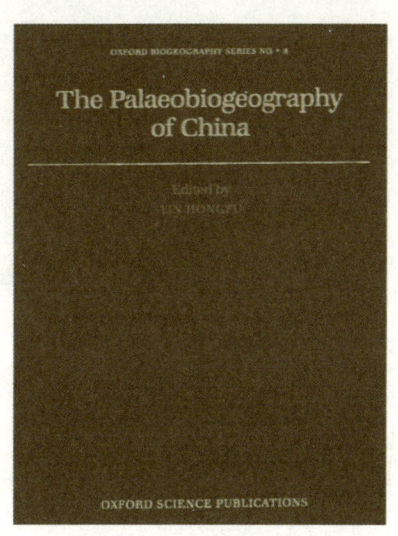

图 5-6 《中国古生物地理学》英文版(由殷鸿福提供)

殷鸿福在英国访学大半时间都花在了《中国古生物地理学》的编辑、翻译出版这件事上,这可以说是倾注了他最多心血,也是他在英国访学期间收获最大的一件事情了。这为其他国家了解中国学术研究水平提供了新的渠道,中国古生物学研究也在国际上一展风采。除了《中国古生物地理学》的编译出版工作,剩下的时间用于进修,由于英美的学术发展水平相差无几,并未给殷鸿福以新的学术灵感,他利用从国内带过去的一些材料开展研究,发表了几篇论文。

---

① 殷鸿福访谈,2018 年 11 月 10 日,武汉。资料存于采集工程数据库。

第六章
潜心科研　硕果累累

2015年3月15日是殷鸿福的八十大寿，在这一天举办的八十寿辰庆典暨古生物学学术会议上，他慷慨激昂地以自己的人生经历为主题，为到场嘉宾呈现了一场生动完整的专属于殷鸿福个人的"人生回顾与展望"演讲。在他的人生字典里，四个词足以概括其一生：理想、奋斗、团结、展望。而他学术思想的发展则可分三个阶段：第一阶段，生物地层学（地层学与古生物学的结合），始于1956年；第二阶段，生物地质学（地质学与古生物学的结合），始于1982年；第三阶段，地球生物学（地球科学与生物科学的结合），始于1994年。

每一个阶段都可以一个国家奖为其成果代表，如表6-1所示。比较三个阶段起始时间与获奖时间可见，每一项国家级奖的获得都经历了20年以上的时间。"金钉子"成果（1978—2001），花了24年；生物地质学成果（1982—2008），花了27年；地球生物学成果（1994—2016），殷鸿福没有列名。前两者是没有大项目支持，也无大额经费的两个成果，上千万的经费是在成果做出来引起注意之后才获得的。殷鸿福团队大约经历了20年的经费拮据状态。支持他们完成成果的，是不计较经费、不计较得失的团结集体。激励这个集体长期坐冷板凳的思想基础，是开拓学科新方向的前景和不断创新、不断成功的快乐和自豪。

表 6-1　殷鸿福学术思想发展的三个阶段与三个国家级奖

学科	获奖成果名称	获奖类别及等级	研究时间	列名
地球生物学	显生宙最大生物灭绝及其复苏的地球生物学过程	国家自然科学奖二等奖	1994—2016	未列名
生物地质学	生命与环境协调演化中的生物地质学研究	国家自然科学奖二等奖	1982—2008	第一
生物地层学	全球二叠系—三叠系界线层型研究	国家自然科学奖二等奖	1978—2001	第一

每一项成果的完成都是日积月累的结果。以生物地质学为例，殷鸿福首先规划了该学科的基本分支学科，如表 6-2 所示，对每一分支学科如生态地层学、古生物地理学等进行专门研究，形成专著、论文等成果，最后综合出生物地质学的学科体系。

表 6-2　生物地质学的学科分支[①]

相结合的学科	形成的交叉学科	服务的地质领域
古生态学、沉积学	1. 生态地层学 Ecostratigraphy	盆地演化、层序地层
古生物学、古地理学	2. 古生物地理学 Paleobiogeography	板块学说、古气候、古地理
古生物学、有机化学	3. 古生物化学 Paleobiochemistry	生物演化、年代测定
古生物学、物理学	4. 古生物物理学 Paleobiophysics	构造力学、仿生物学
古生物学、矿物学	5. 生物矿化作用 Biomineralization	矿物学、矿床学
生物学、古生物学、矿床学	6. 生物成矿作用 Biometallogenesis	矿床学、能源地质
生物学、古生物学、沉积岩石学	7. 生物成岩作用 Biolithogenesis	能源地质
古生物学、岩石学	8. 化石岩石学 Petrography of fossils	沉积相分析、盆地分析
生物学、古生物学、地质学	9. 间断平衡论 Punctuated equilibria 新灾变论 Neocatastrophism	地质与生物相互作用、全球变化

下文就是他在这三个阶段的科研成果。

---

① 殷鸿福：生物地质学。《地球科学进展》，1994 年第 9 卷第 6 期，第 79-82 页。

三叠系研究国际闻名

三叠系研究属于殷鸿福学术发展第一阶段。1956年,殷鸿福大学毕业,正好赶上国内教授首次招收"副博士"学位研究生。同年,北京地质学院只招收三名研究生,殷鸿福以优异的成绩成为我国资深地质学家杨遵仪院士的首位弟子。[①] 殷鸿福对于三叠系的深入研究源于其攻读副博士学位时期,从那时开始他便一直热衷于中国三叠系的研究。他先后在青海祁连山、湖北三峡、广西、贵州、西藏和秦岭等地区进行野外考察,从事三叠系地层和古生物研究,哪里值得研究他就和团队往哪里去。经过多年的考察和研究,他和团队一起总结出关于三叠系的相关研究成果,对我国地质学界产生了巨大影响,三叠系也因此成为殷鸿福从事地质研究的一个重要支点。

1959年,北京地质学院地层古生物专业师生受命赴三峡地区工作,任务是建立三峡地区地层系统。师生从宜昌到秭归,对震旦纪至白垩纪沿江地层进行了系统测绘和划分对比。这是殷鸿福第一次系统地认识华南的经典地层系统,受益不浅。他负责带队的三叠系测绘,开启了他日后的三叠纪研究事业。1959年至1961年,中国正经历三年困难时期。三峡地区包括饭店只供应带糠的米饭。包括殷鸿福在内的不少人吃了这里的米饭后会拉肚子,他们就这样带病坚持工作了许多天。三峡地区沿长江多处为悬崖峭壁,他们只能坐小船沿着江边进行测绘,相当危险。特别是当时还有不少猴子,常从悬崖上扔石头下来,有时也有自然崩石,造成多次惊险。尽管如此,经过三个月的艰苦工作,师生们还是顺利完成了任务。

1960年,殷鸿福为完成毕业论文,又赶赴贵州山区进行地质考察,从事三叠系地层学和古生物瓣鳃类科考。巍巍云贵高原奇丽独特的地质现象,如同一颗磁铁深深吸引了风华正茂的殷鸿福前去探究,解读大地密码

[①] 殷鸿福院士:祖国地质研究的"金钉子"。《中国青年报》,2019年8月13日。

的情怀回荡在他的心间。在那个物资匮乏的年代，每人每天只供应一斤糙米，吃不饱是常有的事情，加上野外艰苦的条件，期间殷鸿福患上了肺结核，曾高烧到39℃。但他依然带着四名学生，穿行在怪石嶙峋的大山深处，坚持搜集第一手地质资料，在带队实习同时完成他的毕业论文资料收集工作。①

1961年6月，殷鸿福根据北京地质学院贵州地层队实测以及观察剖面，并参考其他资料，撰写和发表了他的副博士学位论文《贵州三迭纪生物地层问题》，对贵州地区的三叠系问题进行深入研究后，建立起贵州省三叠系生物地层系统。同年9月，他又发表了副博士论文续集《贵州三迭纪生物地层问题（续）——贵州三迭纪岩相分区和古生态分析》，作为《贵州三迭纪生物地层问题》一文的补充，其英文版刊于次年的《中国科学》英文版。此文的写作目的在于将贵州三叠系岩相和生物古生态联系为一个整体，以便有助于划分地层区，确定各时期化石组合的地理和岩相分布，并从中选择适宜的化石带，用以推测沉积矿床的远景。在文中他阐述了三叠纪时代中国西南浅海自然地理概况和贵州各区岩相古生态的分析等，用大量翔实的图表数据初步建立起贵州三叠系生物地层系统。这是他为三叠系研究打下的第一块基石。

1963年初，殷鸿福与古生物教研室的杨式溥、李凤麟和张席褆合作编写的我国第一部古生态学教材《古生态学》出版。殷鸿福解释道："由于我的研究生论文里包含大量古生态学方面的材料，同时我也是属于较早做古生态教研的老师之一，所以我就参与到此书的编写中。"②

在建立贵州三叠系生物地层系统的基础上，20世纪70年代末80年代初，殷鸿福再次转战西北青海，并和团队建立了我国西北地区第一个海相中生界地层系统——祁连山区海相三叠系地层系统。"文化大革命"以后中央要求恢复生产，地质部开始逐渐恢复地质工作，号召全国的地质工作者从最基本的地层研究开始，了解各地区的岩石、矿物和古生物地层等基

---

① 湖北省科学技术协会：《科学家的故事——湖北院士风采》。北京：世界图书出版公司，2013年，第58-64页。

② 殷鸿福访谈，2018年11月10日，武汉。资料存于采集工程数据库。

础地质情报，为即将开展的找矿工作提供科学依据和理论指导，以节省后续工程的时间成本以及人力、物力和财力等资源，最大化地支持国家的地质建设工作。由于"文化大革命"对科研活动造成了巨大的冲击和影响，研究者们以前收集到的材料研究被迫搁置了十多年，对于研究细节有所遗忘。为了裨补缺漏，殷鸿福以及由武汉地质学院和青海地质研究所等研究人员组成的"三叠系专题组"一道，再次踏上青海之行，奔赴祁连山，继续完成当年中断的祁连山三叠系地层科研考察活动。相比于1958年祁连山之行，这一次的青海之行就显得云淡风轻许多。"那几年风平浪静，油菜花很香，一切都很熟悉，考察较为顺利。"殷鸿福回忆起那次青海之行，语气中多了几分惬意和陶醉。①

此次祁连山之行，殷鸿福等人的重点与上一次有所不同。此行的主要目的不是野外调查，而是将在祁连山收集到的这套地层和化石材料整理出来，恢复地层、岩相、古地理，从而为下一项目的开展提供理论依据。这次祁连山科考后不久，"三叠系专题组"一行人于1978年发表了《青海省三叠纪地层及古地理特征》。1983年，杨遵仪、殷鸿福、徐桂荣、吴顺宝和青海同事们合作出版了《南祁连山三叠系》。通过与青海地质研究所合作，在丰富的野外第一手资料的基础上，并根据青海省地质研究所带来的化石材料等资料，殷鸿福等人于1983年建立了西北地区第一个海相中生界地层系统——祁连山区海相三叠系地层系统。青海三叠系地层及古地理特征的研究为青海省的矿产开发工作提供了科学的理论指导。其研究成果《南祁连山三叠系》获1985年地质矿产部科学技术成果奖二等奖。

1979年，殷鸿福通过在陕西渭北地区三叠系的研究，发现了典型的海相双壳类——正海扇等，因此他首先提出了华北地区存在三叠纪海侵的观点。

当时殷鸿福的学生林和茂正在陕北的鄂尔多斯盆地进行石油勘探工作，要摸索清楚石油产在什么层位、有哪些化石，只有这些地质信息一步步明确后，才能正式开展采油工作。起初，林和茂以为采出来的化石是二

---

① 殷鸿福访谈，2018年11月10日，武汉。资料存于采集工程数据库。

叠系的，并且采油工作按照二叠系的理论已经沿用了一段时间。可是当林和茂把材料带给殷鸿福再次鉴定时，殷鸿福发现这些化石和材料并不都是二叠系的，一部分很有可能是三叠系的地层化石，甚至还可能是海里的化石。但起初做过鉴定的一位中科院专家认同这套地层属于二叠系。学术谨慎的殷鸿福心存疑惑，亲自去了该研究所，详细了解了这位专家鉴定这些化石材料的过程，找到了其中引起纷争的原因。原来那位专家并没有实地进行野外工作，对于林和茂汇报的材料和结论全盘接受，以至于弄错了年代。殷鸿福和该专家交换了意见，用林和茂后续提供的补充材料反复鉴定证明，最后双方统一了意见，认为之前的鉴定确实有误，林和茂提供的样本材料应该属于海相三叠系而非二叠系。但是由于鄂尔多斯盆地的找油工作一直采用二叠系的理论方法进行指导，林和茂仍然不敢轻易下定论推翻原有工作。随着殷鸿福的加入和亲自指导，逐渐发现原先认为的二叠纪陆相红层（即石千峰群）是有问题的，它的上部有含三叠纪海相化石的地层。经过调研，殷鸿福和杨遵仪先生以及林和茂一起发表了《陕西渭北石千峰群海相化石》，描述了在这套"陆相地层"中的海相化石。很快，殷鸿福又和学生林和茂发表了一篇《陕西渭北地区三叠纪海相化石层并论石千峰群的时代》，该文论证了渭北的海相化石属三叠纪，首次提出了华北三叠纪海侵的发现，对我国三叠纪研究进行了补充。

图 6-1 殷鸿福等获 1985 年地质矿产部科学技术成果奖二等奖证书（由殷鸿福提供）

对于这次华北的海侵，殷鸿福解释："二叠纪后期，当华南还是一片大海的时候，华北就已经上升成陆地了，但是之后，华北地区不是一直在陆地上，地区边缘有时候还会出现海侵，海水会上涨。其中的原因有两个，一是全球变暖，南北极的冰雪融化了，海水增加；二是海水本身的体积膨胀了，因为温度升高的时候体积会更加膨胀。两个因素就使得海平面上升了。如最近十几年我国海平面一直在上升，原本陆地的地方被海水淹没了，这样就发生了海侵现象。"①

1985年至1989年，殷鸿福和他的团队承担了地质矿产部"七五"期间重点攻关项目"秦巴地区重大基础地质问题和主要矿产成矿规律研究"中的秦巴（大巴山）地区三叠系课题。

1988年，殷鸿福及其团队在陕西秦岭野外进行考察。他认真地观察和记录着秦岭的地质问题。1992年，他和杨逢清、黄其胜、杨恒书、赖旭龙联合发表了《秦岭及邻区三叠系》一书。

秦巴三叠系课题的大部分野外工作在人迹罕至的高寒山区进行。五年来，队员们住帐篷、战冰雹、忍伤痛，取得了一批来之不易的成果，主要有：

（1）对全区各个地层岩相分区都测制了基准剖面，发现多门类丰富化石群并建立了23个化石带（层），从而重建了秦岭及邻区的三叠系地层系统。大幅度提高了全区三叠系的划分对比精度。

（2）在南秦岭北带（益哇沟及若尔盖等地区）发现和研究了完整的陆相上三叠统，从而系统建立了秦岭的晚三叠世历史。

（3）系统收集了重点剖面的岩相、古地理资料，据此对全区三叠纪岩相古地理作了综合分析；论述了秦岭海西—印支期的发展史。

（4）在本区三叠系发现一些金异常及金矿化，并从区域背景上论述了其含矿远景。

1990年至1995年，殷鸿福把工作扩展到秦岭显生宙古海洋演化，他带领团队参加国家自然科学基金重大项目"秦岭造山带岩石圈结构与演化"，主持"秦岭古海洋演化"课题。

特提斯海（或洋）（Tethys）是位于北方劳亚古陆和南方冈瓦纳古陆间长期存在的古海洋。1893年，奥地利地质学家修斯（E. Suess）创用"特提斯"一词，其源于古希腊神话中河海之神妻子的名字。由于它类似现代欧洲与非洲间的地中海，故又称古地中海。现代地中海是特提斯海的

---

① 殷鸿福访谈，2018年11月10日，武汉。资料存于采集工程数据库。

图 6-2　1988 年殷鸿福在陕西秦岭野外记录观察留影（由殷鸿福提供）

残留海域。在晚古生代，泛大陆只分成南北两个时分时合的原始古陆，特提斯海南边的冈瓦纳大陆，包括如今的南美洲、非洲、澳大利亚、南极洲和印度等地；北边的亚欧大陆，包括如今的欧洲、亚洲、北美洲等地；中间相隔的是比现在地中海大得多的特提斯海。在古生代这个海洋叫古特提斯。

　　古生代时，秦岭是古特提斯海的一部分。由于板块运动，古特提斯海被挤成现在的山脉而消亡。谈起消亡的过程，殷鸿福认为秦岭原先是具有多列岛链的海洋，后来变成陆地，并挤压褶皱成山。古特提斯海总的消亡顺序是从北往南消亡的，当年消亡最早最北的地方是在秦岭北边的祁连山（当时是海）；然后轮到柴达木盆地的南边，包括现在的昆仑山，继以秦岭；之后再一带一带逐步地消亡，最后消失的海洋就是印度和西藏之间的海洋。因此特提斯是个多岛洋，就像现在我国的广东和澳大利亚之间间隔了多个海域，中间被几条岛链划分成了多个小洋盆。比如澳大利亚北边的新几内亚岛，再往北边依次有爪哇岛、苏门答腊岛、婆罗洲等，继续往北还有中国的南沙、东沙、西沙群岛以及海南岛，最后连接到中国大陆。所以古特提斯海的演变跟板块运动有关，以前的海洋消亡之后，陆地就形成了，挤压成如今的岛屿或高山，秦岭就是其中之一。殷鸿福提出的关于古

第六章　潜心科研　硕果累累　**65**

特提斯海发展演变的观点也符合现有研究者比较支持的主流观点。[①] 1995年发表的《秦岭显生宙古海洋演化》一文是殷鸿福等对这一研究的总结。他们研究所总结的秦岭多岛小洋盆演化中多次张闭、碰撞而不造山等模式具有创新性，被学界主流接受。他还参与以张国伟院士为首的团队，一起获得了1998年教育部科技进步奖一等奖（"秦岭造山带岩石圈结构、演化及其成矿背景"）及1999年国家自然科学奖二等奖（"秦岭造山带岩石圈结构与演化"），排名第五。

2000年，殷鸿福撰写的论文《中国三叠系及其区域间对比》（The Triassic of China and Its Interregional Correlation）发表，他认为中国的三叠系可以分为六个区域，即凉温带北亚区（沉积稀少）和北方区（没有明确的沉积），暖温带中亚区（陆相）和西北太平洋区（海相），热带的华夏特提斯区，暖温—热带的冈瓦纳特提斯区（喜马拉雅山和雅鲁藏布江带）。华夏特提斯区进一步细分为青藏亚区和华南亚区，华南亚区三叠纪沉积物暴露最好，研究最充分。文中显示了代表性区域地层层序并将其总结为具有不同化石分带的综合对比表，对代表性区域与相邻区域的对比进行了简要讨论；三叠系地层构成了一个具有明显双旋回特征的二级层序组（四个二级层序）和十二个三级层序；强调了印支期造山运动对三叠系层序及其分布的影响。[②]

基于殷鸿福对三叠系的相关研究，2000年他被选为国际地层委员会三叠系分会副主席。通过对贵州、祁连山、渭北、秦岭、西藏阿里等地区的三叠系进行深入研究，殷鸿福系统重建了中国广大地区三叠系地层系统及印支运动史，总结了中国的三叠系成果。经过几十年的不懈努力与艰苦奋斗，殷鸿福在中生代双壳类和腹足类等方面做了大量的系统分类和属种鉴定工作，累计发表描述逾300个化石属种，图版达80幅。殷鸿福的坚持使得其三叠系研究国际闻名。

[①] 殷鸿福，彭元桥：秦岭显生宙古海洋演化.《地球科学》，1995年第20卷第6期，第605—611页。

[②] Yin Hongfu, Peng Yuanqiao: The Triassic of China and Its Interregional Correlation. Elsevier Science, 2000: 197—220.

将古生代—中生代界线"金钉子"定址中国

"金钉子"成果属于殷鸿福学术发展第一阶段成果，可谓是殷鸿福毕生心血里最闪光的果实。这项研究从 1978 年选题开始，一直到 2001 年国际会议投票确认，几乎贯穿了殷鸿福学术生涯的整个黄金时期。2012 年 5 月，温家宝总理回中国地质大学（武汉）母校参观时，也着重参观了"金钉子"的研究成果，殷鸿福全程陪同，两位杰出的地大校友一边畅谈当年大学的美好时光，一边审阅这一中国地质历史上的里程碑。

整个 20 世纪后半叶，确立"金钉子"作为国际地层委员会的中心工作，就是殷鸿福长期追求的国际前沿。从 1978 年开始，杨遵仪院士带领殷鸿福等人开始研究中生代与古生代之交的事件。到了 90 年代时，杨老师已经八十多岁高龄，不宜再在一线奋斗。此后，殷鸿福接过恩师的大旗，继续追逐着他心中的目标。不畏艰难、锲而不舍的品质深深地印在殷鸿福的每一个细胞里。在殷鸿福心里，走科学之路必须摒弃自私自利之心，要不畏艰难地追求国际前沿。殷鸿福曾对学生们说：毛主席在六盘山上感叹"天高云淡，望断南飞雁。不到长城非好汉，屈指行程二万"，我们在选择人生道路时，必须要想得远一点[①]。

"金钉子"一名源于美国的铁路修建史。1869 年 5 月 10 日，美国首条横穿美洲大陆的铁路贯通，为表示永久性的纪念，在最后两根铁轨的连接处钉上了最后一颗金铆钉。这颗钉子是用 18k 金制成，它宣告了全长 1776 英里的铁路建设胜利竣工。鉴于这条铁路的修建在美国历史上具有里程碑的意义，美国在 1965 年 7 月 30 日建立了"金钉子国家历史遗址"。全球年代地层单位界线层型剖面和点位在地质年代划分上的意义与美国铁路修建史上"金钉子"的重要历史意义和象征意义具有异曲同工之处，因此，"金钉子"就为地质学家所借用。

---

① 殷鸿福：治学与做人。2019 年，未刊稿。资料存于采集工程数据库。

全球年代地层单位界线层型剖面和点位（GSSP），是国际地层委员会①和国际地质科学联合会②以正式公布的形式所指定的年代地层单位界线的典型或标准，是指特定地区内，特定岩层序列中的一个专有的标志点，借此构成两个年代地层单位之间界线的定义和识别标准。"金钉子"经过三轮逐级投票确定，是全世界科学家公认的、全球范围内某一特定地质时代划分对比的标准，因此，它的成功获取往往标志着一个国家在这一领域的地学研究成果达到世界领先水平，意义非凡。截至2018年，世界上已经确立的"金钉子"共计有67个。让人感到自豪的是，中国已有11个，位居世界第一。其中浙江长兴煤山就有2个，分别是2001年3月由中国地质大学（武汉）殷鸿福团队确定的二叠系—三叠系界线"金钉子"以及2005年9月由中科院南京地质古生物研究所金玉玕团队确定的吴家坪阶—长兴阶界线"金钉子"，长兴成为全球唯一一个在同一剖面上同时拥有2枚"金钉子"的地质遗迹保护区。同时殷鸿福找到的长兴煤山"金钉子"是目前全球最完整的二叠系与三叠系的界线层型剖面和点位，是地质史上三个最重要的断代界线之一。因此，长兴"金钉子"历来是地质学研究的热点，具有很高的科学研究价值，并且长兴"金钉子"地质遗迹完整地保存了2.5亿年前地球史上最大的一次生物灭绝事件的丰富信息，它对于了解地球历史、探求地球生物演化奥秘具有重要的意义。可以说长兴煤山地质剖面是地质学家"朝拜"的圣地，在国际地质学上的地位重要。2000年，中科院孙枢院士主持的对殷鸿福等这一项目成果的评审结论称之为"可列入教科书的成果"。

想要真正了解"金钉子"的内涵，首先要懂得什么是地质年代和年代地层单位。就像历史学家把人类的历史划分为不同时期，如我国的唐、宋、元、明、清等历史朝代，地质学家则按地球所有岩石形成时代的先后，建立起一套地质年代系统，如宙、代、纪、世、期、时（下文括弧

---

① 国际地层委员会，简称国际地层委，英文名International Commission on Stratigraphy，简称"ICS"。它大约有400个成员组织。提出完成GSSP作为其20世纪后半叶的主要任务。

② 国际地质科学联合会，简称国际地科联，英文名International Union of Geological Sciences，简称"IUGS"，国际地质科学领域的非政府性的学术组织。1961年3月在巴黎成立，秘书处设在挪威，是世界上最大、最活跃的科学团体之一。

内），是地质年代的时间单位。与之相对应的地层单位叫年代地层，划分为宇、界、系、统、阶、带。年代地层单位系统，也就是现在的国际年代地层表，依次称为太古宇（宙）、元古宇（宙）、显生宇（宙）；显生宇（宙）又分为古生界（代）、中生界（代）和新生界（代），每一个界（代）内，又进一步划分出次一级的年代地层单位，如系（纪）、统（世）、阶（期）。每一个年代地层单位包括在这个时间间隔内在地球上所形成的所有岩石和与其相关的地质事件。

按国际地质科学联合会和国际地层委员会的规定，全球统一地质年代表要通过建立全球不同年代地层单位界线层型和点位，即"金钉子"的方式来建立，以便按统一时间标准去理解、解释、分析和研究世界不同地区同一时间内发生的或形成的各类地质体（岩石、地层等）及地质事件及其相互关系。每一个时代的全球界线层型和点位的选取，都必须先对全球包含这个年代地层序列（即界线剖面）进行调查，并在组织有关专家对所申报的有可能成为该年代地层单位界线"金钉子"剖面的建议和相关研究成果进行详细研究、检验和讨论的基础上，由国际地层委员会下属的有关地层分会的各国专家通过投票的方式产生，最后报国际地层委员会和国际地科联批准公布。然而对不同年代之间的分界，不同国家研究出来的结果往往不同，缺乏统一标准。那如何才能将全球不同时代的地层划分统一起来？这就需要找到世界各国地质学家公认的标准剖面才行。而标准剖面的界定则一直以来依赖于生物化石。

生物是反映地质历史最灵敏的物质形态。认识地球的最好办法就是研究每一地质时期的生物化石。不同的化石，就成为划分不同年代的标志。一百余年来，科学家一直试图确定各个年代之间的分界线，但迄今为止，大约只有一半的年代有了自己的"金钉子"，在21世纪之前，引人注目的古生界和中生界之间的界线还始终存在争议。而这一界线的确立，对人类关系重大，因为在古生代的二叠纪与中生代的三叠纪之间，地质历史上发生了一次生物大灭绝事件。古生代开始于5.4亿年前，结束于2.5亿年前。中生代开始于2.5亿年前，结束于6700万年前，又被称为"爬行动物时代""菊石时代"和"裸子植物时代"。而二叠纪是古生代最末一个纪，三

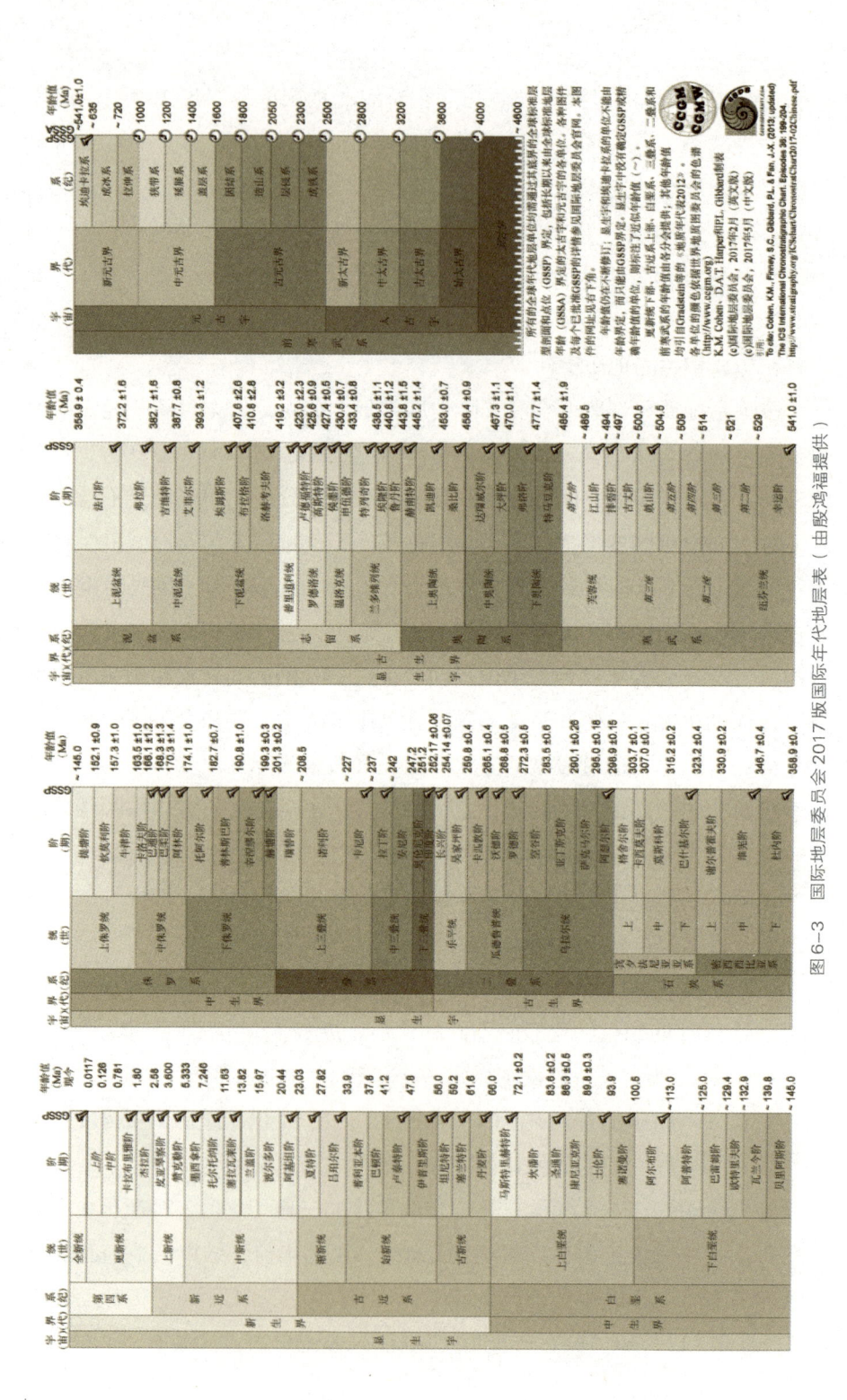

图 6-3 国际地层委员会 2017 版国际年代地层表（由殷鸿福提供）

叠纪是中生代最早一个纪。在全球历史中，地球上总共发生了五次大灭绝事件，而其中规模最大的一次就发生在这一分界线上。地质记录显示，当时海洋里面 90% 的物种灭绝，陆地上有 70% 以上的物种灭绝，所以全世界的地质学家们都热衷于研究这次地史上最大规模的生物大灭绝事件。美国古生物学家斯蒂芬·古尔德认为，假如科学家们能够解释这次规模最大的死亡事件，他们就有可能找到解锁其他几次生物大灭绝的钥匙。在古生代末期，地球结束了大面积冰层覆盖时期，气候逐渐转暖，生物界呈现出一派繁荣景象。陆生生物以爬行类、两栖类和非种子植物占主导地位，海洋中的生物包括有孔虫、珊瑚、腕足动物和各种海百合等。美国古生物学家麦克拉伦（McLaren）在一次演讲中对生物大灭绝作过如下描述："经过长期平静的、没有任何戏剧性变化的生物演化之后，大规模的死亡事件突然降临，仿佛事先毫无征兆。相当数量的生物种类在瞬间消亡，并很快为新的生物种类所替代。"这场位于古生代和中生代分界线上最大规模的生物灭绝事件对生态系统进行了一次最彻底的更新。科学界普遍认为，这一大灭绝是地球历史从古生代向中生代转折的里程碑。此后，地球上的生命整整沉寂了 500 万年，而其他几次大灭绝之后的复苏期都只有 100 万年左右。

从全球历史规律的角度，此次空前规模的生物大灭绝对当代环境变化及保护有着深远的警示和启发作用：究竟是什么导致了这一次灾难性的大灭绝？它对当代有什么启示？地球环境的体量如此巨大，哪种环境要素是关键性的？什么环境变化是致命性的？在环境保护中占主要矛盾的又是什么？这些问题都是地质学家研究的重要课题。

"金钉子"虽然是地质学上的一个概念，其涉及的学科却不仅仅是地质学一门，而是一个综合性的学科融合的结果。为了带领团队把"金钉子"研究透彻，殷鸿福改变了原有团队中单一的地层古生物学结构，加入了研究地球化学、古地磁等各个领域的新鲜血液，共同支撑起这个任重而道远的项目，从多学科的角度丰富研究成果，拓宽研究视野。

保存在地层中的化石记录，与人类远古历史遗存相似，多为断简残篇，最后灭亡的生物不可能都变成化石保存下来，保存为化石的也不可能都被科学家采集到，因此大灭绝的化石记录往往显得模糊不清。在许多地质学家看来，大自然如同一个经验丰富的作案高手，正在尽可能地销毁证据。然而浙江长兴煤山剖面，恰恰是大自然留下给人类探索2.5亿年前世纪大灾难的"漏网之鱼"。首先，全世界范围内，长兴人可以骄傲地宣称：全世界只有煤山拥有如此完整的系统、如此高精度的古生物、地质学和地球化学资料。其次，高科技手段可以帮助科学家们利用残留的蛛丝马迹，从已知现象推导出未知部分，逐步做出最新的研究成果。

要研究就必定要有标准，标准定在哪个国家，哪个国家就能成为国际标准所在地，吸引更多专家来进行研究，就能提高其在地质学领域的国际话语权。因此，浙江长兴"金钉子"的科研项目不仅是国际地质学的重要组成部分，它还会深刻地影响中国在世界地质中的话语权，有着深远的民族意义。

最初，殷鸿福从事的三叠系研究并没有集中到二叠系—三叠系界线研究上，他对此界线的研究是从老师杨遵仪院士那里继承来的。杨院士组织研究和确定了中生界与古生界的划分标志的项目组，殷鸿福是其骨干成员。刚开始没有经费，也没有仪器，全靠大家志同道合，有共同的科研追求，随后一直沿着导师的学术轨迹逐步研究出"金钉子"成果。

浙江长兴煤山剖面的界线研究早在殷鸿福之前就已经开展，最早可以追溯到20世纪30年代一位叫葛利普（Amadeus Williams Grabau）的外国人，他首先报道了在浙江长兴的煤山剖面，但是他的这一报道并没有受到国际重视。而且当时国际上公认的标准化石是菊石，并没有找到足够的证据能证明长兴煤山二叠系—三叠系的界线可以作为国际标准。更换国际标准、证明界线以及开放长兴，一直是殷鸿福科研团队奋斗的目标。

浙江长兴县位于江苏、浙江、安徽三省交界之处，故有"三省通衢"之称，地处苏州与杭州之间的太湖西南岸，并且长兴—湖州—上海构成的水陆交通网，交叉汇聚于长兴，年运输量超过2000万吨，交通便利发达。同时，长兴也是一个革命老区，被誉为"江南小延安"的新四军苏浙军区司令部旧址便在此处。中华人民共和国成立后，南京军区司令部也在长兴范围内布置了众多军事设施，长兴的地位不可同日而语。因此，无论从地理位置、历史文化还是经济状况上来说，浙江长兴都是一个不容小觑的县。

1977年，南京地质古生物研究所成立了二叠系—三叠系界线工作组，由赵金科、盛金章领导，陈楚震、芮琳、廖卓庭等为骨干成员。1978年，杨遵仪亦组织了中国地质大学二叠系—三叠系界线工作组，骨干成员有殷鸿福、吴顺宝、杨逢清、丁梅华、徐桂荣、张克信、童金南等。双方联合攻关。

因为菊石演化迅速，分布广泛、易于辨认，当时是划分和对比地层的标准化石。依据菊石在地层中的垂向演变而划分成各个精细的菊石带。例如在中生代的三叠纪、侏罗纪和白垩纪，每一个纪均可划分出30个以上的菊石带，平均每个菊石带的延续时限在100万—200万年。在西欧古生代早石炭世晚期赛布霍夫期地层划分出30个菊石带，平均每个菊石带延续时限不超过50万年。应用同位素和其他方法测定地层的绝对年龄还不能达到这个精度（与地球46亿年的年龄相比，50万年可谓是非常短的时间段）。侏罗纪和白垩纪的大部分时期，就是利用菊石以此种方法划分的。一百多年来，地质学界一直沿用"伍氏耳菊石"（*Otoceras woodwardi*）化石作为二叠系—三叠系界线的标志。在加拿大和俄国的北极区、印度克什米尔（接近古南极圈）等地方都找到了伍氏耳菊石。

华南具有世界上分布最广的二叠系—三叠系海相连续地层和最完整的化石带，为寻找和确定二叠系—三叠系界线层型剖面提供了良好的基础。在中国科学院南京地质古生物研究所等单位的帮助下，殷鸿福团队在杨遵仪的指导下进行了深入研究，其主要成就包括在华南11省测制了37条剖面，选择和建立了华南地区各种类型的代表性剖面，为进一步建立二叠系—三叠系界线层型提供了依据；对华南长兴阶和二叠系与三叠系间的过渡层型进行了详细的划分对比；建立了二叠系—三叠系的生物地层系统；对岩相古地理及两系接触类型的分析，阐明了华南地区二叠系与三叠系存在着大面积的连续过渡；研究了古生代—中生代之交华南生物界更替史，并对其性质和原因进行分析和解释。这些成果以2本专著和一批论文形式出版。1985年，"华南海相二叠—三叠系界线地层研究"荣获地质矿产部科学技术成果奖三等奖，《南祁连山三叠系》获地质矿产部科学技术成果奖二

图6-4　1989年殷鸿福获国家教育委员会科技进步奖二等奖证书（由殷鸿福提供）

等奖，"华南及陕北晚二叠世及三叠纪双壳类、腹足类及其地质意义"获地质矿产部科学技术成果奖三等奖。1986年，殷鸿福的"华南二叠系—三叠系界线及软体动物群"系列论文获湖北省自然科学优秀学术论文二等奖。1989年，杨遵仪、殷鸿福等的《华南二叠—三叠系界线地层及动物群》获国家教育委员会科技进步奖二等奖。这一系列研究成果及其获得的荣誉为殷鸿福团队二叠系—三叠系界线"金钉子"研究打下了基础。

当时在各剖面的考察中，殷鸿福团队一直在寻找作为国际标准的伍氏耳菊石。但不巧的是在长兴以及其他三十几个剖面都没有找到，所以他们开始怀疑耳菊石的标准是否适合中国这个地方。据殷鸿福回忆，他们通过查阅相关资料发现，伍氏耳菊石在古南北极圈（包括今藏南）存在较为普遍，而在古热带的华南不会出现，所以不宜当全球标准。所以他们作出一个大胆的决定：要想建立适用于全球的界线，就必须要推翻这个国际标准，重新建立一个新的二叠系—三叠系界线标准化石。可想而知，推翻一个存在一百年的国际标准，重新让大家接受一个新的标准肯定是非常不容易的。因而在寻找新标准的路上，殷鸿福及其团队也遭受了很多国内外学者的抵制。

  我们在华南考察,就是想要找到"耳菊石",找到它就等于找到了标准,我们也就有了希望。但是后来始终没有找到,不光是在长兴,总共三十多条剖面,一个都没找到。这就引起了我们的怀疑,于是我们就打算另辟蹊径,不一定非要用"耳菊石"这个标准。[①]

  殷鸿福团队已经进行了长期的地质考察工作,却仍旧无法找到学界公认的伍氏耳菊石,眼看二叠系—三叠系界线的界定工作遥遥无期,殷鸿福和他的团队不禁猜想,要么是自己的工作范围太窄,需要扩大工作范围,要么是这个标准有误,不适用于中国的地质情况。第一个可能性很快就被他们否定了,因为在浙江长兴煤山剖面以外,同时进行的以伍氏耳菊石为标准的二叠系—三叠系界线界定工作的其他三十几条剖面都没有找到。如果说一个两个剖面没找到,那可能是研究方向或者方法上有误,但是三十多个剖面都无功而返,殷鸿福和他的团队不得不开始质疑一直沿用的欧美标准——伍氏耳菊石。

  为此,殷鸿福和团队成员吴顺宝、杨逢清、丁梅华、张克信、童金南、赖旭龙等人一起,开始了二叠系—三叠系界线地层的标准化石的研究。除肉眼可见的化石外,张克信等从野外取来岩石,进行酸处理,再把处理过后的残渣一粒粒挑出来寻找微体化石。功夫不负有心人,他们发现,大多数剖面岩石残渣里几乎都有种很小的微体化石,这类化石是一种名叫"微小欣德刺"的"牙形石",是一种已经灭绝的生物,可能相当于某类脊索动物的器官。因为过去它们被鉴定为不同的名称,所以他们没有予以注意。经过对全球文献的检索,他们发现这种化石不仅在全世界广泛出现,而且时间定位更准确。仅从这两方面来讲,用"微小欣德刺"作为二叠系—三叠系界线的标准化石要比原先的"伍氏耳菊石"好得多,这一发现让殷鸿福兴奋不已。

  规则都是由人制定的,一百年前定下的规矩,随着人类认识的深入也应该被不断修改和完善。世界范围内广泛存在的化石很多,能够作为二叠

[①] 殷鸿福访谈,2018 年 11 月 10 日,武汉。资料存于采集工程数据库。

系—三叠系界线的化石为什么就只能是伍氏耳菊石呢？为什么中国人不能去发现并制定一个新的规则呢？中国学者应该去深入探究正确的标准……一想到这些，殷鸿福和他的团队就铆足了劲儿，打算用更加合适的牙形石代替菊石成为标准，为中国的地质学研究叩开国际论坛的大门。

杨遵仪领导的界线工作组参加了IGCP"106"项目"二叠纪—三叠纪阶段的地质发展"（1978—1982）。1983年至1987年，杨遵仪领导了IGCP"203"项目"东特提斯区二叠系—三叠系事件及其洲际对比研究"，这是中国第一次担任IGCP项目的国际主席。1988年至1992年，殷鸿福担任IGCP"272"项目"晚古生代—早中生代环太平洋事件及洲际对比"秘书长；1993年至1997年，他又担任IGCP"359"项目"特提斯、环太平洋及南方大陆边缘的二叠系—三叠系"主席。先后参加这些项目的有25国共200余人。这些项目均以确立二叠系—三叠系界线层型剖面，特别是研究东特提斯区（主要是华南）二叠系—三叠系界线为重要任务。通过这些项目，中国建立了广泛的国际联系，获得了强大的国际支持，为后来长兴剖面克服国际抵制，最后建成"金钉子"打下了国际基础。

殷鸿福访美期间，曾与美国科学院院士纽威尔有过合作关系，殷鸿福曾向他讲述以伍氏耳菊石作为二叠系—三叠系界线标准的不当之处并列出中国的资料予以证明，最终殷鸿福获得纽威尔的赞同。有一次牙形石学科的创始人斯威特（W. Sweet）来访，殷鸿福对他说："你在巴基斯坦、伊朗这些地方二叠系—三叠系界线上找到的那个牙形石，在中国已多处找到，但是根据命名法，建议你把种名改为'*parvus*'。"殷鸿福的想法也得到他的认可，后来他成为殷鸿福的新标准支持者。天道酬勤，正是殷鸿福不知疲倦、锲而不舍的努力，为后来他提出新标准得到支持奠定了基础。

"金钉子"研究首先是标准问题。一百多年以来，国际上一直采用耳菊石作为界定二叠系—三叠系界线的古生物标准。"学术上不能盲从，我相信在中国一定能做出世界水平的标准。"1986年，时为副教授的殷鸿福参加于意大利召开的国际二叠系—三叠系界线工作组会议，与会议工作组组长托泽（T. Tozer）正面交锋，提出以牙形石微小欣德刺的首次出现作为三叠系开始的标志，推翻了一百多年来确定的耳菊石化石标准，同时提出将我国浙江煤山作为全球层型剖面和点位，引起国际学者的热烈的讨论。

时任国际二叠系—三叠系界线工作组组长、加拿大地质学家托泽似乎不屑于跟这个中国副教授争论，依然坚持已有标准，还很绅士地说："谢谢你，发言的时间把握得很好。"要知道，1984年，在莫斯科召开的国际二叠系—三叠系界线工作组会议上，正是托泽主持通过决定，确认伍氏耳菊石是国际二叠系—三叠系生物地层界线划分的标准化石。这才刚过了一年多，一个来自中国的青年学者，居然提出了用微小欣德刺替换伍氏耳菊石！而且，很有可能按照新定义，中国提出了自己有竞争能力的"金钉子"候选剖面。托泽不能接受这样的结果。

殷鸿福没有做过多的解释，因为他相信国际上会有更多的专家细读其中的材料与观点。但让托泽没有想到的是，美国科学院院士纽威尔也支持这个新标准。最后会议变成了这两位科学家的辩论战场。有了这次争论，国际上的专家们开始关注中国的专家及他们提出的论文，关注微小欣德刺。

在其后的几年时间里，在意大利，地质学家们研究微小欣德刺，并发表文章支持殷鸿福提出的观点。在伊朗、土耳其、巴勒斯坦等地，地质专家们在原来牙形石研究的基础上，将微小欣德刺作为重要的种划分出来。在美国，地质学家们在二叠系—三叠系剖面中也发现了微小欣德刺。有意思的是，世界各地持不同观点的地质专家们，在期待找到伍氏耳菊石的地方却很少找到伍氏耳菊石，而是大量地发现了微小欣德刺。尤其是在很难发现伍氏耳菊石的低纬度地区，基本上都发现了微小欣德刺。即使在托泽主持的以伍氏耳菊石作为标准圈定的国际二叠系—三叠系生物地层界线的候选剖面，都发现了微小欣德刺。

世界各地的发现与研究，让越来越多的古生物地层工作者接受微小欣德刺，支持微小欣德刺作为全球二叠系—三叠系界线标准化石。实践证明，殷鸿福提出的以牙形石化石作为标准的提议是正确的。至1993年，他的建议已获得国际普遍的赞成，但由于托泽的消极态度不能开会讨论。

自此以后，国际二叠系—三叠系界线工作组无所作为。直到1993年，

图 6-5　1993 年殷鸿福当选为中国科学院院士证书（由殷鸿福提供）

在国际地层委员会三叠系分会会议上，分会主席鲍德（A. Baud）幽默地说，二叠系—三叠系界线工作组睡了七年觉，提出要改选国际二叠系—三叠系界线工作组。殷鸿福在会上亮明了自己改变化石标准的观点，并以高票当选为由 16 个国家 32 名学者组成的国际二叠系—三叠系界线工作组组长，这是对他在二叠系—三叠系界线研究工作上的普遍认同。

1993 年，在加拿大卡尔加里（Calgary）召开国际二叠系—三叠系界线工作组会议，会议上确定了 4 个国际二叠系—三叠系界线层型候选剖面，其中 3 个候选层型在中国，浙江长兴煤山位居榜首。

1993 年 12 月，由于在生物地质学新方向的研究，以及三叠系研究、二叠系—三叠系界线研究方面的重大突破，在地学领域作出系统的、创造性的贡献，殷鸿福当选为中国科学院院士。

到 1996 年 5 月为止，国际会议上对于中国境内二叠系—三叠系界线层型剖面的选择已经进行了两次预投票，并且在 4 条候选剖面中，浙江长兴煤山剖面两度被票选为第一，得到了越来越多的国际认可。可以说，浙江长兴煤山剖面被国际地质学界认可为"金钉子"只是时间的问题。万事俱备，只欠东风，只等 1996 年投票通过就圆满完成了。

然而不如意事常八九，1996 年 10 月发生了"大龙口事件"，使这一投票过程被耽搁了三年，使长兴失去了成为中国第一颗"金钉子"的机会。事件的曲折过程见第八章《锲而不舍开放长兴》一节。此后，殷鸿福联合中、美、俄、德等国的 9 名科学家在国际刊物上发表联名文章，推荐以中国浙江长兴煤山的"微小欣德刺初现层"作为划分古生界和中生界的标准剖面点位。在殷鸿福坚持不懈的努力下，煤山已经基本预定为"金钉子"之一了。

自1999年10月至2000年11月，先后对煤山剖面进行了国际二叠系—三叠系界线工作组、国际地层委员会三叠系分会、国际地层委员会三轮投票，浙江长兴煤山剖面均以很高赞成率获得通过。直到2001年2月，国际地质科学联合会阿根廷会议才正式认可，将浙江长兴煤山剖面定为全球层型剖面和点位，这颗"金钉子"终于定址中国。这个标准的确立代表该领域地层研究的国际领先水平，这颗"金钉子"成果也因此获得2001年湖北省自然科学奖一等奖，被评为2001年中国基础科学研究十大新闻之一（科学技术部）、2001年中国高等学校十大科技进展之一（教育部）、2001年中国十大科技新闻之一（科技日报），并获得2002年国家自然科学奖二等奖等荣誉。2002年国家自然科学奖二等奖是由中国地质大学与南京地质古生物研究所联合申报的。得奖人顺序为殷鸿福、杨遵仪、盛金章、张克信、陈楚震、童金南、王成源。赵金科先生因已去世，未列入。

　　2000年7月，国际地层委员会主席费利克斯·格拉斯坦（Felix Gradstein）在该层型最后确定之前，给殷鸿福发来热情洋溢的信件。他在信中写道：

非常感谢关于二叠系—三叠系界线的优秀文件。对这一可能是所

图6-6　2001年殷鸿福获湖北省自然科学奖一等奖证书（由殷鸿福提供）

图6-7 2002年殷鸿福获国家自然科学奖二等奖证书（由殷鸿福提供）

图6-8 2000年7月国际地层委员会主席格拉斯坦致殷鸿福的信（由殷鸿福提供）

有潜在GSSP界线中最完整和彻底的研究之一，我印象深刻。它可望很快被确认，从而建立这一重要事件的地层学稳定性，这一事实是太妙了。耳菊石带将因此从二叠纪末期开始，这一事实对其他GSSP工作组具有哲学上的重要性。因为至少有个工作组还在试图论证：所有历史性生物带其时代都是不可改变的；该带所赋存的历史性地层，其时代亦是不可改变的。这样一来，由于总有解决不了的矛盾，就建立不了任何GSSP。而你们的工作组解决了这个历史性（指百余年来以耳菊石为标准的欧美历史）问题。既然地层学中的优先权（欧美标准的历史优先权）并不是一个规范，关于"历史性的争论"应让位于对较好剖面（长兴剖面）的选择。

这段话阐述了界线研究在地层学上的理论创新意义。

殷鸿福及其团队在长兴开展了长达十几年的考察，历尽千辛万苦只为将"金钉子"定在中国，并且使得长兴能够对外开放，这中间的曲折与艰辛只有他们自己才有深刻体会。

　　长兴县在开放以前，经济比较落后，基础设施建设也不齐全。但是随着殷鸿福等学者对煤山剖面的一系列研究，当地政府也意识到这是长兴县脱贫的一个重要契机，于是大力支持长兴煤山剖面的开发工作，富有开阔胸襟和远见卓识的长兴人在省、市、县各级政府的正确领导和大力支持下，于2007年6月16日创立长兴"金钉子"远古世界景区。寒来暑往，春华秋实。如今的长兴"金钉子"已摘下神秘的面纱，不再仅仅是科学家们神往、迷恋和膜拜的乐园。金钉子景区旅游发展有限公司按照县委县政府、县旅游局及旅游总公司的要求，保护和开发并举，社会效益和经济效益并重，开拓进取，加快体制创新、机制创新和管理创新，内增实力，外树形象，一个以世界遗迹保护为体、以科普宣教和休闲娱乐为两翼的旅游胜地已初具规模。全国科普教育基地、全国李四光中队科普教育基地、中国地质大学长兴野外教学与研究基地、国家AAAA级旅游风景区等相继挂牌。2022年10月25日，国际地质科学联合会宣布，长兴煤山剖面被列为首批100个全球地质遗产地。

在古生物学和古生态学方面的成果

　　古生物学是地质学的二级学科，其成为科学始于18世纪后期。一直到20世纪中叶的百余年间，古生物学研究的主流是描述古生物学和生物地层学。先是西欧、北美，然后苏联、东欧、中国、印度，以至世界其他地区出版了大量的古生物和生物地层专著，为古生物学的综合研究提供了理论基础。20世纪中叶后，古生物学突破了电子显微镜、特种摄影技术的应用和石油勘探的需要，使一些新分支学科快速发展起来，如微体和超微古生物学、古生物化学、化石岩石学等。在大量资料积累的基础上，古生物理论工作发生了飞跃，初期有辛普森和迈尔基于遗传学和进化论对古生物进化理论的综合研究。60年代后，板块理论为古生物学提供了统一的全球地质背景，又对古生物学提出了挑战。受到生物学上一些新发展（中性学说、分支系统学等）的影响，古生物学在进化论、系统分类学、古生物地理学等方面涌现了许多新思潮。

中国地质大学是中国第一个开设地层古生物专业的学校，1960年开始招收地层古生物专业第一届学生。当时殷鸿福主要讲授古生物学这门学科的课程，同时也讲授软体动物门专题课程。殷鸿福参与完成了由杨遵仪院士、郝诒纯院士主编的《古生物学教程》。由于化石的神秘感，许多非地质学专业的学生认为古生物学很有吸引力，但实际上古生物分类学课程是十分枯燥的。然而殷鸿福的课堂却很受学生欢迎，因为他经常举一些生动有趣的例子，让学生们觉得这门学科既易于理解又生动有趣。殷鸿福总能把深奥枯燥的知识用比喻或类比的方法将其简单化，使它易于理解，激发学生的学习兴趣。[1] 地层古生物专业有几本必备的教材，其中之一就是杨式溥、李凤麟、张席禔、殷鸿福编写的《古生态学》。60年代中期，他还应邀到北京大学古生物专业班讲授古生态学，学生有潘云堂等人。

殷鸿福认为，古生物学的研究不能仅限于传统动物、植物化石研究，需要进一步拓展。一方面是微生物研究，尽管很大部分人类视觉能看到的是植物、动物，但是实际上生物圈里占比最大的部分是微生物，是人类肉眼看不见的，当时已有的研究没有关注到微生物，因此开展微生物研究是十分必要的；另一方面是生物对环境的影响，以前多数研究聚焦环境对生物的影响，比如研究气候变暖了以后生物会如何变化，但是已有研究很少有关注生物是如何影响环境的。实际上生物对环境产生的影响十分显著，比如大量的人类活动造成了全球气温升高等现象，所以对生物与地球环境之间的影响进行研究具有重大意义。殷鸿福对于学科道路的正确把握和超前的远见也为他的古生物学术研究指明了方向。2007年，童金南和他一起出版了"十五"国家级规划教材《古生物学》。

---

[1] 谢树成访谈，2019年6月3日，武汉。资料存于采集工程数据库。

建立生物地质学学科体系

生物地质学（biogeology）是地球生物学的重要分支。地球生物学是生命科学和地球科学两个领域的交叉学科，而生物地质学是由生物学和地质学两个一级学科交叉所形成的学科。

殷鸿福从20世纪80年代起开始研究生物地质学。1980年至1982年，殷鸿福赴美进修，在史密森学会和美国自然历史博物馆（纽约）任高级访问学者，先后在耶鲁大学、纽约科学院等25所大学及研究所作了关于中国地质、古生物的研究报告。殷鸿福渊博的知识和勤奋踏实的工作态度得到了美国同行的高度评价。两年的美国学术访问对于殷鸿福来说不光是人生的一个转折点，也是学术研究上的重大转折点。当时中国学术研究相较于现在十分封闭，网络基本没有，信息交流不畅，不利于学术的交流。殷鸿福到了国外以后，立即发现他所接触到的学术研究情况与国内完全不同。80年代美国的古生物研究已经不仅限于在野外进行化石采集、室内鉴定、描述、照相和生物地层研究等工作，在此基础上，美国学者还进一步研究化石的地理分布和板块构造之间的关系、古生物成矿现象等。这些新的研究思路和方向在理论和实践等多方面都给了殷鸿福很大启发，使其在思想认识上发生了显著的转变，这些经历与殷鸿福回国以后大力推广生物地质学也有着极其紧密的联系。

1982年回国后，殷鸿福在内刊发表了论文《古生物学向何处去》，1994年该文正式发表。文章提出古生物学当前面临的两个危机，第一是当代地球科学前沿正在向地球系统中的各圈层相互作用方向转移，需要尽快找到一条学科开拓、创新、交叉的路子；第二是在市场经济冲击下，传统的、理科性的、以地质时期生物界为研究对象的古生物学在市场上需求甚低、生源减少、经费困难，需要找到一条应用的路子，使之参加到经济和社会发展的行列中去，在全方位服务中取得生存发展的资格。这篇文章对于古生物学面临的问题一一进行了分析，并且指引了古生物学应该走与地质学全面结合的路子，对古生物学的发展有重要意义。

在《古生物学向何处去》之后，1994年殷鸿福发表了文章《生物地质学》，明确提出要"走生命科学与地球科学学科交叉的道路"，以地球环境与生物的协同演化为主攻方向。在这篇文章中，殷鸿福详细地阐述了他的想法：古生物学要拓宽为生物地质学，怎么"变"？其答案为把古生物学和地质学的各分支结合，比如将其与地质学中的矿床学结合，创立生物成矿学；将其与岩石学结合，创立生物成岩学，因为岩石的形成不光只有岩石的参与，也有许多生物过程参与。由此，殷鸿福成功将古生物学与地质学相结合，将古生物学拓宽为生物地质学。他研究生物地质学各分支学科，最后建立了生物地质学学科体系。

地质演化突变观

殷鸿福在美国受到突变论的学术启发，他回忆道：

> 国外研究者们拿出很多实际材料证明生物的演化不仅是渐变过程。渐变过程，即以极其微小的变异，通过日积月累慢慢变化，只是生物演化中一部分过程。另一种过程是出现突变，甚至于是出现灾变导致生物进化。[1]

殷鸿福通过美国科学家纽威尔、埃尔德雷奇接触了间断平衡论。间断平衡论是一种新的生物演化理论，其认为演化是突变间断与渐变平衡的结合，与传统演化论的主要区别有三点。首先，传统学说认为演化是逐渐演变的过程，而间断平衡论认为演化有两种过程，其一是大多数物种是在地质上可以忽略不计的短时间内形成的，这个过程叫成种作用，其二是物种形成后在自然选择作用下十分缓慢地变异，这叫种系渐变，在演化中这两者都存在。其次，传统学说认为性状演变量是渐进变异的积累，种系渐变

---

[1] 殷鸿福访谈，2018年11月10日，武汉。资料存于采集工程数据库。

是演化的主流，而间断平衡论则认为渐变造成的演化量很小，成种作用才是演化的主流。最后，传统学说认为物种形成的过程是：变异—选择—事件（有利性状的积累）—物种形成；间断平衡论则认为成种作用的过程是：随机的基因突变—地理隔离—选择—成种作用。它强调随机的突变是演化的源泉，地理隔离是演化的必要条件。

间断平衡论的根据主要来自遗传学上的基因突变和隔离导致迅速成种的现象，它们可以导致生物性状的迅速变化。如果是控制关键个体发育途径的基因，一个基因中的一个突变即足以造成新种。间断平衡论对进化学说进行了一系列的修正与发展，它反对在达尔文学说成为主流以后，渐变论占统治地位，忽视遗传学等方面的新发现，仅用渐进观概括一切的倾向。在古生物学理论方面，过去习惯用化石记录的不完整性解释化石的缺失，但间断平衡论对化石的缺失、对寒武纪初后生动物多门类突然大量地出现、对活化石的形式、对辐射适应现象等都提出了新的解释。

间断平衡论自1972年由埃尔德雷奇与古尔德提出后，震动了欧美古生物学界，并迅速影响了整个生物学界。此后数十年，在各种刊物、专题讨论会上，赞成和反对的文章层出不穷。至1980年10月，在芝加哥召开的专题讨论会上，绝大多数古生物专家已赞成某种形式的间断平衡论，它已被普遍接受，但是在突变与渐变各自的比重、新种形成的速度、古生物遗体不变是否即物种不变等问题上，仍然进行着争论。另一方面，它又与上帝创世说进行着斗争，反对后者利用它

图6-9　殷鸿福、徐道一、吴瑞棠编著的《地质演化突变观》（由殷鸿福提供）

第六章　潜心科研　硕果累累　　85

的论据来否认演化。①

1988年，殷鸿福、徐道一、吴瑞棠编著的《地质演化突变观》出版，系统介绍了地质突变观这一新思潮，包括间断平衡论、新灾变论和事件地层学，后二者为徐道一、吴瑞棠两位老师撰写。

生物演变的学术新思想为他回国之后撰写《地质演化突变观》奠定了重要基础。在此书中，殷鸿福详细介绍了突变观的含义、根据、论证、影响及现状，他认为从地质学的发展历史来看，20世纪80年代似正处于一个否定之否定的阶段中。19世纪中叶以前是特创论和突变论的时代，主导思想是要么不变，要么灾变。后来，现实主义和演化论问世，否定了或则突变、或则不变的哲学而强调渐变，接着批判了居维叶的灾变说、施蒂勒（Hans Stille）的全球造山幕说等。但在同时，达尔文和查尔斯·莱尔的后继者又过分强调渐变的影响。文章提到20世纪八九十年代，地质学界有一种趋势，要重新强调突变或渐变的地位，这是又一个否定，主张既有渐变，也有突变，更有灾变，而且突变是主要的。板块研究涉及不同板块之间的间断和板块内平衡的结合，其中应更重视间断的影响。岩浆活动同位素年龄高峰值的曲线指出存在着洲际性的构造突变时期，地层学强调沉积的间断性强于连续性，古生物学中则强调间断平衡论。文章认为渐变与突变的结合以及突变对生物发展起推动作用，从哲学层面分析了该观点的正确性，认为该理论值得介绍和研究。但是大江东去，往往鱼龙混杂。新理论的某些极端方面，有回到特创论和新灾变论的倾向。因此在承认这些进步的同时，还要准备一场辨别真伪，去芜存菁的长期战斗。②

对于一百余年来的地质学史，特别是达尔文、莱尔、居维叶这样一些学术巨匠，该书实事求是给予重新评价，他们各自有贡献又有缺点，不能以是否灾变论者来简单地划线。新思潮的一个核心是批判地继承。既不要对已成经典的理论"盖棺定论"，对已成权威的学者无条件紧跟，也不要

---

① 殷鸿福：国外古生物学理论的新进展。《地质科技情报》，1982年第4期，第1-3页。
② 殷鸿福："间断平衡论"风靡欧美——国外古生物学新动向之一。《地球科学·武汉地质学院学报》，1983年第2期，第1-8页。

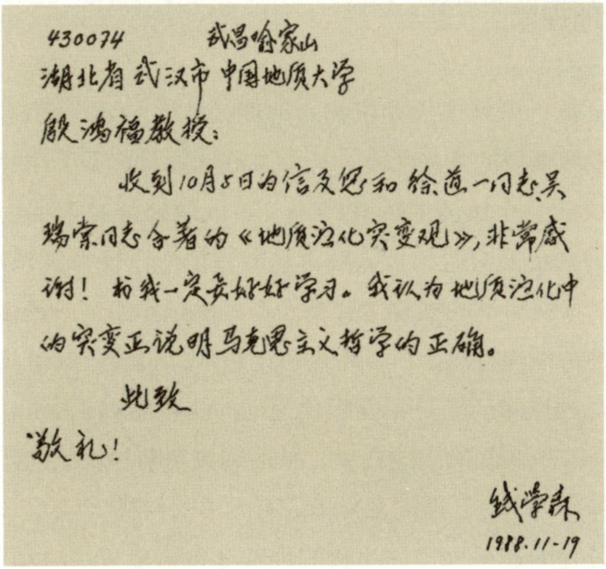

430074　武昌喻家山

湖北省武汉市中国地质大学

殷鸿福教授：

收到10月5日的信及您和徐道一同志吴瑞棠同志合著的《地质演化突变观》，非常感谢！我一定要好好学习。我认为地质演化中的突变正说明马克思主义哲学的正确。

此致

敬礼！

钱学森

1988.11-19

图 6-10　1988 年 11 月 19 日钱学森院士写给殷鸿福的信

（由殷鸿福提供）

对有错误的学者和理论一概否定。地质演化突变论，是有哲学基础作为支撑的，钱学森院士亦曾写信给殷鸿福说“地质演化中的突变正说明马克思主义哲学的正确”。

当时，中国地质大学（武汉）地层古生物专业很少与国外有学术联系，殷鸿福从国外回来后，经常邀请外国学者来给学生作学术报告，为其他师生创造了很好的学习机会，开阔了学术眼界。由于当时学生、老师的英文水平普遍不高，所以当殷鸿福邀请美国学者来作学术报告时，从小注重外语学习的他亲自给学生老师们当翻译，手上拿一本小本子和一支笔，外国学者边讲他边记，讲完以后他会马上翻译出来。他翻译能力很强，令其他师生印象深刻，十分佩服（潘永信[①]院士语）。

① 潘永信（1964-　），中国科学院院士，中国科学院大学地球与行星科学学院岗位教授，主要从事古地磁学、生物地磁学等基础性研究。

古生物地理学

人们很早就认识到现代动植物的地理区域性差异，但到了 19 世纪才认识到这种地理区划的意义所在，达尔文在《物种起源》中将生物地理区作为物种形成的一个重要原因和结果。古地理划分对于生物演化、古生态、古气候研究及古构造和古大陆再造的重要作用使得其越来越受重视。古生物地理对板块活动的恢复主要从两个方面起作用，一是由古生物地理区系所反映的古地理特点，可以帮助确定板块的位置，同时根据生物相又可以确定板块的边缘。二是不同板块之间的生物距离（biotic distance）可帮助定性地反映板块间隔离的程度，从而间接判断板块间的距离。生物距离可由生物群特点和特征性区系分子的有无加以判断。

殷鸿福是我国最早采用古生物的地理分布论证板块活动历史的学者。1982 年，刚从美国回国的他最早向国内介绍用古生物地理论证微板块和地体的活动，开始组织我国地史时期古生物地理的研究。1988 年，殷鸿福等著《中国古生物地理学》出版。当时殷鸿福及小组成员克服了资料不齐全、经费不足等困难，与数学教研组合作，借用其计算机计算物种谱系分析、相似率、多样性等，提供定量数据。十一位老师凭借着对地质事业的热情和理想，几乎是无偿地参与该书数据收集及创作。该书从活动论的板块学说出发，应用现代生物地理学和古生物地理学的理论和方法，对中国各时代古生物地理进行系统研究，撰写过程中收集了各时代主要化石门类 12468 种的资料，进行了多门类综合分析及计算机的数据处理。全书系统论述了我国震旦纪至第四纪的古生物地理及其与板块活动、海陆分布、气候变迁的关系，附有各时代世界及中国古生物地理分区图、景观复原图及聚类分析图。[①] 该书根据大规模的资料收集，系统地提出地史上热、温、寒带生物区系的区别标志及中国各时代的古生物地理区划，应用古生物地理论证了中国境内特提斯域的多岛洋性质，为我国板块活动提供了一个可靠论证。

在英国访学期间，在曾任国际古生物学会理事会理事长的英国伯明翰

---

① 殷鸿福，等：《中国古生物地理学》。武汉：中国地质大学出版社，1988 年，第 307 页。

图 6-11　2000 年《中国古生物地理学》获湖北省自然科学奖一等奖证书（由殷鸿福提供）

大学教授安东尼·哈勒姆的推荐下，殷鸿福将《中国古生物地理学》翻译成英文，并将其按照牛津大学出版社要求排版，于 1994 年成功在牛津大学出版社出版。该书于 1989 年荣获地质矿产部科技成果奖二等奖，2000 年 12 月获湖北省自然科学奖一等奖。该书对中国板块活动有重要参考价值。让古生物学为古地理学服务，从而焕发古生物学的价值，并拓展古地理学的研究。殷鸿福回忆说："这部专著属于我回国以后为实现理想而进行的写作，就是走向把古生物和地质学全面结合的道路。"

生态地层学

同一盆地从浅到深不同环境在同一时期具有不同的化石群落，单纯靠化石名单相同无法对比地层。但在大范围海平面升降中，不同剖面的生态环境是同步变化的，因此可以根据生态环境变化对比同时异相的地层。生态地层学是以生物群落演化事件（生态环境变化）作为地层标志来划分对比地层的科学，是地层学的一个分支，是古生态学、沉积学和地层学等多种学科相互结合、相互渗透的边缘学科。生态地层学首先进行生态研究，研究某些化石群落所处的生态位，作为对比的依据。生态地层学理论和方法对秦岭和华南地区探索活动论的古海洋恢复和盆地演化可提供十分重要的帮助。

1995年，殷鸿福等著《扬子区及其周缘东吴—印支期生态地层学》出版，本书以扬子地台及其周缘地区上二叠统至三叠系（即东吴—早印支阶段）为研究对象，从横越地台边缘的系列生态地层剖面入手，建立生境型、进行生态地层对比、综合地层研究试点，到盆地生态地层格架的建立。该书以丰富和系统的实际资料，充实与修正了生态地层学的理论和方法，包括生态地层学的分类、群落的建立及其环境分析、生态地层学的数学表达及数学检验等一套理论和方法论，为盆地分析及板块学说服务，因而本书又具有很强的应用价值，是国内外第一部系统的区域性生态地层专著。它在高精度及异相地层对比，并与层序地层学结合等方面显示单纯沉积学或生物地层所不具备的优点，并对这一时期全球海平面变化提供了重要信息。

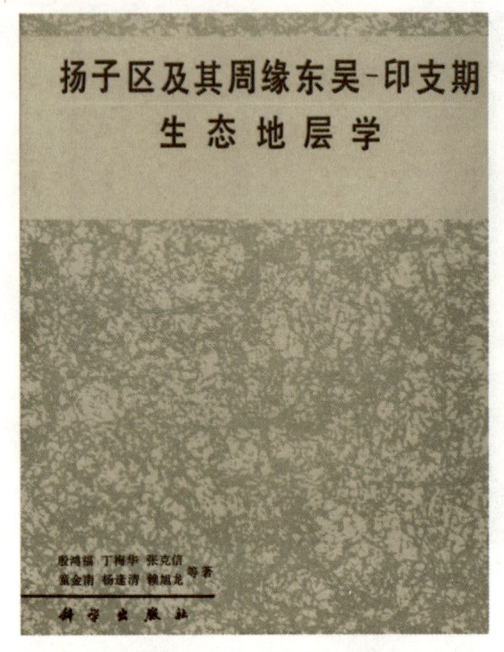

图6-12　殷鸿福等著《扬子区及其周缘东吴—印支期生态地层学》封面（由殷鸿福提供）

生物成岩成矿作用

在古生物学与矿床学结合方面，殷鸿福也有许多突破。早在20世纪80年代末，他将古生物学与矿床学结合起来，在他的领导下，白手起家创建了生物成岩成矿、地球表层系统等实验室，主持了生物成矿、地球表层系统等相关研究，1999年和2005年先后被批准为湖北省及教育部开放实验室，逐渐开拓出古生物学研究新领域。

经过多年来的实践，1995年殷鸿福、张文淮等提出了生物—有机质—流体成矿系统的理论体系，并在川甘边境、桂西南及宁镇地区5个微细粒浸染型金矿床、1个铅锌银矿床中系统地验证了菌藻生物衍生物——有机质及有机流体在此类矿床形成中的作用，证实生物成矿作用不仅对铁、锰、磷、铝等层控矿床起了重要作用，而且在金、银、铀、铜、铅、锌、砷、汞、锑等多种化学元素的成矿过程中起了关键的作用。1999年，殷鸿福等著《生物成矿系统论》出版，此书以生物—有机质—流体成矿系统为主线，将生物—有机质—流体系统演化，生物成矿作用全过程（活化萃取—传输—沉淀富集）和盆山体系构造演化三个子系统紧密结合起来，来阐述生物作用对成矿作用的影响，成功拓宽了古生物学的服务领域。

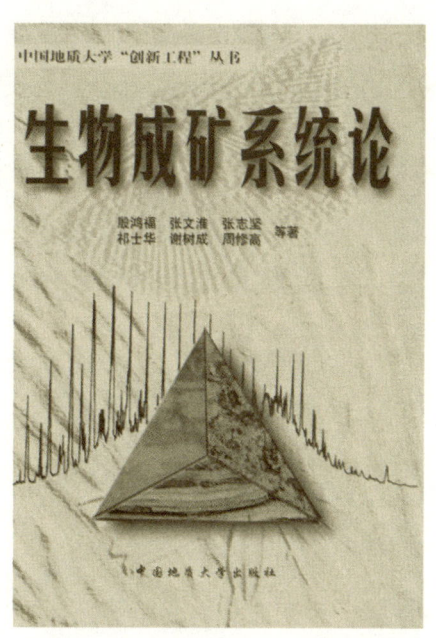

图6-13 殷鸿福等著《生物成矿系统论》封面（由殷鸿福提供）

生物地质学

如表6-2所示，前面所述的都是生物地质学的分支学科，比如前文提到的《地质演化突变观》《中国古生物地理学》《生物成矿系统论》《扬子区及其周缘东吴—印支期生态地层学》等，这

图6-14 殷鸿福等著《生物地质学》封面（由殷鸿福提供）

图6-15 2008年生物地质学研究获国家自然科学奖二等奖证书（由殷鸿福提供）

些都是由古生物学与地质学的二级学科结合，从而创立的次级学科的著作，这些次级学科可归属于生物地质学的学科范畴。2005年，殷鸿福等著《生物地质学》出版，该著作综合以上分支学科，建立起生物地质学的学科体系。

《生物地质学》一书由生物地质学概论和各学者对各主要分支学科的具体研究成果组成。第一章生物地质学概论由殷鸿福编写。从第二章到第八章比较系统地介绍了各主要分支学科的研究历史和现状、基本理论和方法，典型研究实例、研究意义、应用和展望等方面主要内容。其中，第二章生物地层学由彭元桥[1]编写，第三章生态地层学、第五章古生物地理学由杨逢清[2]编写，第四章分子古生物学和分子地层学、第七章生物成矿作用由谢树成[3]编写，第六章生物成岩作用由王永标[4]编写，第八章生物找矿—选矿技术由王红梅[5]编写。全书最终由殷鸿福统一修改和完善。

包括前述生物地质学系列著作及一系列论文的完成获得了"973"项目基金、多项国家自然科学基金、全国地层委员会项目基金、教育部博士

---

[1] 彭元桥（1975- ），副教授。2002年博士毕业于中国地质大学（武汉）。

[2] 杨逢清（1940- ），1961年毕业于北京地质学院地层古生物专业，1965年在北京地质学院地层古生物专业研究生毕业，1965年至2000年在北京地质学院、武汉地质学院、中国地质大学任教，为殷鸿福团队的主要骨干。

[3] 谢树成（1967- ），教授。殷鸿福的第六位博士生。现工作单位为中国地质大学（武汉）地球科学学院。教育部长江学者、"国家杰出青年基金"获得者，入选新世纪百千万人才工程国家级人选、新世纪优秀人才支持计划等。

[4] 王永标（1965- ），教授。1988年毕业于中国地质大学（武汉）。

[5] 王红梅（1970- ），教授。中国地质大学（武汉）环境科学学院博士导师，曾任副院长。

点基金和优秀青年教师基金、原地质矿产部和国土资源部项目基金等多项资助。其大部分的分析测试工作在中国地质大学（武汉）的湖北省地球表层系统开放实验室完成。在研究过程中，还得到了浙江、江苏、贵州、四川、甘肃等省野外地质队和当地政府的大力支持。《生物地质学》一书收录于《长江科学技术文库》（12卷）中，荣获"第二届湖北出版政府奖"。1997年，国家自然科学基金委将生物地质学正式列入项目资助的学科领域。2008年，该系列成果"生命与环境协调演化中的生物地质学研究"获国家自然科学奖二等奖。这些都标志着该学科的正式确立，殷鸿福是其奠基人。

引领地球生物学走向国际前沿

1988年至2005年《生物地质学》出版，这段时间国外正好兴起了另外一个学科名词——"地球生物学"。二者的英文十分接近，"生物地质学"英文是biogeology，"地球生物学"是geobiology，两个词的不同即把bio和geo相互调换一下，但用geo开头使地球生物学与地球化学（geochemistry）、地理物理学（geophysics）处于同等地位。在学科含义上地球生物学是地球科学与生命科学的交叉，而生物地质学是古生物学与地质学的交叉。古生物学是生命科学领域的一个二级学科，地质学是地球科学领域的一个一级学科，生物地质学是由两个学科交叉形成的；地球生物学是由数、理、化、天、地、生六大领域中两个学科领域结合形成的，地球生物学包含生物地质学，范围更大。所以我国学者在国内发展的生物地质学，实际上是地球生物学的一部分。这两者提出的时间是同步的，就发展的内容、范围和规模来说，地球生物学大，生物地质学小。地球生物学的基本思想，实际上殷鸿福在《古生物学向何处去》（1994）一文中即已孕育。在得悉国际地球生物学发展态势后，我国科学家迅速拓展研究领域，立即开展了地球生物学的研究。

和地球科学中的其他交叉学科一样，地球生物学包括了生物圈和所有地球圈层之间的相互作用。地球生物学以地球环境演化与生命过程为主要线索，关注生物与环境的协同演化，着重研究地质时期地球环境与生命系统的相互作用。自从生命在地球上出现以来，从地球表层到地壳深部，生命与地球各圈层就持续不断地进行着形式多样的相互作用，构成了一系列生物与环境相互作用的地球生物学过程，这个历史过程叫协同演化。这些地球生物学过程与地球物理学、地球化学过程一起，构成地球的三大过程。

殷鸿福一直以来对地球生物学的发展十分关注。2006年10月，以谢树成为首，殷鸿福等人一同发表论文《从古生物学到地球生物学的跨越》，该文以学科体系和科学问题为导向，对当前国际上出现的地球生物学从学科分类体系、形成背景、主要研究方向、亟待突破的分支学科及其相关研究领域进行了评述。作为地球科学与生命科学相结合而形成的新兴交叉学科，地球生物学在地球科学中应具有独立的一级学科地位，类似于地球化学和地球物理学。地球生物学主要研究地球系统的生命运动，涉及地球环境与生命系统的相互作用。它的形成与发展既是当今科学技术发展的结果，也是当今世界对所面临重大人类—环境—资源问题的响应。分子地球生物学、地球微生物学、地球生态学、地球生理学等地球生物学中的二级学科还有待尽快突破，从而形成地球生物学的成熟理论框架和方法体系。

由于在生物地质学和地球生物学方面的先导工作，2007年，殷鸿福作为国家自然科学基金委地球环境与生命过程重点方向的组长，组织了生物与环境协调演化的双清论坛（2005）及多次研讨会（如IPACES 2007会议）、教育部地球科学教学指导委员会主办的地球生物学培训班（2007），推动了"生物与环境相互作用"列为"十一五"期间国家自然科学基金委一级重点，生物地质学成为基金委准备发展的一个学科。

2007年至2011年，殷鸿福和团队成员谢树成主持中石化集团科研项目"华南海相优质烃源岩形成的地球生物学过程"，被评为16个项目中3个较好项目之一。该项目将地球生物学理论和方法应用于中国南方海相烃源岩研究，查证有机质形成和保存的地球生物学过程。2008年，殷鸿福基于地球生物学提出烃源岩形成的地球生物学模型，建立了评价烃源岩的地球生物学的新方法，提出一些潜在的烃源岩新层位。烃源岩的形成过程是地球生物学思想的一个很好的展现，它通过地球生物学把生物圈与地球的其他圈层联系起来，从地质角度研究不同时空尺度生物与环境之间的相互作用与协同演化，特别涉及生物过程与地质过程的耦合，是一种地球生物学新思想。其中对烃源岩的评价，从生物生活、沉积、埋藏和有机碳聚积各阶段，应用地球生物学参数建立了地球生物学评价体系，获有关部门好评。2015年，谢树成、殷鸿福主持出版了《烃源岩地球生物学》一书。该书就是对殷鸿福团队十余年来完成的部分研究成果的系统总结，从中可以看出团队所具有的开拓精神，他们不仅在努力推动我国地球生物学这一新兴学科的发展，还进一步将地球生物学理论与油气资源这一重要实践结合起来[①]。

2009年9月，殷鸿福发表论文《谈地球生物学的重要意义》。文章中提到地球生物学是地球科学与生命科学交叉形成的一级学科，它研究作为地球系统三大基本过程之一的生命过程（即生物圈）与地球其他圈层的相互作用，不仅是地球影响生物圈，而且生物圈也影响地球系统。这种相互作用或影响，从地球历史早期到现在，是一直在协同、耦合地进行着。生命与地球环境的相互作用和协同演化是地球生物学的核心。当前地球生物学发展的重点是地质微生物学。宏体生物能反映地球环境对它们的影响及它们对环境的适应，但除植物外，它们对环境的影响有限。了解生物圈与地圈双向的作用必须研究地球微生物学。生命科学和整个自然科学都在向微观方向发展，不断形成新的理论和技术方法。古生物学不能停留在以古动植物学为主的阶段，而要与生命科学和整个自然科学保持同步发展。微生物功能群是解决微生物与地质研究相结合问题的途径，具有重要的地质学意义，是研究地质微生物学的突破口。地球生物学是古生物学的继承和超越。分类系统学将仍然是研究的基础，但是包含了传统古生物学的地球生物学在学科内容和技术方法上将更多地与物理、化学、生物等学科交叉融合。其结果将使古生物学在时间上更前溯，在空间上更开拓，为古生物学在地球系统科学研究和为国民经济主战场服务中开辟更广阔的前景。

---

① 谢树成，颜佳新，史晓颖，等：《烃源岩地球生物学》。北京：科学出版社，2016年，第1页。

2009年，作为地球生物学的专家，殷鸿福团队撰写了由中国科学院地学部地球科学发展战略研究组编的《21世纪中国地球科学发展战略报告》中的《地球生物学与天体生物学》一节。他的团队相继入选国家自然科学基金委"国家创新研究群体"（2007—2012）和"生物地质与环境地质"高等学校学科创新引智基地（"111"计划，2008—2012）。可惜的是，研究资金不足，并且天体方面的实验和资料极度稀缺。但是将地球生物与天体生物联系起来研究，是一次勇敢的尝试，并且也有助于梳理前人资料，加深对这一研究，尤其是对地球生物学的理解。

2011年，谢树成、史晓颖、殷鸿福等将研究成果总结为《地球生物学：生命与地球环境的相互作用和协同演化》出版。在该专著及系列论文中，阐述了地球生物学的内容、学科体系、研究现状与趋势，重点论述了分子地球生物学、地质微生物学、地球历史各阶段的生命与地球环境协同演化过程。该研究对古生代、中生代之交这一关键地质时期的古全球变化与生物大灭绝，当时地球各圈层互相联系的变化、灭绝的二幕式过程及其与环境变化的因果关系（包括微生物对环境恶化的作用）等作了系统论述，并带动中国地质大学（武汉）团队持续开展该方向研究。这是中国第一本地球生物学专著。

2014年，谢树成、殷鸿福等在《中国科学：地球科学》上发表了论文《地球生物学前沿：进展与问题》。该文章在分析国际地球生物学的研究进展、中国科学院学部地球生物学前沿论坛成果以及本专辑代表性论文的基础上，简要评述了重大地质突变期的地球生物学、地质微生物与全球环境变化以及极端环境地球生物学这三大主题的主要研究进展和存在的科学问题，指出了地球生物学需要多学科的协同研究，包括加强地质微生物的研究，加强生物地球化学循环的数据库建设和定量化模型研究，加强各类典型地质环境条件的研究，加强生物过程与物理化学过程的耦合研究。

地球生物学学术会议和论坛

2012年5月12日至13日，地球生物学论坛——深时全球变化与生态系演化学术研讨会在中国地质大学（武汉）学术交流中心召开，围绕深时全球变化与生态系演化，与会专家学者以地质年代为序，分前寒武纪及寒武纪、古生代、中生代、新生代等时间段从生物和环境两方面作了24场专题学术报告，深入探讨了地球生物学领域的生物与环境协同演化等重大科学问题。殷鸿福在会上作题为《二叠系—三叠系界线处生物与环境的相互作用》的特邀报告，阐述了其研究过程和方法。"深时研究"是指前第四纪地质记录的研究，它将与深空、深海、深地研究一样，成为未来地球科学的重大研究领域。研究深时全球变化，从地球演化的宏观尺度上了解气候变化的过程、极限和速率，为地理分布、海洋、大气和生物圈与气候变化之间的相互作用关系等一系列重大科学问题提供前所未有的依据。回答深时全球变化的系列科学问题已成为建立和发展新兴地球生物学的理论和方法体系的突破点之一。

随着地球生物学研究的推进，殷鸿福越来越重视与国外学者的交流和合作。从2010年起，中国地质大学（武汉）先后举办了四届国际地球生物学会议（2010、2012、2014、2017），会议主要聚焦地球生物学的地质过程，紧跟国际上地球生物学的研究动态。殷鸿福先后主持召开了前三届国际地球生物学会议。与此同时，在中国地质大学（武汉）成立了地球生物系，设立了地球生物学博士学位专业，编印了地球生物学教材。

地球生物学第一轮学科发展战略研究"地球生物学与天体生物学"项目（2011—2013）

经中国科学院地学部和国家自然科学基金委批准，自2011年至2020年，先后在地球生物学方向设置了三轮学科发展战略研究项目，均由殷鸿福负责。第一轮为地学部批准的"地球生物学与天体生物学学科发展战略研究"项目，于2011年10月正式立项，谢树成担任工作组长。

2011年至2013年，该项目分别在北京、武汉、上海等地组织了3次专家组会议、3次工作组会议、3次国内学术研讨会、2次国际学术会议，包括殷鸿福在内的17位院士先后提出了宝贵意见。2015年，中国科学院编"中国学科发展战略"丛书《地球生物学》一书出版。天体生物学因研究不够，仅作为一章。该书分析了当前国际地球生物学的发展特征、动向和趋势，提出地球生物学的重大科学问题及符合我国发展需求的重大战略研究方向。此书是在项目执行过程中，在各种讨论会的基础上，组织地球生物学相关领域的专家撰写而成。最后全书由殷鸿福、谢树成统一修改和统稿。

此书首先提出地球生物学是研究生物与地球环境的相互作用和协同演化的交叉学科，其学科地位相当于地球化学和地球物理学，并对地球生物学的研究内容、重大科学问题以及国内外发展现状进行了分析。接下来书的主体部分按照重点前沿研究方面进行总结，并指出了每个方面的未来突破方向。第一个方面是地球早期（新元古代以前）的地球生物学研究，涉及宜居行星的形成、地球生命起源，以及前寒武纪大气成氧、海洋水化学与微生物演化之间的关系。第二个方面是新元古代以来动物的起源、演化及其环境背景，特别是显生宙几次生物大灭绝事件及其可能的环境致因。第三个方面涉及地球生物学的一个重点，即地质微生物。其一，从生物地球化学角度分析微生物功能群对环境变化的响应和反馈。其二，从微生物与矿物、岩石之间的相互作用来分析微生物的地质作用。其三，分析总结了微生物对极端物理环境因子、极端化学环境因子的响应能力，并从能量代谢和分子基础探索生命演化的本质及其与环境的作用。第四个方面阐述了太空环境对地球生命系统的影响，以及当前人们对地外生命探索的现状。

最后本书提出发展地球生物的四方面措施：建立中国深时环境变化与生物演化的研究计划；加强中国地圈—生物圈观测网的地球生物学内容；突出地球生物学的学科建设与人才培养；创建有中国特色的地球生物学。

此书不仅阐述了环境对生命的影响，还着重探讨了生物对环境的作用，例如，动植物所不可缺少的氧气几乎完全是生物通过光合作用制造的。这种生命与地球环境相互作用是造成太阳系中唯地球特有的"宜居性"的根本原因。持续三十余亿年的相互作用所形成的协调演化使地球内涵比其他星球远为丰富。从太空看，它是黄（陆）白（云、冰）蓝（海）绿（植被），五彩缤纷；从地上看，它演化出 4500 多种矿物，其中一多半是生命活动（如产氧光合作用）形成的含氧矿物、有机矿物等。特别是微生物通过元素的生物地球化学循环、矿物岩石的形成和分解等途径对地质环境起了重要作用。因此地球生物学是超越了古生物学等传统学科的大领域间（地球科学、生命科学）交叉学科，也是创建"宜居地球，美丽中国"学科战略研究中的重要内容。

地球生物学第二轮学科发展战略研究"中国深部地下生物圈"项目（2017—2018）

地球生物学第二轮学科发展战略研究为"中国深部地下生物圈"项目（2017—2018），为中国科学院地学部批准，由殷鸿福负责，董海良任工作组长。

深部地下（简称深地）生物是指生活在陆地及海底表面以下的黑暗世界中、不以光合作用为主要能量来源的生物，基本上是微生物。深地微生物从岩石摄取营养、从水-岩反应中获取能量。深地微生物的总量估计可与地表生物量相当，但是其分布不均匀，代谢速率极低，主要受地质条件控制。深地的极端环境造就了独一无二的深地微生物（厌氧、化能自养、嗜热、嗜压、耐寡营养、耐辐射、耐干旱等）。

2016 年，习近平总书记在全国科技创新大会、两院院士大会、中国科协第九次全国代表大会上的讲话中提到，"向地球深部进军是我们必须解决的战略科技问题"。"中国地球深部探测计划"被列入国家重大科技项目议程。深部地下生物圈是地球深部圈层的一部分，同时我国已经和正在组织一批大陆科学深钻研究，其中自然包括深地生物圈的探测和研究。国际上，美国国家微生物组计划，综合大洋钻探计划（IODP）、国际大陆科学钻探计划（ICDP）、深碳观测计划（DCO）等对深地生物圈的国际研究方兴未艾。这是"中国地下深部生物圈"学科发展战略研究项目立项的背景。

"中国深部地下生物圈"项目的目标是：按国家深地战略要求，创建有中国特色的深地生物圈科学技术。

2017年至2018年，项目组邀集了国内从事深地生物圈研究的知名专家，共组织5次项目组会议和4次国际学术会议、1次野外科考，推动了这方面的学术交流。项目组还完成了《中国深地生物圈学科发展战略研究报告》，在《科学通报》组织出版《深地生物圈研究》专栏一辑。中国科学院《学部通讯》2018年第4期以2页篇幅对北京论坛作了报道。2018年6月地学部工作报告中亦对本项目进展作了肯定。2020年，《深部地下生物圈》一书出版。在学界同仁共同努力下，此期间我国深地生物圈学术交流和研究势头前所未有，可以说进入了蓬勃发展的阶段。

《深部地下生物圈》一书分九章。首先叙述了深地生物圈的基本特征、研究历史和研究必要性。接着叙述了深地生物圈研究必需的专门技术装备和平台，包括掘进和钻井技术，地下原位观测和实验系统，保真采样和转移、培养，纳米粒子探针（nano-SIMS）、质谱仪、化学成像纳米技术（AFM），组学与生物信息技术，生物地球物理装备等。

该书第二部分是对深地生物圈的概述和分论。概述包括其类别（真菌、细菌和古菌、孢子、病毒等）、生物量、多样性、活性及其与地质环境因素（温度、压力、湿度、辐射、盐度、pH等）之间的关系。分论包括陆地典型环境（油藏、地下岩体、大陆超深钻、矿山坑道、地下水体和洞穴）和海洋典型环境（深海热液、洋底及海沟沉积物、海底玄武岩、冷泉/水合物）的深地生物圈。

该书第三部分是深地生物圈的能量物质循环及资源开发应用。前者包括深地微生物—矿物相互作用（铁、锰、硫、磷，包括微生物之间的相互作用）、深地微生物的成矿成藏作用、深地微生物介导碳氮硫循环与全球变化。后者主要指深地微生物开发应用，包括页岩气开采、核废料储藏、二氧化碳地质封存、油气开采、人—微生物—深地环境相互作用、数据库/资源库/样本库。应用目的是充分利用深地生物圈资源，防治深地微生物的负面影响。

该书建议，深地生物圈学科今后的方向是走服务、交叉、开放、联合的道路，即服务深地战略，推动地生交叉，联合国内力量，加强国际联系，把中国深地生物圈学科推向世界一流。

地球生物学第三轮学科发展战略研究"极端地质环境微生物"项目（2019—2020）

地球生物学第三轮学科发展战略研究为"极端地质环境微生物"项目。极端地质环境包括五个方面：①当代地表极端环境：极端温度（热泉、雪冰）、酸性矿坑水、盐碱湖、沙漠、盐碱地、地表极端环境；②深地：大陆深钻（极端压力）、油藏（缺氧／高 CO_2）、洞穴、地下水；③深海：海底热泉＋冷泉、深海沉积物、深渊（高压）；④深时：生命起源、前寒武纪、显生宙异常时期；⑤球外环境。"深部地下生物圈"主要由深地微生物和深海微生物组成，实际是极端地质环境微生物的一部分。这些极端地质环境微生物的研究不是相互割裂，而是相互关联、相互借鉴的。它们具有一些共性特征：①生物的生活环境条件比较恶劣或极端；②生物代谢缓慢乃至处于休眠状态，生物多样性比较低，代表了比较原始的生物类型；③研究难度大，需要有强有力的硬件平台支撑。因此，必须进行前瞻性布局，实现它们之间的联合攻关，才能形成系统性的理论，引领学科发展，在国际上起领导作用。因此，中国科学院地学部与国家自然科学基金委决定联合资助地球生物学方向第三轮学科战略研究，即"极端地质环境微生物"项目（2019—2020），由殷鸿福负责，谢树成担任工作组长。

极端地质环境微生物在物质循环和能量流动中具有极其重要的地位，研究成果可以为全球变化及应对等国家重大科学计划提供关键素材，对当代生态系统变化具有重要启示和现实意义。这一研究能够将科学前沿研究与国家重大工程计划相衔接，具有重要的战略意义。习近平总书记在全国科技创新大会等多个场合上对深地、深海、深空等国家科技战略作出了明确指示。极端地质环境微生物研究可以与深地、深海、深空等计划结合，构成它们不可缺少的部分。地质微生物本身既是资源又是灾害，蕴藏着大量有战略意义的未知领域。目前，随着技术的发展，已经有条件开展系统而深入的地质微生物资源和灾害研究。

项目专家基本上由前一轮专家组成，在2018年进行了前期预研究，2019年3月、8月，2020年9月召开了3次专家组工作组会议兼学术讨论会，于2021年完成《极端地质环境微生物》专著并交出版。由于第二轮研究中已经阐明了学科的基本内容，本项目主要是根据学科发展战略报告的要求，作以下五方面内容的战略调查、研究和评估。

第一，科学意义与战略价值，略见前述。

第二，发展规律与研究特点，体现了前沿科学与工程计划的结合、基础研究与应用服务的结合、学科领域的国际前沿性，具有多学科交叉和共性科学问题等特点而相互促进地发展。

第三，国内外发展现状与发展态势，包括学科整体的发展现状与态势及五类极端环境微生物的发展态势；我国在国际上逐渐产生影响，不同分学科领域发展存在比较大的差异，技术平台有待于拓宽，学术组织、研究队伍和资助力量都比较分散等。

第四，发展思路与发展方向，包括关键科学问题，重要研究方向如深海、深地、深空计划的微生物及其资源环境效应，深时极端地质环境微生物与地球系统科学，极端地质环境微生物与种质资源、生物安全。

第五，资助机制与政策建议，包括学科领域的总体政策建议（不遗余力地推进学科交叉和跨学科人才培养，加大基础科学研究的资助力度，大力推进条件平台建设，加强微生物的科学普及工作），实施地质微生物的重大科学研究计划，统筹布局建设国家级地质微生物野外研究基地，实现地球生物学与天体生物学的全方位连接，在资助策略、人才和平台建设的其他建议，关于建立地质微生物常设联络中心的建议。

同时，还要向国家自然科学基金委提出制定项目指南、遴选优先领域或制定发展规划的参考建议。

这三轮学科发展战略研究及其报告的出版是中国对地球生物学及其最重要的分支——地质微生物学迄今最深入全面的研究，用于向有关科技领导部门提供规划和决策咨询，作为教材供高等学校师生使用，培养和建成中国地球生物学人才及平台体系，为中国科技赶超世界水平助一臂之力。

地球生物学在国内由殷鸿福、谢树成带领学者们推动建立，学科建立之初处境十分艰难。新学科的发展会遇到各种各样的质疑，地球生物学也不例外，遇到了地球科学界和生物科学界的一些阻力，有的生命科学学者质疑其研究内容属于生命科学的范畴，古生物学家对其展开研究是越俎代庖。殷鸿福看到了地球生物学的发展潜力，坚持对该学科的建设，如果没有殷鸿福对地球生物学研究的坚持，这门学科可能就不能顺利建立并蓬勃发展。现在，地球生物学已经获得大部分学者认同，学界逐步意识到了该学科的重要性。在一些学会建立了地球生物学或其分支的分会，在一些大学（中国科学院大学、中国地质大学、西北大学）开设了地球生物学课程，出版了教材。在中国地质大学（武汉）建立了以地球生物学为特色的生物地质与环境地质国家重点实验室。经过二十多年（1994—2016）的努力，中国地质大学（武汉）的地球生物学研究"显生宙最大生物灭绝及其复苏的地球生物学过程"终于获得了国家自然科学奖二等奖，该奖由殷鸿福的学生谢树成等领衔，但殷鸿福在其中的组织、推动和提拔作用是不言而喻的。中国地球生物学通过三轮战略研究及多次国际会议与国际合作交流，在《科学》《自然》等刊上发表论文等，不仅在国内发展，在国际上也处于前列。2016年，国际地球生物学协会成立，谢树成是9名理事之一。中国科学院地学部主任孙枢院士在为《地球生物学》作序时写道："中国科学家在'地球生物学'的开拓过程中是整个国际团队的一部分，他们同是开拓者。"国际著名学者戴维·伯特赫尔（David Bottjer）在《地球生物学时代来临》一文中也说："中国是发展地球生物学的一支国际领导力量。"2021年，谢树成作为地球生物学家被选为中国科学院院士。

创建生物地质与环境地质国家重点实验室

2011年，以殷鸿福团队为主力建设了生物地质与环境地质国家重点实验室，该实验室是我国唯一以地球生物学为科学导向的实验室。生物地质与环境地质国家重点实验室依托于中国地质大学（武汉），于2003年由湖北省级重点实验室组建而成，2005年纳入教育部重点实验室建设，2011年纳入科技部国家重点实验室建设。其致力于从地质时空尺度开展地球科学、生命科学和环境科学交叉前沿领域——地球生物学的研究，其核心是生命与地球环境的相互作用与协同演化，重点探索地球表层系统的生物地质与环境地质事件和过程，目标是构建地球生物学学科体系，在生物与环境协同演化方面取得具有国际影响的系统性原创成果，并为应对社会经济可持续发展所面临的环境恶化和生物危机等重大挑战提供科学依据。实验室已形成一支由四名中科院院士、一批长江学者和国家杰出青年科学基金获得者为学术带头人的创新研究梯队，在实验室各个主题研究方向上都形成了相应的中青年学术团队，有众多研究成果。生物地质与环境地质国家重点实验室可以说是创业维艰。它的优势是殷鸿福团队为主的人才和成果积累，如三个国家奖和院士、杰青团队。不足之处，一是学校地学主体学科均已组织在第一个国家重点实验室中，即地质过程与矿产资源国家重点实验室；二是与基础较好的第一个实验室相比，其实验室空间、设备和资金基本上都要白手起家。

对第一个困难，殷鸿福主张把生物地质和环境地质结合起来，形成面向地球表层系统的地学学科群，以弥补此前中国地质大学学科过于集中于深部及矿产的不足，更好地服务于国家建设的新需求。他在1996年至2003年任校长期间，曾多次呼吁发展环境科学，并于2000年以水文地质系为基础，把生物系和部分地球化学力量并入，成立了环境学院。到了这时，再把它与地球生物学科结合，成立生物地质与环境地质国家重点实验室便是水到渠成了。对第二个困难，殷鸿福历来关心事业上的得失，很少考虑个人的利益，在科研集体经费紧张的情况下，他只拿一个项目的劳务费，有一次还把自己应得的那份劳务费给了经济上比较困难的年轻教员。后来他每年主持多个项目，仍不拿或只拿一个项目的劳务费；在多次专著的稿费分配时，也没有拿满他应得的数额。这样，整个集体形成了节俭奉公的风气，这时他已获得数千万经费的支持，可以筹钱建立初步的实验室。殷鸿福和实验室的师生克服困难，争取科技部、教育部和湖北省的支持，在实验室建成过程中起了十分关键的作用。申请建一个国家重点实验室至少要 3000 平方米以上的空间，他们就从自己教研室的办公室中挤出半层楼，从地下室匀出半层楼，殷鸿福和当时的校长张锦高带队，从当时存标本及杂物的楼层找到各间房间的管事人，亲自逐间清理腾退出房间。他还腾退了自己的办公室，至今也未要办公室。他的学生，实验室主任童金南的办公室设在地下室，童金南因为长期在地下室办公患上了关节炎。他们硬是靠艰苦奋斗、白手起家建成了这个国家重点实验室。前校党委书记郝翔曾说过："如果说我校地质过程和矿产资源国家重点实验室是从上而下，由学校组织全校地学力量搞成的话，那么生物地质与环境地质国家重点实验室则更多是由下而上，由一些一流学科组织起来，努力奋斗并获得学校等各级领导支持搞成的。"

说起领导支持，不能不提时任总理温家宝的支持。温总理在《在会见国际地科联执行局成员时的谈话》中说："如果说，过去地质学的综合性主要表现在地质学与地球物理、地球化学等现代科学和遥感、钻探、测试等技术手段的结合，现在看来，已经不够了。地质学还要与生命、天体、环境相结合。人、地球、天体、环境构成一个整体。"[1]殷鸿福读后深受教益。2009 年 11 月，他以"地球生物学"为主题向温总理致信，力陈建立生物地质与环境地质国家重点实验室的必要性与可能性。殷鸿福在信中写道："地质学与生命、天体、环境相结合，这正是我们多年来试图探索和发展的科学前沿主题，也是当前地球系统科学的骨干和基础学科——地球生物学的核心命题。"此函得到总理的支持批示。科技部和教育部也加大了对地球生物学与环境领域国家级研究平台的支持。2011 年，科技部批准成立生物地质与环境地质国家重点实验室。

2012 年 4 月，殷鸿福和中国科学院院士、中国地质大学（武汉）原校长赵鹏大[2]以及时任党委书记郝翔、校长王焰新[3]一起，写信向温家宝总

---

[1] 温家宝：在会见国际地科联执行局成员时的谈话.《中国地质大学学报（社会科学版）》，2009 年第 5 期，第 1—2 页。

[2] 赵鹏大（1931— ），数学地质、矿产普查勘探学家。中国地质大学（武汉）教授、校长，国务院学位委员会委员。1993—1996 年任中国地质大学（武汉）校长。

[3] 王焰新（1963— ），教授，中国科学院院士。现任中国地质大学（武汉）校长。

理发出了邀请。殷鸿福后来说："我们在信中说，总理，您好久没回学校了。今年是 60 周年校庆，希望能来看看。您所关心的实验室，已获批为国家重点实验室了。" 17 日晚，他得到通知说，总理要来学校了。2012 年 5 月 19 日，殷鸿福陪同温家宝总理参观中国地质大学（武汉）生物地质与环境地质国家重点实验室，与总理有约 20 分钟的"亲切交谈"，并向温总理介绍"金钉子"成果。参观了国家重点实验室后，温家宝总理在中国地质大学（武汉）作了长达 50 分钟的即兴演讲。温家宝总理说，地质学不是一门简单的科学，是一门深奥博大的科学，需要有志青年为它献身，需要有志青年利用地质学造福祖国，造福人民。只要有人类存在，只要有地球存在，只要人类发展，只要地球变化，地质学就不会枯竭！并且他肯定了殷鸿福及其他地质学者们的工作。

  从古生物学发展到地球生物学，学者们拓展了古生物学的领域。殷鸿福认为微生物研究与动植物研究不同，肉眼无法直接看见微生物，必须借助仪器从分子角度进行研究，而在生物地质与环境地质国家重点实验室创建之前，我国缺乏相应的仪器和实验室，这也是中国地质大学（武汉）国家重点实验室建立的原因之一。学科发展既和技术手段有关系，也与学者的思想有密不可分的关系，没有前瞻的学术意识，研究只会永远停留在传统生物学和动植物化石的研究层面，不会对学术研究进行拓展。殷鸿福超前且正确的思想观念带给了学科勃勃的发展生机。

  殷鸿福一直倡导学科创新。地球生物学是中国地质大学（武汉）现在重点发展的学科，也是国家重点实验室生物地质与环境地质实验室主攻的学科，地球生物学学科的发展已经较为成熟，研究范围远远超过传统古生物学。谢树成等在其基础上又将生物和全球变化结合起来，通过生物学进行全球变化研究。除此之外，他们还通过微生物开展现代海洋的研究，显著拓展了传统古生物学，当前地球生物学发展受到了广泛的支持。地球生物学不仅拓展了古生物学，还与国家的战略目标结合，比如结合全球气候变化、海洋问题等这些亟待解决的问题，这也是地球生物学充满生命力的原因。

造山带研究的新思路及其成功应用

殷鸿福独具慧眼,早在20世纪90年代,他敏锐地察觉到国内囿于传统地层学的做法越来越不适应国际上对地层学拓展的思路及西部大开发、地质大调查的要求,急需提出一些新的地层学、古地理学概念。于是,殷鸿福系统地提出了应用古地磁、构造、沉积、地球化学、古生物地理和古气候进行古海盆的活动论复原方法,并以秦岭和华南为对象探索活动论的古海洋恢复和盆地演化。

20世纪90年代,中央提出要进行西部大开发,地质矿产部响应中央号召,要进行西部填图。在宋瑞祥部长的支持下,殷鸿福牵头负责中国地质调查局重大项目——"中国西部不同类型造山带及非史密斯地层区1∶25万区域地质填图方法研究"项目。这一项目历时五载(1996—2001),包括西部六个省区的6个试点图幅。殷鸿福和张克信率领中国地质大学(武汉)师生完成青海省《东昆仑造山带1∶25万冬给措纳湖幅》的试点图幅。在准备项目及完成填图过程中,殷鸿福先后提出下列创新的理论。

第一,他提出古亚洲洋和特提斯洋的板块运动主要遵循的不是威尔逊旋回(Wilson cycle),而是以造洋阶段的多岛洋(archipelagic ocean),俯冲对接阶段的软碰撞(soft collison)和由此产生的多旋回(multicyclicity)为特点的非威尔逊旋回。他系统地提出了应用古地磁、构造、沉积、地球化学、古生物地理和古气候进行古海盆的活动论复原方法,并以秦岭为对象探索活动论的古海洋恢复和盆地演化。

第二,与张克信等一起,运用非史密斯地层学与大地构造相分析,研究混杂岩岩石组合、结构构造特征、演化及其大陆动力学意义。他们提出造山带构造岩片四维裂解拼合复原法、非威尔逊旋回理论与非史密斯地层学方法,成功地应用于"中国西部不同类型造山带区域地质填图方法研究"项目,被中国地质调查局评为"启动了我国青藏高原空白区和造山带1∶25万填图,是我国地质填图里程碑的一个项目"。所填东昆仑造山带的试点图幅在两百多幅优秀图幅总评中获"全国区域地质调查优秀图幅一等奖"（2013）。其成果列入"青藏高原地质理论创新与找矿重大突破"国家科技进步奖特等奖（2011）。其主要研究成果"大地构造相方法"和"造山带混杂岩片四维裂拼复原法"，被中国地质调查局在青藏高原开展的1∶25万地质填图中广泛采用，为大力推进我国西部区域地质和国土资源的调查起到奠基和示范作用。①

殷鸿福提出的造山带研究新思路也受到其他学者关注，如1999年陈毓川等出版的著作《世纪之交的地球科学——重大地学领域进展》和柴育成等发表的论文《地质学科资助格局及主要进展》中认为："'多岛洋'的概念以及'微陆块软碰撞弱造山的非威尔逊旋回造山模式'初步建立了对我国大陆岩石圈演化动力学的整体认识。威尔逊旋回解释不了大陆造山作用的全过程和复杂性，非威尔逊旋回在大陆造山带可能起主导作用。"②1999年，殷鸿福发表论文《关于"非史密斯地层"的若干问题讨论》，文章提出传统的史密斯地层学难以满足造山带地层研究的需要，因此提出运用非史密斯地层学与大地构造相分析，研究混杂岩及其相关岩石组合、结构构造特征与形式、演化和大陆动力学意义及造山带构造岩片四维裂解拼合复原法，认为非史密斯地层学是值得研究的。

据殷鸿福回忆，非威尔逊旋回理论与非史密斯地层学方法是对于传统观点在新地区新情况下批判地改进的结果。传统的史密斯地层学认为地层都是老者在下，新的覆盖其上，这是重力机制下形成的地层及其适度扩展物（如沉积变质岩和沉积火山岩类）。但是造山带的地层形成不仅受重力影响，而且受热力和构造力的影响。研究者们发现在构造复杂的造山带形成的地层不遵循史密斯地层学理论，比如中国西部广泛分布的造山带，有的地层形成原理与史密斯地层学的原理不同。非重力机制或非沉积成因的地层，如产于俯冲带的俯冲增生杂岩，其时空顺序服从各自的力学机制和成因，不一定服从史密斯地层的叠覆律。这些非重力机制形成的地层片

---

① 地质调查：驰骋在野外的"地大军团"。搜狐网，2017-05-08。
② 《地学卷·古生物学分册》。见：钱伟长总主编，《20世纪中国知名科学家学术成就概览》。北京：科学出版社，2014年，第389–398页。

段叫构造裂片，不属于史密斯地层学的范畴，故将其称为非史密斯地层（non-Smith strata），必须将它们四维地（三维空间＋时间）分解开，各自进行时空再造，再拼合复原出时空顺序，这叫复杂岩片四维裂拼复原法。威尔逊旋回是板块构造的传统理论，指大陆岩石圈在水平方向上的彼此分离与拼合运动的一次全过程，即大陆岩石圈由崩裂开始、以裂谷为生长中心的雏形洋区渐次形成洋中脊、扩散出现洋盆进而成为大洋盆，而后大洋岩石圈向两侧的大陆岩石圈下俯冲、消亡，洋壳进入地幔而重熔，从而洋盆缩小；或发生大陆逐渐接近、碰撞，出现造山带，遂拼合成陆的过程。这一传统理论是依据大西洋、太平洋的板块构造过程建立的，但在以多岛洋、软碰撞、多旋回为特色的特提斯洋遇到了挑战。非威尔逊旋回（non Wilson cycle）是未经历完整的从大洋开启、闭合到造山带形成各个阶段（即威尔逊旋回）的海洋演化—造山的作用过程。如以弧后盆地坍塌为特征的多岛海型造山带（华南），以弧前增生为特征的阿尔泰型造山带（中亚），多块体拼贴的北美西海岸造山带，以及未经历大洋阶段的板内（陆内）造山带等。根据当前研究发现，大板块之间的碰撞符合威尔逊旋回理论，但其间小板块之间的碰撞基本符合非威尔逊旋回理论。

1998年，殷鸿福发表论文《特提斯——一个多岛洋模式》（*Tethys—An Archipelagic Ocean Model*）。文章对特提斯的三种模型进行了讨论。根据中国及邻近地区的最新数据，可以得出结论，特提斯的多岛洋模型与论证亚欧大陆和冈瓦纳大陆相距甚远的古地磁和生物地理资料相符合，并且也符合在特提斯深海沉积物很少的沉积学资料，它们之间的非大洋特征与遥远的距离可由多岛洋学说解释。

中央造山带是国内学者在中国地质构造研究中提出的，包括昆仑、祁连、秦岭、大别这一横贯中国中部的造山带。1998年10月，由中国地质大学（武汉）承办、国家自然科学基金委员会和国际地质科学联合会共同主办，在中国地质大学（武汉）召开了"中国中央造山带国际会议"，掀起围绕该主题的研究热潮[①]。殷鸿福作了相关报告，将他在研究中的心得体

---

① 姜春发：科技创新、贵在坚持——对我国大地构造中某些创新观点的回顾与反思.《地质学报》，2009年第83卷第11期，第1772-1778页。

会与学者们进行交流，并积极向与会学者们取经问学。

1998年9月，殷鸿福与张克信一同发表论文《中央造山带的演化及其特点》。提出中央造山带的板块运动主要遵循的不是威尔逊旋回，而是非威尔逊旋回。非威尔逊旋回在三个方面与威尔逊旋回不同，即多岛洋、软碰撞和多旋回造山。文中论述了它们的特点，并强调指出这些特点在地史上占据中国绝大部分地区的古亚洲洋和特提斯洋中具有普遍性。这些思想和方法后来被融合在造山带地层学等学科中，在前述的2011年国家科技进步奖特等奖中有所体现，亦反映在殷鸿福的其他成果中（例如秦岭与华南相关研究，下文是他发表文章和专著的一些例子）。

从20世纪80年代后期开始，殷鸿福在秦岭做了十几年研究。前半段为地质矿产部秦岭重点项目。1992年，他牵头发表了《秦岭及邻区三叠系》专著，在首次发现秦岭及邻区海相拉丁阶及上三叠统地层基础上，建立了秦岭三叠系地层系统。1995年8月，殷鸿福和黄定华[①]共同发表论文《早古生代镇淅地块与秦岭多岛小洋盆的演化》，解释了东秦岭加里东期"碰撞而不造山"问题。文章根据地层古生物、古地理、古生物地理、古地磁、地球化学及火山岩研究成果，提出镇安—淅川地块是早古生代自南秦岭裂离而较早缝合于北秦岭的一小型地块，早古生代秦岭是个多岛小洋盆，具有包括镇淅地块在内的五列岛屿。由于扬子、华北板块及其间诸列岛的同向不等速漂移，导致了缝合过程不同于经典的板块碰撞，这是特提斯多岛洋盆缝合的一大特点，以此解释东秦岭加里东期"碰撞而不造山"的问题。

1995年11月，殷鸿福牵头发表论文《秦岭显生宙古海洋演化》。论文提出从寒武纪到中三叠纪末，西伯利亚—中国东部—澳大利亚这个"轴心"，由东西向沿赤道排列状态顺时针旋转成为南北向沿子午线排列状态。同时华北与华南均向西伯利亚方向漂移并最终与之合并为亚洲大陆。在这个总过程中，秦岭海经历了4个阶段的演化：①早古生代北秦岭小洋盆及南秦岭小洋盆及裂陷深海盆的演化；②晚加里东—早海西期压性环境下南北秦岭的拼合及泥盆纪海盆的沉积分异；③晚海西—早印支期南张北压环

---

① 黄定华（1952— ），博士，教授。现任职于中国地质大学（武汉）地球科学学院地层古生物教研室。

图 6-16　1998 年中国中央造山带国际会议与会人员合照（一排右四为殷鸿福。由殷鸿福提供）

图 6-17　殷鸿福（中）与国际地质科学联合会（IUGS）领导在 1998 年"中国中央造山带结构、组成和演化"国际学术研讨会上合影［左为 IUGS 主席法伊夫（W. S. Fyfe），右为 IUGS 秘书长布雷特（R. Brett）。由殷鸿福提供］

境下中秦岭裂陷海盆及北秦岭残余海盆的演化；④印支期秦岭地区分中、晚两幕褶皱成山，海域消亡。

20世纪90年代,由西北大学张国伟教授主持国家自然科学基金"八五"重大项目"秦岭造山带岩石圈结构及其演化"研究,张本仁、袁学诚、殷鸿福等为主要学术带头人,来自中国科学院地球物理所等国内15个单位150多位科学家参加研究。该项目的主攻目标是采用地质、地球化学和地球物理等多学科综合研究方法,重点探索秦岭造山带现今三维结构,显生宙造山过程,建立秦岭造山带现今岩石圈组成与结构状态。运用当代大陆板块构造和大陆地质最新发展的学术思想和方法,探讨秦岭造山带形成演化及其动力学的基本模式,为区域地质矿产资源开发和保护环境提供科学依据。经课题组专家们合力拼搏,潜心攻关,终于取得了创造性的重大成果,奏出了一曲昂扬的"团结协作的凯歌"。

1999年1月,张国伟等人的研究成果"秦岭造山带岩石圈结构、演化及其成矿背景"获得教育部科技进步奖一等奖。1999年12月,其研究成果"秦岭造山带岩石圈结构与演化"获国家自然科学奖二等奖。两个奖项中殷鸿福均排名第五。

殷鸿福一直关注华南地质研究,1999年,殷鸿福发表论文《华南是特提斯多岛洋体系的一部分》,提出华南由秦岭微板块、扬子板块、华夏板块、滇缅泰马板块、印支—南海板块组成,与华北板块间以商丹小洋盆、勉略小洋盆、华南小洋盆及古特提斯洋分开。论文中对扬子板块与华夏板块的关系、秦岭小洋盆与扬子及华北板块的关系、扬子板块西侧的裂解地块及亲冈瓦纳的裂解块体分别作了较详尽的论述。根据这些块体的构造、沉积、古生物、古地磁绘制了它们的古海洋复原图。文章提到特提斯的多岛洋模式认为,冈瓦纳超大陆与亚欧超大陆的裂解块体群在其漂移过程中,漂移前方的洋盆萎缩、消亡,后方则由裂谷发展为新的小洋盆,如此循序出现的小洋盆就构成了古、中、新特提斯等不同阶段。裂解、漂移和消亡的多幕次过程,使特提斯与大西洋、太平洋等"干净"的大洋不同。它在其各个演化阶段,始终是个充满着裂解地块与裂谷、海道,微板块与小洋盆,岛弧与边缘海等不同裂离与聚合程度的海陆相间的多岛洋盆。多岛洋体系板块运动具有软碰撞、多旋回和造山长期性的特点,其板块碰撞通过岛屿或块体增生的多幕次微型碰撞而实现,每一微型碰撞的速度为两

图 6-18　1999 年秦岭研究获教育部科技进步奖一等奖证书（由殷鸿福提供）

个碰撞块体速度的差，而不是速度的和，两个碰撞块体的质量总额又是很小的，因此不能引起造山运动，这就是"软碰撞"。多旋回沿用黄汲清的概念，每一次微型碰撞之后往往跟着一个松弛扩张的过程，造山运动并不是紧随各次碰撞而发生的，而是可能要延迟 10 亿年乃至更长的时间，这就造成了造山长期性。

2004 年，殷鸿福发表论文《亚欧特提斯东部多岛洋体系》（The Archipelagic Ocean System of the Eastern Eurasian Tethys），文章从华南地区的

图 6-19　1999 年秦岭研究获国家自然科学奖二等奖证书（由殷鸿福提供）

第六章　潜心科研　硕果累累　　113

秦岭—祁连—昆仑以及亚欧特提斯东部的西藏—云南地区的划分、特征和演化历史来说明东特提斯多岛洋体系。不同于典型的，例如宽阔且"干净"的大西洋，特提斯洋在其所有演化阶段都表现出多岛洋模式。与传统的、楔形的，并且相对"干净"的海洋模型相比，多岛洋模式更适合特提斯洋，尤其是特提斯洋东部。

创新是科学研究的源泉，创新是希望与优势所在。渊博的知识，开放的思想，勤奋的工作，使殷鸿福具有不断创新的动力。殷鸿福围绕造山带地层做了大量的探索和创新，为这方面研究提供了重要启示。

重视长江流域环境演化及地方发展

长江流域占我国国土总面积的19%，拥有全国1/3的人口和40%以上的国内生产总值，在中国经济发展中具有举足轻重的地位和作用。人们常言，长江是母亲河，她为国家的发展带来了巨大利益。然而，长江的洪涝灾害也给流域地区造成巨大损失。特别是20世纪90年代后期频发的洪灾，严重影响了我国的可持续发展战略，已成为中华民族的心腹之患。中国地质大学（武汉）位于长江中下游的武汉，俗称江城。殷鸿福对长江流域环境和自然十分重视，凭借对科研的热爱，以认真严谨的态度展开研究，取得了一系列成果。

1998年，长江发生了全流域大洪水，这是自1954年以来长江流域的又一次历史罕见的特大洪灾，其特点是水量并不是最大，但水位达历史最高，持续时间最长。长江中游的沙市至湖口段，除汉口、黄石两站外，其余各站均超过历史最高水位，很多地段水位超过1954年水位1米以上，持续高水位（超紧急水位）达70天之久，为长江洪水历史之罕见。[①]

这一次大洪水是当时的重大事件，受到人们广泛关注，作为武汉市

---

① 李长安，殷鸿福，陈德兴，等：长江中游的防洪问题和对策——1998年长江特大洪灾的启示.《地球科学》，1999年第4期，第329–334页。

民，殷鸿福也一直关心和关注此次洪灾。为了确保武汉市民的安全，确保长江大堤安然无恙，按照上级分配的任务，时任校长的殷鸿福派出中国地质大学（武汉）近一百名职工巡守长江大堤。该事件是殷鸿福从1999年开始着手研究长江流域环境演化的直接原因。在查阅资料的过程中，他们发现长江流域存在许多地质问题，随着研究的深入，殷鸿福团队陆续发表了一些关于长江流域地质问题的文章，得到了教育部的重视，获得了一些成果。此前殷鸿福的论文大多是聚焦山、海之类的研究，这一次与长江的"近距离接触"，令殷鸿福探索自然与真理的范围又扩大了一步。

在此之前，殷鸿福在进行中国地质大学（武汉）的学术研究建设过程中发现，已有研究存在两个不足。其一是现有的研究多数关注地表之下，属于地质研究，已有地表研究较少，相关知识储备弱，有很大发展空间。据殷鸿福回忆，当时他筹建的中国地质大学（武汉）省重点实验室曾取名为"地球表层实验室"，初衷即是想往地球表面研究方向发展[1]。其二是长江流域的地表研究存在不足。源于地理位置的关联性，选择长江作为研究对象，后续研究开展也相对方便。殷鸿福团队最终决定聚焦长江中游地区表层研究。

1999年5月，殷鸿福担任《长江流域资源与环境》杂志顾问，获得更多接触前沿研究、开拓思维、交流思想的机会。7月，与李长安[2]、陈德兴、王波合作发表论文《长江中游防洪问题和对策——1998年长江特大洪灾的启示》，针对1998年大洪水事件作了全面直观的调研。他们认为除了气候因素外，长江中上游植被破坏，中游湖泊萎缩，干堤防洪标准低，河道泄洪不畅，是洪灾形成的主要因素。拟建的三峡水库作为长江中游防洪体系中的骨干工程，必须与其他工程相配合；而长江中游防洪减灾工程应坚持：①与环境保护相结合的原则；②与农田水利基本建设相结合的原则；③"固、蓄、疏"并举，以"疏"为主的原则；④防洪与除涝相结合的原则；⑤统一管理、联合攻关、综合整治的原则与对策。建议除加固长江干堤外，重点建设两条分洪河道，建好3个梯级蓄洪区，有计划有步骤地实

---

[1] 殷鸿福访谈，2018年11月27日，武汉。资料存于采集工程数据库。

[2] 李长安，当时为中国地质大学（武汉）地球科学学院副教授。

施开堤开垸放淤工程。①

对于三峡工程，殷鸿福总体持赞成态度，认为其利大于弊。他在访谈中提到，水利工程的影响总是两面的，不可能只有利没有弊，兴利同时要除弊。其"弊"就是对航运、渔业有一定的影响，特别是对水质造成污染。造成污染的影响比航运、渔业更严重，原因在于，水库就是在江里造一个人工湖，把流水变成静水，把活水变成半死水。流水不腐，三峡工程逆自然而行把活水变成了湖，自然就加剧了污染。另一个"弊"也是三峡水库和长江中上游的水库的共同缺点——容易影响生态，水库被造在峡谷里，由于峡谷坡度较大，容易坍塌，建造在峡谷的水库会加剧自然灾害，这是普遍规律，三峡水库也不例外。例如三峡，原本水位是100米左右，水库建成后达到150米左右，甚至最高可以达到175米。这抬高的50米淹没了以前人们的部分活动区域，包括耕地、树林、矿洞等，其中矿洞被淹会造成严重污染。三峡的巴东、秭归这一带有六个磷矿，六个磷矿全被淹了，磷渗到水里造成了污染，由于活水变成了静水，这些矿物质冲不出去就会沉积在水库底。其中库尾污染最厉害，重庆、万县一带是水污染最严重的地区。不过三峡工程"利"的一面很大，比如水利、防洪、发电等，而且对可能的灾害都做了预防处理。总体上来看，对人类生活和社会发展利大于弊。

同年11月，殷鸿福与李长安、蔡述明一同发表了论文《试论长江中游的防洪减灾的工程对策》。文中提出，从洪患形成的地学环境分析和数百年抗洪经验总结来看，行洪不畅、泥沙淤积和长期筑堤以堵为主的抗洪方式是长江中游洪患得不到根除的主要原因。疏沙和疏水是根治长江洪患的重要出路，开辟分洪河道，疏沙淤垸（堤背放淤、开垸放淤、水沙分离）和蓄水分洪是长江中游防洪减灾的重要措施。同年12月，殷鸿福作为第一作者与李长安一同发表论文《从地学角度谈长江中游防洪》，从地学角度，再次对防洪问题提出意见，提出"挡"是当务之急，且要注意地学基础，但是"挡"不能治本，长远以蓄、泄为主，并给出了两条思路供

---

① 李长安，殷鸿福，陈德兴，等：长江中游的防洪问题和对策——1998年长江特大洪灾的启示。《地球科学》，1999年第4期，第329-334页。

参考。其一为尽快建成三条分洪河流，第一条河流经由江陵入长湖从潜江市北入汉水，第二条河流经由嘉鱼经西凉湖、斧头湖、梁子湖从鄂州市西通入长江，第三条河流为沙洋—谌家矶运河；其二为开堤放淤，蓄水除涝并举。这两条思路对长江中游的防洪、减灾具有十分重要的意义。

2001年，殷鸿福在期刊《地貌学》（Geomorphology）上发表论文《人类对长江洪水和洪灾的影响》（Human Impact on Floods and Flood Disasters on the Yangtze River），指出洪水泛滥的情况是对自然环境不恰当的人为干预的结果，建议合适的策略应从"挡住洪水"改为"疏导洪水"。

2002年12月，李长安、殷鸿福等一起发表论文《设立"长江日"，全民保护长江》，呼吁："长江也是中国的母亲河，长江的作用是无可替代的，中国的发展需要一个健康的长江！"

2004年，殷鸿福、陈国金等发表了《长江中游的泥沙淤积问题》，该文总结了长江流域的泥沙产淤情况后指出，长江中游的泥沙，总体上淤大于冲，但是冲淤的地理分布、时间段分布和河床断面分布不均衡。干流断面冲槽淤滩使长江中游河道的典型形态呈深河谷、高漫滩，靠干堤保护堤内平原，这种断面在洪水时成为在同等水量下，水位不断抬高的原因。高水位要高堤防来防堵，这就增加了堤防压力、水头压力，容易导致管涌、渗漏等险情。堤外滩及洪水位与构造沉降的堤内平原间的高差不断增大。论文提出三峡工程建成后，江汉平原因相对于洪水位地势过低而造成的洪涝灾害及相关环境问题，仍是中游长远的重大隐患。

2007年，殷鸿福等人在期刊《地貌学》发表论文《论长江中游河湖关系》（On the River-Lake Relationship of the Middle Yangtze Reaches）。文章提出江汉—洞庭湖地区的地质和气象环境导致高降水和淤积，然而该地区排水不畅，因此经常被洪水淹没。过去，长江中游的河湖关系一直在变化，但最近此关系随着人类影响的增强而恶化。在上游荆江洪水的持续威胁下，长江中游的江汉平原变成了一个水涝低地。由于淤积和土地开垦，洞庭湖已经失去了对长江的大部分调节功能，并且变得越来越容易遭受洪水灾害。由于下游泥沙输送能力下降，长江中游一直在淤积，导致低地上方的洪水位升高。防洪堤的升高引起了河道的进一步淤积。三峡水库将提供50—80年的缓冲期，在此期间，许多泥沙将被困在水库中，并且可能会发生下游冲刷。我们应该利用这段时间来全面解决这个洪涝问题。文章对长江中游的河湖关系进行研究，并提出在洪湖及其周边地区兴建水沙转移工程可以解决长江中危险的城陵矶至武汉段的淤积问题，连接长江中游和汉江的河道加宽后可能会成为长江的分流河道，可能对解决淤积问题有益。同年，他和陈中原等共同主编了《地貌学》第25期专刊《中国的季风河流》，长江是此期的主要内容。

自1997年起，殷鸿福参加了多个与长江有关的项目。2000年至2002年，刘广润[①]院士与他负责国土资源部中国地质调查局重大项目"长江中游水患区调查评价"。2007年，"长江中游主要水患区环境地质调查评价"获国土资源部科学技术奖二等奖。

2008年，殷鸿福与刘广润、陈国金一同编写了《长江中游洪灾形成与防治的环境地质研究》。该书全面阐明了长江中游洪灾形成的地质环境，深入论述了影响控制洪灾形成的地质作用、江湖关系及河道演变规律与洪灾发展趋势，提出了洪灾形成的地学模式和符合地学规律的人、地、水相互协调的防洪减灾思路与对策。该书理论与实践相结合，内容全面系统，是长江中游环境灾害地质学研究较为系统的一部专著。由于此书重要的学术价值，该书于2011年12月入选新闻出版总署第三届"三个一百"原创出版工程。

源于其对长江研究的贡献，2016年，殷鸿福被聘任为武汉市自然博物馆暨长江文明馆名誉馆长。长江文明馆是第十届中国（武汉）国际园林博览会的主题展馆和亮点工程之一，位于园博园中部，张公堤南侧，展馆建筑面积约31000平方米，是展示长江的新窗口、城市形象的新标志。殷鸿福参与了自然博物馆的策划、筹建、招标及学术规划。他在该馆发起的历届大河对话国际会议上多次作主题发言，阐述长江历史及长江大保护的必要性，取得了国际影响。

2017年11月，在殷鸿福等长期推动下，中国地质大学（武汉）"地学长江"计划启动。为了深入贯彻习近平总书记关于推动长江经济带发展

---

① 刘广润（1929-2007），中国工程院院士、工程地质专家。

图6-20 2011年《长江中游洪灾形成与防治的环境地质研究》入选第三届"三个一百"原创出版工程证书（由殷鸿福提供）

系列重要讲话和批示精神，助推长江大保护，中国地质大学（武汉）整合国内外优势资源，发起"地学长江"战略性科技创新计划，为解决长江流域所面临的地质资源与生态环境问题提供科学支撑。伴随着长江流域建设和发展步伐的加快，出现了湿地面积萎缩、生态系统退化、生物多样性减少、蓄水调洪能力下降、水污染严重、大面积滑坡等严重地质灾害频发等严峻问题，长江流域的生态环境问题亟待解决。中国地质大学（武汉）积极响应国家区域发展战略，主动服务长江经济带建设，由王焰新校长领导，谢树城任工作组长，正式启动"地学长江"计划，吹响了地学研究向长江进军的集结号[1]。

2019年至2020年，殷鸿福承担了武汉市湖泊典范作用的战略研究，在江湖关系、湖泊演化及与人类活动、气候变化关系的基础上，提出保护武汉湖泊，打造世界湿地之都的动议，此动议已纳入武汉市政府的决策咨询。殷鸿福多次作过科普讲座《长江大保护》，他在讲座中提道："长江到底能不能在生态环境上世界领先？在世界大河流域中长江流域温度和雨量最适中，生物多样性高，GDP在世界大河流域中已是第一，但就是生态环

---

[1] 中国地质大学启动"地学长江计划"。中国地质大学（武汉）官网，2017-11-27。

第六章　潜心科研　硕果累累

境问题影响了长江的发展。如果我们能够治理好长江的生态环境，长江就可以成为世界大河的样板。"

殷鸿福一贯重视长江流域演化、环境灾害及可持续发展，多次参加保护和建设长江和江城武汉的会议，在全国各省市各单位作报告谈长江问题，在第一期"211工程"期间，他领导学校国土资源与地理信息系统学科群的建设，并选择长江为突破口，从流域演化、防洪抗灾到系统整治进行研究，逐步建成学科梯队，召开国际会议，并承担国土资源部的重大课题。他的《从地学角度谈长江中游防洪问题》[1]一文登在中国科学院办的院士论坛上，被水利学泰斗张光斗专文评述。目前，中国地质大学（武汉）的长江研究，已在国内具有一定影响。殷鸿福始终以主动积极的姿态投身长江流域环境的演化与治理中，他以长江中游为突破口，承担国土资源部的重大课题，从流域演化、防洪抗灾到系统整治一系列研究成果，为长江流域的环境演化和地方发展作出了重大贡献，也对国家可持续发展产生了深远的影响。

---

[1] 殷鸿福，李长安：从地学角度谈长江中游防洪问题。《科技导报》，1999年第6期，第23-25页。

第七章
走马上任　传承薪火

　　从 1996 年到 2000 年我国执行第九个五年计划。在"九五"计划开始实施之际，殷鸿福被委以重任。1996 年 7 月 5 日，地质矿产部党组任命殷鸿福为校长，与张锦高书记等其他同志共同组成中国地质大学（武汉）的领导班子。

　　从科学研究到行政工作，殷鸿福需要转换角色。担任校长后，殷鸿福贯彻落实自己的教育理念，坚持教育的目的是"育人为主"。他坚信作为一名教育工作者的职责，培养人才应当放在第一位。1996 年 5 月，中国地质大学被正式列为"九五"期间重点进行"211 工程"建设的高校。殷鸿福一上任便开始了"211 工程"项目的计划与施行。2001 年 5 月，由何继善院士任组长的教育部专家组对中国地质大学"211 工程"一期建设项目进行验收，认为中国地质大学按计划全面完成了"211 工程"一期建设任务，并支持学校进行"211 工程"二期建设。殷鸿福再次受命为校长，为中国地质大学能够进入世界先进行列而不断努力。从 1996 年至 2003 年，殷鸿福在担任校长的八年时间里，用行动诠释了"勤俭奉公、廉洁自律"八个字，深受同行与学子的尊敬与钦佩。

育人育才的教育理念

按历来的传统，大学教师成为校长以后，不必再进行授课等工作。依照规定，行政人员主要做行政工作，如果要继续进行科学研究，也只能将其作为副业，用下班后的时间来做，不能耽误正常的上班时间。

在担任校长前，殷鸿福就经常去国外做学术交流。担任校长后，每每到国外高校访问，殷鸿福总是关注国外大学行政工作是如何实践的，想通过对比取长补短，更好地建设中国地质大学[①]。

通过观察和对比，殷鸿福发现，由于中国的国情与世界其他国家有所不同，在高校的建设中双方也各有千秋，主要体现在两个方面：一是事务，二是体制。国内外高校的日常事务运作有很大不同。首先，发达国家的许多学生上学，不需要住在学校里；其次，欧美等国家的高校不会管学生的吃饭问题，尽管校内会有咖啡厅、餐厅，但是他们没有义务像中国高校一样，办食堂，解决全体学生的吃饭问题。中国高校学生选择住在校园里或者校园附近，当时地大周围的民房里面都住满了地大的学生，选择住在家里的学生少之又少。另外，欧美的老教员退休了就回家，之后与学校基本上就没有关联了，但中国高校要对退休职工负责，比方说哪位教职工生病了、去世了，学校的工会都要关注和处理这些事情。正如殷鸿福所说："学生的吃喝拉撒睡，教职工的生老病死退都是我们管的。"[②] 这让殷鸿福除行政工作外更多了一层任务，他曾经和同事们开玩笑说："我是地大镇的镇长，我们学校的党委书记就是地大镇的镇党委书记！"[③] 他上任之初，湖北省出台了有关校内职工住房社会化的文件，允许职工将校园内住房向社会出售。由于这会造成校园鱼龙混杂，扰乱教学秩序，殷鸿福一方面暂

[①] 当时的武汉、北京两校区还是合为一所大学的。2005 年，中国地质大学总部（武汉）撤销，两地独立办学。

[②] 殷鸿福访谈，2018 年 11 月 27 日，武汉。资料存于采集工程数据库。

[③] 同②。

停执行此文件，同时迅速向教育部反映意见。部分职工因此不满，曾聚众找他，使其一度不能在校长室办公。后来教育部文件下达，与前述文件不同，事件才平息。可见此类事务不是小事。

在教育体制上，国内和国外的高校也不同。中国高校按照"党委领导下的校长负责制"来运行学校，而国外高校则实行"校长负责制"，即校长全权管理、负责学校的事务。国内外校长的工作方式、方法和人员沟通等方面都是全然不同的。如国内高校的政治站位和思想作风，重要性甚至超过学校的专业教育，被摆在了第一位，需要时时处处注意。这样对比看来，中国高校的校长比欧美高校的校长工作要多一些，实际上处理好这些方面，也的确占去了殷鸿福不少时间。但是不管怎么说，做校长从理论上来说国内外大方面是一致的，都需要以教育为中心。

殷鸿福认为，为人与治学是不可分割的两方面。大学教育想要真正做到育人与育才，就算教的是书本知识，也必须把育人的理念放在教学之中，通过育才来育人。殷鸿福认为当校长很重要的一个方面是学风和教育思想的建设。要通过教员自己提高教育理念，以及维持合适的师生关系，把教育思想凝结在师生的相处之中，用这样的方式来培养学校的风气。老师与学生接触最多的时候就是上课和出野外，要在这些时候以身作则，为人榜样，来潜移默化地影响学生，让学生接受正确的人生观、正确的劳动观等等。

但说易行难，殷鸿福任中国地质大学（武汉）校长时，最看重的就是如何将理论转化为实践。一个真正强大的学科，往往表现在它的学术群体，比如二三十人组成一个教研室，从这个群体的风气就可以看出这个群体在学术上的水平，反之亦然。例如群体发表的文章多、得奖多，那么这个群体往往是具有相当好的风气的，有了好的学风才能成为强的学科，在教育上才能做出令人称赞的成绩。"家和万事兴，学校也一样，有团结风气是好的，什么事情都能搞得好，这在学校和社会是一样的。"[①] 殷鸿福如是说道。

在殷鸿福眼中，大学四年不只是纯粹的上课，它是一种将育人和育才

---

① 殷鸿福访谈，2018年11月27日，武汉。资料存于采集工程数据库。

相统一的过程。二者不同之处在于:"人"是一个人的品德,"才"是他的业务水平;"人"是人文、是方向,"才"则是知识、是力量。殷鸿福始终认为,科学、力量或者知识是中性的,它可以用在好的方面,也可以用在坏的方面。就以世界上知识界的极端分子为例,同样是掌握科学技术的人,与科学家却是天壤之别,极端分子利用科学技术伤害他人,破坏世界和平,而科学家却利用科学技术为人类造福,促进时代发展。所以大学必须同时做好育才与育人的工作。但是要做到二者兼顾又很难,须得时时刻刻警醒自己,才能不偏。具体来讲,真正合格的大学有两大任务,第一是培养人才,第二是追求真理。而且要把培养人才放在第一位。殷鸿福在讲研究生课"科学方法论"时,重点讲治学与做人,首先要学会做人,有端正的治学态度,有科学的方法。这堂课很受欢迎,每年都排在开学时开讲。

追求真理指的是追求科学的真相,要善于怀疑、否定、思考,辩证地看待已有的理论。追求真理最强调的就是独立精神、自由思考和批判性学习。这意味着你的老师,包括院士上的课和在教科书上写的东西,学生不应该认为那就都是真理。此外,在实践过程中也存在着很多错误,这些错误可以从两方面来解释:可能是这一理论本身就是错的,没有被发现;还可能是因为理论还没发展完善,还需要继续发展。从目前来看,所有的教科书,包括整个科学界的科学知识都还没有发展完全,因此科学不是终极真理,而是一个追求真理的过程,将来一定还有比它更先进的理论,还

图 7-1 2002 年殷鸿福向青年学子讲解化石时的照片(由殷鸿福提供)

有继续发展的空间，否则就不叫科学。

殷鸿福认为，学习要做到批判地选择，包括对教科书上和老师所讲内容的批判选择，要允许学生当堂提出质疑。从目前来说，中国的学生不易做到这点，但是老师们可以鼓励学生试着去做。他在讲"普通地质学"时，安排有十小时左右的讨论课，首先提出一些启发性讨论题，如"将今论古说能不能到处适用？""目前的生命演化史有没有令人遗憾之处？"等，引发学生讨论。学生们很喜欢这种形式，每次讨论课都很热烈，培养了自由思考和批判性学习的习惯。这样可以做到"育才"兼顾"育人"，殷鸿福很赞同这种教育方式。

图 7-2　1995 年殷鸿福获全国先进工作者称号证书（由殷鸿福提供）

作为一名教育工作者，育人育才的教育理念深深地刻在殷鸿福心中，除开对学生的要求，殷鸿福对青年教师也充满了期待。1996 年，在上任中国地质大学（武汉）校长的第一年，殷鸿福牵头与赵鹏大、汪品先两位院士共同发表论文《对造就青年科技人才的看法与建议》，提出了发现、培养和提拔青年科技人才的标准和要求。文中写道：

> 提拔青年科技人才的标准含德、才两个方面，即：爱祖国，爱科学；有专业的深度和基础的广度；有外语和计算机的功底。要制订科学的职称评定标准，严格按标准提拔，提倡名实相符的作风。要正确引导"早露头角"型的人才，注意发掘"大器晚成"型的人才，避免"名人效应"。既要防止拔苗助长，也要避免求全责备。①

---

① 殷鸿福，赵鹏大，汪品先：对造就青年科技人才的看法与建议.《中国科学院院刊》，1996 年第 6 期，第 402-405 页。

第七章　走马上任　传承薪火

殷鸿福明白，青年兴则国家兴，青年强则国家强，只有青年一代立起来了，国家才能实现新的发展腾飞，青年人就是国家的未来。时任中共中央书记处书记的胡锦涛同志对此文作了重要批示："此建议很有针对性，值得重视。请中组部、人事部认真研究，改进工作。"在育人育才方面，殷鸿福的劳模精神是他言传身教过程中体现出的宝贵品质，这种劳模精神也获得了国家的认可。1995年，殷鸿福获得国务院授予在社会主义建设中作出重大贡献的劳动者的荣誉称号——全国先进工作者。

握好方向盘 建设"211工程"

为了发展高等教育，国家推出了一系列重大计划，如"211工程""985工程"等，能否抓住这些重大机遇，对学校的发展无疑是至关重要的。"211工程"，即面向21世纪、重点建设100所左右的高等学校和一批重点学科的建设工程。"211工程"是中华人民共和国成立以来由国家立项在高等教育领域进行的规模最大、层次最高的重点建设工作，是中国政府实施"科教兴国"战略的重大举措。1995年11月，经国务院批准，国家计委、国家教委和财政部联合下发了《"211工程"总体建设规划》，"211工程"正式启动。

1996年7月5日，地矿部党组任命殷鸿福为校长。就在殷鸿福上任校长前两个月，1996年5月10日，国家教委、国家计委、财政部组成的"211工程"部际协调小组开会决定，中国地质大学被列为"九五"期间重点进行"211工程"建设的高校进行论证。

大学随即于1996年5月中旬开始进行"211工程"正式立项可行性研究报告的论证工作，决定在"九五"期间，投入9000万元重点建设5个重点学科群。6月25日，大学将报告报送地矿部教育司审批，随后报送国家教委。

1997年4月，受国家教委委托，由李延栋院士任组长的整体论证专家组和徐延相教授任组长的仪器设备购置论证专家组,代表地矿部对中国地质大学"211工程"建设项目可行性报告进行了严格论证和立项审核,形成了明确的专家评审意见。7月28日,地矿部、国家教委正式向国家计委报送《中国地质大学"211工程"建设项目可行性报告》。12月6日,国家计委印发《关于中国地质大学"211工程"建设项目可行性研究报告的批复》(计社会〔1997〕2461号),同意中国地质大学"211工程"建设项目正式立项,批准中国地质大学"211工程"建设方案,在"九五"期间进行建设,历时五年。至此,殷鸿福上任校长前五年的头等大事就是完成中国地质大学"211工程"建设目标,贯彻下来到各高校有一个具体的、特殊的体系要求[①]。作为校长,殷鸿福提出:在保持和拓展地学优势的同时,要将中国地质大学建成一个以地球科学为特色的理、工、文、管综合发展的综合大学。不再只局限于发展学校原有的地质学,工科、文科等都要发展。在访谈中,殷鸿福进一步解释道:

> 当时我是校长,我就拿主意把它定下来了,也就是把中国地质大学建成一个以地球科学为特色的理、工、文、管综合发展的一个大学。一方面重点大学应是综合性的,理、工、文、管综合发展才宜于培养人才,我们不能只局限于发展地球科学这一类学科,工科要发展,文科代表精神文明也要发展。到我大学校长卸任的时候,我们已经建立了16个学院,到现在已经进一步发展到22个学院,每一个学院都有一个代表文管科的或者代表理工科的一个大类或一级学科,比如经济管理类,所以我在任的时候,就是逐渐向理、工、文、管综合大学这个方向发展,这是当时"211"建设的一个方向。另一方面就是还要保持地球科学的特色,还是要把重点放在地球科学上,因为学校的名字改不了,我们的优势也不能放弃,那么多老师,那么多研究成果都已经摆在那了,国家都很需要,不能再丢了,所以另外一个重点就放在发展地球科学上。地球科学跟地质学有什么区别呢?地球科

[①] "211工程"总体建设规划。中国社会科学网站,http://www.cssn.cn。

学是研究整个地球的，包括地质、地理、气象、海洋等，比如地理系、环境系……地理系现在是学院了，环境系也是学院了，还有海洋学院的筹备，也在那时候开始建设了。另外地球科学还不只是按圈层划分，如包括地质、地理、气象、海洋。地球有不同的圈层，地质基本上是地球固体圈层硬的那个部分，地理是地球表层的部分，还有像大气、海洋等，是软的圈层。另外一种地球科学不是根据圈层划分的，而是根据所结合的学科性质划分的，就是地学与数、理、化、天、生结合的学科，如数学地质、地球化学、地球物理学，包括现在的地球生物学，这些学科也要发展的。直到现在，我们学校就是聚焦搞这些学科发展。这就是"211"建设的一个基本轮廓，总体上来讲就是两点，第一个就是把单科性学校发展为一个理、工、文、管综合的大学，第二个是学校要保持和拓展地学优势。①

按照这样的发展思路，在"九五"期间"211工程"建设中，中国地质大学"211工程"将整体目标定为：深化教育改革，建立比较完善的以地质、资源、环境、地学工程技术为主要特色，理工为主、理工文管相结合的学科专业体系。重点学科在重大基础研究、高新技术开发应用、薄弱急需学科方向及学科生长点建设上有较大提高或突破。建设与重点学科相配套的高水平实验室，学术队伍建设和高层人才（特别是博士生）培养质量接近或达到国际先进水平。教学的教育质量、学科建设、科学研究、办学条件、管理水平和办学效益有显著提高，以实现"211"大学的总体建设目标。建设的具体内容有：

（1）重点学科建设：经批准，中国地质大学在"资源环境"一级学科领域共设置了"地球动力学与全球事件""地球物质学科与岩矿新材料""矿产资源勘查开发与地学信息""地学探测技术与地质工程""地质环境保护与地质灾害防治"等五个重点学科（群）建设项目。

（2）公共服务体系建设项目：①计算机校园网建设项目。该项目计划

---

① 殷鸿福访谈，2018年11月27日，武汉。资料存于采集工程数据库。

在武汉、北京两个主院校及汉口分校建设校园计算机网络，并在校园网基础上开展信息资源建设。②图书文献保障系统建设项目。该项目主要包括图书馆馆藏建设和自动化监视，代表性学科刊物建设，以及论著出版工作。③学术队伍建设。该项目的实施旨在促进学校学术队伍建设，使教师队伍的职称结构、年龄结构、知识结构更趋合理，提高教师队伍的学历层次，大力培养中青年骨干教师。④公共基础学科教学及实验室建设项目。该项目计划加强学校公共基础课程建设和相配套的基础课实验室建设，以及加强学校部分非地学学科。⑤现代化教学中心建设。该项目建设目的在于改进教育方法、形式，丰富教育手段，提高教育现代化水平和教学效果。⑥基础设施建设。主要包括中国地质大学（武汉）电教文管楼、学术交流中心、秦皇岛实习基地、中国地质大学（北京）综合教学楼，部分教职工住宅以及相关设施配套项目。

殷校长的两把阔斧，"学科国际化"和"数字地大工程"建设（见《殷校长的两把阔斧》一节），为中国地质大学"211工程"建设吹起了冲锋号。在以殷鸿福、张锦高为核心的领导班子带领下，中国地质大学（武汉）的学科结构进一步优化。原有地质类学科进一步巩固了优势，并通过调整、拓宽、改造增添了新的内容，形成适应我国现代化建设和地矿事业发展需要的、能够体现现代地球科学发展特点的学科体系。地质类（理科）与地质工程（工科）两个一级学科在历次学科评估中均排名全国第一。此外，还有一批新兴学科、学科生长点或学科方向增强了实力，成为新的优势学科，如制图学与地理信息系统、岩土工程、环境工程、水文学及水资源、材料科学与工程、海洋地质与海洋地球物理、3S技术、人口资源与环境经济学以及土地资源管理等学科。一些非地学类学科经过发展，也形成了特色，如机械设计与理论、计算机应用技术、管理学科与工程、科学技术史、水利水电工程、大地测量学与测量工程、摄影测量与遥感、宝石学、首饰设计等。学校承担国家重大科研项目和解决重大科技问题的能力进一步增强，重点学科建设水平国内领先，部分接近或达到国际先进水平。

中国地质大学及其前身北京地质学院自1952年建校以来，一直归国土资源部（原地质矿产部）管理。1999年末，国务院决定部委所属院校统一划归教育部管理。2000年2月，明确中国地质大学成为教育部直属高校。2001年3月，中国地质大学与武汉大学等在汉另六所教育部直属高校签署联合办学协议，学生可在这七校中自由选修课程。

2001年3月，全国人大九届四次会议通过了《中华人民共和国国民经济和社会发展第十个五年计划纲要》。按照发展社会主义市场经济的需要，确立以经济结构的战略性调整作为主线。更多关注教育、文化、医疗卫生、体育等各项社会事业[①]。

2001年5月28日至30日，由何继善院士任组长的教育部专家组对中国地质大学"211工程"一期建设项目进行验收。专家组认为：第一，中国地质大学按计划全面完成了"211工程""九五"期间建设任务，出现了像"金钉子"、大陆科学钻探工程和地理信息系统等一批显示度高、具有国际影响的标志性成果。第二，支持学校进行"211工程"二期建设。我国作为发展中的大国，需要很好地发展我们国家的地学学科，国家在"十五"期间应加大对中国地质大学的"211工程"建设投入，使得中国地质大学地学教学和科研的整体水平能够进入世界先进行列，这是中国地质大学的需要，也是我们国家和民族的需要。第三，希望中国地质大学在整体上达到世界先进水平。中国地质大学有这方面的条件，在这样好的条件下，应使中国地质大学努力跻身于世界先进行列。我国是地质大国，要变成地质强国，我们更多寄希望于中国地质大学。

中国地质大学"211工程"一期顺利验收后，即进入"211工程"二期建设。2001年6月5日，学校第五届教职工代表大会开幕。从4月12日召开预备会到大会闭幕，前后历时近两个月。殷鸿福作题为《为建设特色鲜明、适度综合、协调发展的高水平大学而努力奋斗》的工作报告。报告提出学校今后五年发展的总目标是：基本建成以地学为主要特色，理工为主，理工文管协调发展的学科体系，成为培养高层次创造性人才和解决经济、社会可持续发展重大问题的重要基地，为成为现代型、国际型、开放

---

① 《中华人民共和国国民经济和社会发展第十个五年计划纲要》。北京：人民出版社，2001年。

型高水平大学奠定坚实的基础。会议明确了"十五"期间学校各项事业的具体发展目标：①办学规模与结构。到 2005 年，各类在册学生接近 3 万名。其中全日制本科生 12000 名，专科生 1500 名（含新高职），研究生 3000 名以上（包括硕士研究生 1800 名、博士研究生 750 名、学位进修生 450 名），外国留学生 150 名，其他形式学生 12000 名。教职工队伍结构不断优化，总数控制在 2700 人左右，其中教育事业基本规模编制控制在 2110 人左右。②人才培养。形成现代化的教育思想，初步建立适应国家经济建设和社会发展需要的人才培养体系和本科生教育与研究生教育并重、继续教育与留学生教育等协调发展的办学格局。③学科结构。完成从多科性向适度综合的转变，在较高层次上形成以地学为主要特色、理工为主、理工文管协调发展的高水平学科体系。

"211 工程"二期建设规划的提出在教职工中引起热烈反响，对学校深化改革起到了重要的推动作用。殷鸿福卸任校长后，教育部于 2006 年 5 月进行了验收，认为该期学校工作"有特色、有创新、有影响"，为实现地球科学领域世界一流大学的目标奠定了良好基础。

殷校长的两把阔斧

1996 年至 2003 年，在八年时间里，殷鸿福大刀阔斧，为中国地质大学的"211 工程"作出了卓越的贡献。殷鸿福的学科建设工作重点可以从两方面来谈，一是学科国际化建设，二是"数字地大工程"建设。

殷鸿福在 80 年代出国期间切身体会到国内外的差距，上任校长后，将重视科研与国际接轨的思想理念带入了中国地质大学"211 工程"建设的计划之中。他在 2001 年的校职工代表大会报告中鲜明地提出了建设现代型、国际型、开放型大学的目标。2002 年，温家宝总理提出，希望把中国地质大学建成地球科学领域的世界一流大学。殷鸿福深受鼓舞，旋即组织研讨响应。这一希望现已成为中国地质大学办学的长期目标。

首先，殷鸿福加大与国际交流的力度，制定了鼓励专业人员出国的规定（1997），实施"出国培训计划"，2003年又出台了《优秀中青年教师出国留学选派和管理办法》，明确要求每年派50名左右教师出国进修访问。学校获得国家公派出国留学资助的指标数由2001年的5个增加到2005年的51个。出国的学生也有很大的增长，2001年起先后选派60多名学生赴莫斯科大学、加拿大约克大学、法国南锡高等矿业学院等攻读学位。学校与莫斯科大学联合培养本科生，第一批公派自费22名学生于2000年10月抵俄学习，并组织十余名学生参加贝加尔湖裂谷实习。殷鸿福积极开展与国际知名大学的交流，在任期间先后与十余所国外高校签订了友好合作协议，来校合作的国外专家达400余人次，邀请来校工作的英国专家梅森教授于2001年获国家友谊奖。在殷鸿福任校长期间，学校主办或承办国际学术会议次数、专家在国际学术组织任职人数、外籍专家来校合作或讲学人数都大幅增加。留学生规模进一步扩大，形成了进修、本、硕、博多层次留学生结构。

随着经济全球化，科学研究也日益全球化，SCI论文是进行国际科学交流的重要方式，而发表SCI论文的多少和论文被引用率的高低，是国际上通用的评价基础研究成果水平的标准。1996年，殷鸿福刚上任校长时，全校每年进入SCI的论文总数不到100篇，而当时学科建设快的南京大学已经有每年六七百篇的SCI论文成果了。殷鸿福意识到学校的教学和科研要跟国际接轨，当时中国地质大学的老师和学生们写的都是中文文章，但中文的论文是进不了SCI的。1993年，殷鸿福当选为中国科学院院士后，能有更多的机会到国外参加科研会议，善于观察的他敏锐地感觉到把论文写成英文并在国际期刊上发表是一件非常重要的事情，但是中国地质大学在这一方面是需要加强的。殷鸿福意识到，地大师生写的论文不仅仅要让国内同行看到，更重要的是能走出国门，接受国际的检验，提高中国科技论文的地位。2001年，殷鸿福担任教育部地球科学教学指导委员会主任委员后，又进一步在全国地学教育中推广这一做法。

1996年，殷鸿福着手修订了中国地质大学教师评职称考核所用的基本标准。修改后的标准在原有的基础上，除了强调教学基本标准，加入了发表 SCI 论文的要求，并确定 SCI 期刊的不同档次。全校师生深受鼓动，纷纷加入了 SCI 论文写作发表的队伍中。到后来 2003 年殷鸿福卸任校长时，中国地质大学 SCI 论文已达每年 460 篇，出现了高山等国际高知名学者，实现了跃进。到 2019 年，中国地质大学（武汉）发表在 SCI 上的论文已经超过 1000 篇。有了这一庞大研究论文数量作为保障，当前师生是否在 SCI 上发表论文已经不再作为强制考核标准了，中国地质大学（武汉）的研究水平基本与国际接轨。

在 20 世纪 90 年代，中国的科学研究尚未与国际接轨，为了加快速度赶上国际研究水平，将发表 SCI 论文定为职称考核标准是特殊时期的特殊使命。但是如果全校师生都一直为了发表 SCI 论文而发表 SCI 论文，用发表 SCI 论文的数量作为衡量科研水平的标准，就已经偏离了科研工作的本质。到了 21 世纪 20 年代，中国科技论文数已居世界第二，出现了唯论文等"四唯"现象，因此反对唯 SCI 是完全必要的。后来学校出台的现行职称考核标准，不再强调这一要求，殷鸿福是认同的。按如今的发展情况来看，教师不应该再过多追求发表论文的数量，而是要重点关注论文的质量，并且要注意把论文写在祖国的大地上。

在学科发展方向的选择上，殷鸿福有自己的小窍门。基本科学指标数据库（Essential Science Indicators，ESI）是由世界著名的学术信息出版机构美国科学信息研究所（ISI）于 2001 年推出的衡量科学研究绩效、跟踪科学发展趋势的基本分析评价工具。迄今为止，ESI 已成为当今世界范围内普遍用以评价高校、学术机构、国家/地区国际学术水平及影响力的重要评价指标工具之一。ESI 设置包括地球科学等 22 个学科。每年 ESI 都会发布关于世界各学校的哪些学科进入全球前 1% 的信息。殷鸿福就定期地收集数据库更新的信息，根据这些信息和其他调研来调整学校学科建设的方向。例如，ESI 的信息显示，与人类关系密切的地球表层（地理、海洋、大气）的研究正成为地学主流。而他在 80 年代曾访问美国地质调查局（United States Geological Survey，USGS），了解到它一直负责对自然灾害、地质、矿产资源、地理与环境、野生动植物等自然资源的长期研究，为决策部门和公众提供科学信息，而我国地质调查局当时一直把重点摆在前三方面。他认为按照温总理希望，学校方向应当向整个地球科学拓展。

在殷鸿福的积极推动下，由原工程学院水文地质与环境系加上原古生物室生物学科组合并建立了环境学院（下设生物系）。2000年，经国务院学位委员会批准在地大增设环境工程博士点；2011年，环境学院大部主力进入国家重点实验室，推动其迅速发展；2013年，地大的环境科学／生态学进入了ESI世界前1%。他一直积极推动地理学科的发展，在90年代建立了地球表层系统湖北省重点实验室。1998年，他推动在地球科学学院内建立了地理系；2017年，该系与信息工程学院联合组建了地理与信息工程学院，目前发展势头良好。他在任期间还推动了海洋学院的筹建。

通过不断的调整改进，到2014年，中国地质大学（武汉）在全球1773所大学排名进入了前600名，在地球科学领域排名全国第二（第一为中国科学院），全球第十八，也就是"世界高水平大学"。中国地质大学（武汉）的学科早期只有"地球科学"进入世界前1%，截至2020年3月12日，科睿唯安（原汤森路透）发布了最新ESI数据，其中，学校社会科学学科新晋入围ESI前1%，地球科学学科位列世界第20名。至此，中国地质大学（武汉）进入ESI前1%的学科达到7个，分别是地球科学、工程学、环境／生态学、材料科学、化学、计算机科学、社会科学，其中地球科学进入前1‰。

中国地质大学（武汉）研究水平的国际化发展，除把握好各学科前进的方向盘和制定相应的措施外，基础设施的建设保障也是一大关键，这就是殷鸿福的第二把阔斧——"数字地大工程"的建设。

20世纪90年代中后期，互联网在国内快速发展。1998年，中国地质大学在大力推进教育技术现代化的同时，殷鸿福提出建设"数字地大工程"的构想，建设内容规划为九个部分：校园网络环境建设，网上教学和远程教育学院建设，信息资源与服务保障体系建设，教学资源数字化建设，特色地学、资源、环境等数据库建设和自主版权的应用软件开发，"数字地大"网站，网上地学研究中心，校园"一卡通"和其他辅助建设项目。2000年，他与当时的副校长王焰新发表《实现信息数字化工程是创建一流大学的有效途径》一文，提出了实现"数字地大工程"的规划。2000年2月，学校成立了"数字地大工程"建设领导小组，统一规划、协调、管理与工程建设有关的各项工作，并在网络中心、电教中心基础上，成立现代教育技术中心，负责网络管理、上网信息资源管理、规范工作平台、组织并参与开发CAI课件、建立虚拟教室、研究并开发远程教育技术等各项任务。

1998年，学校将"数字地大工程"纳入"211工程"建设计划，投入大量资金，分三年投资建设。建设内容包括办公管理数字化和信息传播网络化、教学资源数字化、地球资源与环境方面的数据库和拥有自主权的应用软件开发、"地大数字地球"网站创建以及教学硬件环境建设五个方面的内容。

此外，学校出台了一系列措施鼓励、要求师生，积极参与"数字地大工程"建设。学校要求各院（系）、职能部门必须确定专人承担主页建设与更新维护；将"数字地大工程"建设任务完成情况作为考核有关二级单位和责任人的重要依据，聘请有关专家学者每年对"数字地大工程"项目进行评优，并奖励有功人员、滚动资助绩效评估为优秀的项目和成果；规定从2000年3月1日起，各研究项目成果和研究生学位论文提交时，必须提交相应的光盘或软盘；修订补充有关人事分配制度，根据工程建设急需，增设一定数量的专聘岗位，上岗人员享受专聘教师同等待遇；鼓励有关专业、学科选择少数有条件的优秀研究生、本科生结合"数字地大工程"完成学位论文（毕业设计）；将在"数字地大工程"建设中取得的突出成绩，作为教师晋升高一级专业技术职务的重要依据。

经过两年的建设，学校新增多台网络服务器，为每位教师配备一台微机，每两名研究生配备一台微机；新建多媒体教室20间，网络教室8间；建立了一批CAI课件与电子教案；初步建立起教学、科技等十项管理信息系统，学校及各二级单位建立了网络。在殷鸿福和同事们的不断努力下，至2003年，校园网络基本实现了全覆盖，"数字地大"这一拉锯战取得了阶段性的成功。随着网络技术的不断更新前进，直到殷鸿福卸任校长一职，新的数字地大工程依旧在不断的建设和实施中。

第七章　走马上任　传承薪火

推动国家重点实验室建设

国家重点实验室建设，是学科建设的重要支柱。国家重点实验室是依托一级法人单位建设、具有相对独立的人事权和财务权的科研实体，作为国家科技创新体系的重要组成部分，是国家组织高水平基础研究和应用基础研究、聚集和培养优秀科学家、开展高层次学术交流的重要基地，实验室实行"开放、流动、联合、竞争"的运行机制。截至1997年全国已相继建成155个国家重点实验室。但殷鸿福当校长时，中国地质大学还没有国家重点实验室。

殷鸿福敏锐地觉察到国家重点实验室是"211"建设的重点，从21世纪起他就推动国家重点实验室的建设。在校长任期内他主要做了建立共识和开始筹建两件工作。首先他在中国地质大学（武汉）的校领导班子会上提出了建设国家重点实验室的问题。经决议，首先要集中南北两校区地学力量建成"地质过程与矿产资源国家重点实验室"。他几次找赵鹏大校长取得了共识，并与中国地质大学（北京）在"两地"联席会议上达成协议，共同建设。其次，落实了扩建校测试中心大楼为实验室大楼；向教育部汇报地大建设的国家重点实验室决心和实施规划，并获得部里支持。在他2003年卸职后，王焰新副校长等在党委领导下继续推进，于2005年建成了"地质过程与矿产资源国家重点实验室（GPMR）"。实验室专注国家矿产资源战略目标和国际重大地学前沿科学问题，开展以矿产资源为核心的跨学科的系统科学探索。生物地质与环境地质实验室原来是GPMR的一部分，2005年GPMR建成后，在殷鸿福的领导下，又开始了后者从GPMR分出，独立成为第二个国家重点实验室的过程。先集中力量建成一个，然后分出力量建设第二个完全是殷鸿福等有计划的策划。

由于是后来分出，不能集中"两地"力量，并且主要依靠武汉殷鸿福团队等的力量，生物地质与环境地质实验室建成国家重点实验室的过程更为艰苦，详见第六章《创建生物地质与环境地质国家重点实验室》一节，不再赘述。两个国家重点实验室的建成使中国地质大学（武汉）成为拥有两个国家重点实验室的少数"211"大学之一，大大提升了其学术地位。

热衷"买地"的殷校长

殷鸿福认为学校应具有优美的教学环境。2002年，学校以建校50周年为契机，建设和修缮了一批教学基础设施：新建了逸夫博物馆和信息技术实验大楼，扩建了体育馆；修建了以化石林为中心，从东门绿化带延续到迎宾楼，横贯东区的园林式校园。结合学校学科特色，融观赏、科普于一体的化石林由深圳古生物博物馆馆长张和先生为建校50周年捐献，当时是华中地区唯一异地保存的硅化木林，占地1550平方米，由美国、东南亚及辽宁、新疆、内蒙古等地70多株硅化木组成。化石林中的木化石绝大部分产自距今一两亿年的中生代侏罗纪—白垩纪，分属15个属种。它的建成为研究植物演化、环境变迁和气候变化提供了科学的依据，吸引了众多校内外人士前来观赏，成为东湖风景区的一景。逸夫博物馆由学校和邵逸夫基金会（投资3000万元）合建。建筑面积9777平方米，设有地球奥秘、生命起源与演化、矿物岩石、宝玉石和矿产资源5个展厅，以模拟恐龙蛋的卵形建筑引人瞩目，是国家级科普教育基地和4A级旅游景点。2002年10月，湖北省教育厅对中国地质大学（武汉）创建园林式学校进行验收并予以通过。

随着教学改革和学生培养工作的逐步推进，改善办学条件成了当务之急。2003年，学校利用南望山北麓原湖北机床厂迁址的机会，以1.4亿元购置了原湖北机床厂房的地用于兴建学校北校区，扩地300余亩，由于取得武汉市政府的支持，这个价格在当时是很便宜的。在这块地上新建了一栋现代化综合教学楼、学生食堂和学生公寓，改扩建了图书馆和体育馆；新建与修缮了一批教学基础设施与生活设施，可容纳5000余名学生学习、生活。学校先后对北区教学楼和学生宿舍进行了整修，将网络接入每个教室，在大部分教室装备现代化教学设备，形成了北校区。2003年12月30日，总长495米的"地大隧道"正式开通，贯通了学校西、北两个校区，是我国高校校园内最长的隧道。殷鸿福等原设想乘势把与北校区相邻的现鲁磨路八一路交角的一片几百亩地亦买下来，使大学连成一片，后因地价太高而未成，是一遗憾。

中国地质大学（武汉）的前身是北京地质学院，因此在较长一段时间里，围绕北京地质学院而建设和使用的实习基地仅有两个，一个是北戴河基地，它是地质认知实习基地，主要用于大学本科生大一至大二的暑假期间实习。另一个是周口店基地，它是地质教学实习基地，作为大学本科生二年级结束至三年级开始期间（暑假期间）实习的基地。这两个基地的特点是距离北京较近，便于北京地质学院的学生前往实习。

1975年，学校从北京迁到武汉办学，于是就出现了一个问题。每年实习的时候，学生要往返于武汉和北戴河或周口店，由于距离遥远，实习过程"劳民伤财"。武汉距离实习基地很远，实在不方便。出于这样的考虑，殷鸿福与时任学校党委书记的张锦高商量决定在南方购买一块适合的地，新建一个便于学生往返的实习基地。张锦高在采访中详细地讲述了事情的缘由："当我们迁校到武汉以后，感到在湖北有一个（实习基地）会更好。我们学校地质工程（学科），这个学科也是很强的，当时刚好有一批老师就在秭归、巴东，包括重庆的万州开展一个地质项目。该地质工程项目是研究滑坡，比如滑坡体怎么固接、锚固，我们学校这个方面还是很强的。比如三峡大坝建设的时候，我们带学生在三峡边上做项目，还坐船去看一看那个地质结构，那里还是很漂亮的。从地质角度（我们）还是想在那边有一块地，就有了买地的想法。"[①] 经过一番实地走访，发现三峡周围的秭归县是个不错的选择。当时三峡正好要开始动工了，旧的秭归城要被淹没了，新秭归城刚刚定下新址，选于现在距离三峡大坝2公里的位置，那时候这个地方全是荒山野地，价格便宜，新秭归城在此建设，也会逐步完善基础设施，保障居民生活，殷鸿福敏锐地感觉新秭归城会发展得

---

① 张锦高访谈，2019年10月10日，武汉。资料存于采集工程数据库。

很好。在与秭归政府商量的过程中，秭归政府报价两万块一亩地，殷鸿福和张锦高都认为价格还算合适，但是随之秭归政府开出了一个条件：三年内必须在购买的土地上投资5000万元人民币做基本建设。这可难到殷鸿福了，去哪里找这么多钱呢？张锦高回忆道："殷校长说我们要过穷日子，要勒紧裤腰带。（学校）要搞建设，教职工的待遇很难提高，我们只能按国家的最低标准来。"[①] 就这样，学校想办法从银行借来了钱，加上各种项目的结余，总算凑够了钱。2004年初，校务会讨论通过了在秭归县建立野外实践教学基地议案。随着秭归基地建设议案的通过，中国地质大学地球科学学院、工程学院和环境学院等相继组建了以专家学者为骨干的秭归教学路线建设队伍，并完成了基础地质、工程地质和环境地质等不同学科教学路线与教学内容的建立工作。2004年11月26日，学校三峡秭归教学科研基地开工奠基，占地100亩，总建筑面积达4.6万平方米，总投资5200万元。

　　基地的建成对学校影响非常大。秭归实习基地是目前中国地质大学实习人数数量最大的基地，建成的宿舍大概一次可以容纳1800个学生。而且基地附近有几个十分标准的剖面，学生可以坐大客车去那里参观和实习，下车后也不用走很远的路。不仅实习环境好了，实习的成本开支也显著降低了。2003年，殷鸿福卸任校长后，由原党委书记张锦高接任中国地质大学（武汉）校长。两人都是老搭档了，虽然殷鸿福卸任了校长，但是秭归实习基地的建设和发展依旧没有停止。现在，三峡秭归产学研基地不仅对本校学生开放，还面向全球的研究者开放。目前全国大概有一二十所高校的学生到这里实习，如中山大学、武汉大学、台湾大学、香港大学等院校或研究机构都借助秭归基地开展各项教学或科研活动，每年达到2000余人次。此外，一些美国和德国的专家也到此进行勘探研究。秭归基地已经成为立足中国地质大学各专业实践教学需要，并面向全国、服务于社会，集实践教学、技能培训和科学研究于一体的重要场所。

---

① 张锦高访谈，2019年10月10日，武汉。资料存于采集工程数据库。

推荐院士尽责尽力

中国地质大学是 1952 年由北大、清华等校的地质系合并建成，名师荟萃。20 世纪后期在中国科学院地学部一度拥有九名院士，呈一时之盛。但到 21 世纪，他们均已老去，有的已过世，在世的也都集中在中国地质大学（北京）。推荐和选举院士，就成为建设中国地质大学（武汉）的要务，担子落在殷鸿福等长期或常来武汉工作的两三位院士身上。从中国地质大学（武汉）产生的四位院士，金振民、高山、郝芳、王焰新，殷鸿福都做过他们的推荐人，在作为过来人提供咨询意见，帮助修改材料，向院士群体推介等环节上尽力尽责，作过努力。在一次院士学部评选环节，高山教授因长期卧病，曾经有人质疑，形势不大有利。殷鸿福及时发言，指出高山在患病期间，克服瘫痪等重重困难，坚持指导学生、笔耕不辍，出版了高引用率的论文，在国际地球化学界享有盛誉。他的发言得到支持，起了扭转风向的作用，高山终于当选为院士。他不仅推介本校的候选人，对于全国其他单位的优秀人才，他也热心地推荐，人数更多，而且多次力排众议、仗义执言，被认为是比较敢说实话的人。

廉洁精神永流传

1996 年至 2003 年，殷鸿福在担任校长的八年时间里，用行动诠释了"勤俭奉公、廉洁自律"八个字，并深受教职工的尊敬与钦佩。1996 年，殷鸿福刚上任校长时，经常有上级单位来检查，出于对上级单位的尊重，殷鸿福常常要陪同检查。工作检查完毕殷鸿福就会回家吃饭，有时候实在推脱不了，殷鸿福才会一起到餐馆吃饭，当时盛行公款吃喝，公款接待，殷鸿福最不喜欢这种风气，每每招待结束，殷鸿福就询问吃饭一共花了多少钱,再数一数一起吃饭的有多少个人,用总数除以人数,把自己的这份饭钱计算出来,然后把钱放在餐桌上才走。殷鸿福的这一行为本意是好的,却引起了一起陪同吃饭的办公人员的不满,几次之后,办公人员就给殷鸿福提意见说:"你这样做,那我们怎么办,我们工资那么少,每一顿的钱都是我们好几天的菜钱。"下馆子吃饭,个人分摊肯定不如在自己家里吃便宜。最后实在不行,商量出一个对策,必须要接待的,由学校来组织饭局。

此外,但凡有认识的校友来访,殷鸿福都要请人家到自己家里聚一聚,聚会的钱都是自己出。当时的廉政建设没有现在这么严格,有的科研工作者,外出吃饭都是用科研经费,签字报销。而殷鸿福作为院士,手上的科研经费还是比较多的,但他从来没有用在吃喝玩乐上,只要是私事,都是自己个人掏钱支付。殷鸿福认为,自己的工资用来维持生活已经足够了,没有必要为了追求物质上的享受而超额消费,甚至动用科研经费,那是不应该做的事情。国家下拨科研经费,都是为了支持科研工作者研究工作的进行,因此科研经费也只能用在科研上。

殷鸿福对物质的追求很少。衣服能保暖就行,一件大衣穿了几十年。东西能用就行,自行车上下班一骑就是几十年。只要能用的,就没必要换新的。在采访中,殷鸿福的弟子谢树成对恩师的节俭颇有体会:"殷老师穿的衣服经常是一件,而且也是很破很旧的,大家远处一看就知道是殷老师,不用看正面,只用看背面衣服就知道了。""令我印象很深的是我们当学生的时候,比如说项目有劳务费,但是他自己都不要,他发给学生或者和他同辈的这些人,发表一本书出来有稿酬,他自己也很少拿。"[①]

殷鸿福的廉洁和朴素感染了很多人,他的弟子、同事都纷纷称赞殷鸿福"勤俭奉公、廉洁自律"的精神品质。2018年9月,殷鸿福获评"全国最美教师"。在颁奖晚会上,殷鸿福用"问道争朝夕,治学忌功利"勉励新一代教育工作者,这句话也是他一生的真实写照。

---

① 谢树成访谈,2019年6月3日,武汉。资料存于采集工程数据库。

第八章
学之良师　德之楷模

在探寻真理的路上，殷鸿福经历了无数风雨，面对"摔碎膝盖骨""金钉子受阻"等挫折，他始终以迎难而上的态度走出一个又一个困境。在殷鸿福的谆谆教导下，他培养出一批又一批在地质领域作出重要贡献的学生。在做人与治学的各个方面，殷鸿福不畏艰难、锲而不舍、勤俭朴素、刻苦钻研等宝贵精神深深地影响着他周围的亲人、学生、同事。即使已八十多岁高龄，他仍时刻关注着学科的动态，为学校、国家的建设与发展献言献策，持续散发光芒。

不畏艰险探索野外

1985 年，殷鸿福已到了知天命的年纪，但为了地质事业，他仍然带领考察队跋山涉水远赴秦岭山区工作。当时，中国正处于改革开放的关键阶段，国家的基础建设还不够完善，而秦岭地区更是交通不便、环境恶劣，这些并没有使殷鸿福退缩。因为在他心里，为祖国地质事业的发展鞠躬尽瘁是他的理想，也是他的使命。项目经费少，同志们就用生产实习和教学实习的钱作为路费,大伙都是凭着对崇高理想的追求而自愿加入进来。殷鸿福回忆说:"我们出野外的时候,需要自己带行李,到了剖面附近的乡村后,就住在当地的小学教室里或无人居住的空房子里。大部分采集到的标本也只能自己用包背着。"① 即使条件艰苦,每当想起心中所盼,殷鸿福的眼中总会闪烁着坚定的光芒。于是,殷鸿福一行人不畏艰险,勇往直前,踏上了新的征程。

在去往秦岭的路途中,殷鸿福会时常鼓励身边的队友与弟子,让他们对未来的地质事业满怀憧憬,这也使得一行人斗志昂扬。在经历了坐长途汽车等漫长的过程后,考察队来到了甘肃兰州。同年7月,殷鸿福一行人来到了岷山的"扎尕那"。

"扎尕那"是藏语,意为"石匣子",扎尕那山位于甘肃省迭部县西北34公里处的益哇乡境内,是一座完整的天然"石城",俗有"阎王殿"之称。经过长途跋涉,地质队终于到达此行的目的地——岷山扎尕那。队员们和负责做饭的师傅带着自己的帐篷,很快在山脚下安营扎寨。众人在合议过后决定在山脚休息一晚,第二天再爬上岷山探寻二叠系—三叠系界线。虽然岷山已近在眼前,但登山之路远比想象中要艰险许多,殷鸿福回忆说:"虽然我曾攀登过西藏6100米的高山,但是在西藏也少有像岷山扎尕那一般险峻的高山。如果没有亲身经历,很难想象攀登岷山有多么艰难。由于岷山的任何一个侧面都是不低于40度的陡坡,所以它的坡面是极其陡峭的。并且植物很难生长在这种坡度的山体上,海拔越高,植被越少。到达一定高度后,坡面上面就只有光秃秃的石头了。所以在这种环境下,地质队员上山的路途充满艰险。"②

第二天清晨,殷鸿福一行人带好装备后,便向岷山出发。由于这是第一次到岷山进行野外考察,山路陡峭且缺乏经验,所以大家一开始登山的速度并不快。不巧的是,刚出发不久殷鸿福的肚子就疼了起来,但他强忍着疼痛继续前进。不知不觉到了中午,众人计划吃完午饭继续出发。而此时饭菜已经凉了,肠胃不适的殷鸿福选择不吃午饭。此后,殷鸿福虽身体

---

① 殷鸿福:治学与做人。2019年,未刊稿。资料存于采集工程数据库。
② 殷鸿福访谈,2018年11月10日,武汉。存地同①。

不适，但依然坚持与团队一起上山，他不愿错过任何一个亲身考察的机会，也不愿耽误整体的工作进度。殷鸿福身上的精神与毅力也激励着同行的队员们。到了下午四点左右，部分年轻的学生已经快要爬到山顶的位置了。尽管队员们到达山顶以后有些疲惫，但被山顶的风景深深吸引住，心情变得舒畅了许多。正应了毛主席的诗句："更喜岷山千里雪，三军过后尽开颜。"不久，殷鸿福向同伴表示，自己肚子饿了，想要先下山去休息。而就在殷鸿福下山途中，发生了意外。由于肠胃不适又饥饿难耐，殷鸿福感到有些体力不支。途中殷鸿福遇到一块满是棱角的大块岩石，他正打算迈开腿跨过这块岩石，不料腿突然使不上劲，脚下一绊，结果左腿重重地磕在了那块石头上，随后倒在石坡上。殷鸿福心中一阵凉意，一股钻心的疼痛从腿部向上，传遍全身，豆大的汗珠从他脸庞滴下，脸色也有些许苍白。他挣扎着想要起身却发现全身无力，动弹不了，只好等待同伴的救援。

　　听到殷老师的呼喊，正在工作的杨卫平、马欣祥、胡正雄三位同学立刻赶到现场。赖旭龙[1]作为殷鸿福的研究生弟子，临危不乱，担起总指挥的大任，他们立即组成了一个抢救小组。出事的地点距离山脚下的帐篷很远，从帐篷到扎尕那的村子也有二十里的路程，而从扎尕那村子到地质队又需要走三十多里路。殷鸿福的伤情十分紧急，赖旭龙立马安排一个来自上海的本科生沈毅快速下山，跑到扎尕那租一匹马，然后骑着马去地质队叫人来营救。同时，赖旭龙和剩下的学生想办法将殷鸿福抬下山去。由于缺乏工具，他们砍掉两个木头制成的地质锤柄当作夹板，固定住殷鸿福两条受伤的腿，又主动解下身上的衣服作为绷带。这些学地质的大学生在野外创造了包扎手术史上的奇迹，但怎么将殷鸿福抬下山又是一个难题。要把伤员抬下山去，摆在大家面前的首先是一条约六七百米的又陡又险的碎石坡，山坡两侧高耸入云的陡峰似乎随时都会崩塌下来，山坡是由冰冻风化后的大小石块堆成，陡坎一个接着一个，在这松垮的碎石中连一棵小树也不长。因为整个扎尕那的山谷地势险峻，大家必须考虑众

---

[1] 赖旭龙，殷鸿福指导的第二位研究生，现任中国地质大学（武汉）副校长、党委常委。

人的安全，经过再三考虑，大家决定由一名同学扶着殷老师受伤的腿，另外两个人架住肩膀，然后一齐坐在碎石上缓慢地、小心翼翼地下山。前边扶腿的同学背对着山下，只能退着前进，他不时地滑倒，大家也跟着倒下。两位架肩膀的同学，必须用一只手撑着路边的石头保持身体平稳，就这样同学们的裤子被磨成碎布条，手被乱石划得鲜血直流。他们轮换着抬着尊敬的老师，与饥饿搏斗，与碎石搏斗，终于在晚上八点钟到达帐篷宿舍。

到了帐篷，同学们多想休息一下啊，但是，去地质队报信的沈毅还没有回音，是否路上出了意外？为了节省时间，赖旭龙等人打算继续将殷鸿福往山底下扛。由于没有现成的担架，大家抽出一个行军床用木棒固定好，两头扎上行李绳作挎带，制作了一个简易担架。这时已经九点了，他们又开始了艰苦的搏斗。开始由大个子刘茂森与马欣祥抬，整个担架两百斤左右，重重地压在他们肩上。抬了不远突然"咔嚓"一声，木棍压断了，钢丝床也扭弯了，同学们又急又气，只好返回去重新做了一个简易担架。殷鸿福为减轻同学们的重量，建议把被子拿掉。当时虽然是酷暑季节，但高原地区晚上温度却在零摄氏度甚至零下，不盖被子是不行的。

沈毅从山顶跑到山下，在地质填图小组找到了藏族青年，由他带路到扎尕那寨打电话。但电话不在，只好翻过两个山到另外的寨子去打，电话总算找到了，但守电话的人却不在。时间紧迫，唯一的办法就是派人去地质队报信。到了晚上十一点半，他终于见到了灯光。殷鸿福受伤的消息一下子传遍了整个地质队，方治齐书记亲自带队前往扎尕那救人。大家齐心协力把殷鸿福抬到山下时，已是凌晨三点。把殷鸿福抬上车后，同学们都瘫倒了。

殷鸿福乘地质队的车到达迭部县医院，但由于医院治疗设备尚不完善，医生无法给殷鸿福进行有效的治疗。救治人员和兰州市的医院取得了联系，迭部县医院专门派了一辆救护车将殷鸿福送往兰州。

众人刚到达甘肃省甘南藏族自治州的首府合作市，由于出城的路上遍布泥坑，而救护车的底盘太低，无法顺利通过。甘肃省第三地质大队张知富老师傅，刚跑了一晚夜路回来，考虑到救人要紧，他要求赖旭龙不能睡觉，陪着他说话，避免自己打瞌睡影响开车。就这样连夜赶往兰州了。

在早晨六点钟左右，大伙终于赶到了兰州市进了甘肃省中医院，在众人的帮助下殷鸿福住进了医院的病房。在经历的几十个小时的曲折过程中，殷鸿福一直咬牙坚持着，凭借其顽强的意志挺了过来，大伙焦急、紧张的心也终于放下了。

经过医生的一系列诊断，殷鸿福腿部的韧带断裂、髌骨粉碎性骨折，膝关节五分之一的骨头完全粉碎。医生对殷鸿福说，"你以后再也爬不了高山了。"这对殷鸿福来说无疑是噩耗，也有很多人认为"殷鸿福的野外考察生涯就此终结"。据殷鸿福的儿子殷蔚明回忆说："当时，我父亲的腿确实是遭遇了粉碎性骨折，伤情十分严重。我们全家人的心情都是焦急、心痛和紧张。因为父亲是家里的顶梁柱，而且医生的诊断也说他之后可能腿脚就不利索了。"但年过五十的殷鸿福并不甘心向伤病低头，他仍梦想着为祖国地质事业奋斗终身。在医生帮他把断掉的韧带接好后，他找寻一切可能让双腿恢复的办法，因为他强烈渴望继续奔跑于山野之间，继续追逐自己的梦想。学校尤其重视殷鸿福的伤情，校长得知消息后专门派人去慰问殷鸿福，殷鸿福的夫人胡雍也赶到医院去照顾他。于是，在亲友的关心和照顾下，殷鸿福开始了治疗与恢复双腿的过程。在中医的嘱咐下，他每天坚持锻炼腿部的肌肉，希望能够早日康复。而最初的那段时间也是殷鸿福最煎熬的日子，他既要承受源于身体的疼痛，又要按捺住心中回归地质事业的急切之情。庆幸的是，这些身心折磨并没有击垮殷鸿福的初心。在他咬牙坚持日复一日的锻炼后，他终能放下拐杖健步行走了，这简直是一个奇迹。殷蔚明说："后来的情况超出了我们的想象，因为在我的印象中，父亲在兰州市住院一个月后就回到家中，之后不到一个月，他就能够健步行走了。那么他是怎么做到这一点的呢？我觉得这就是体现他的顽强的地方，他对自己有点狠，或者说不信命。他说生命在于运动，所以他的体质好就是因为他这种坚持锻炼的习惯。一旦他在运动，就能够活血化瘀，若是躺在床上，身体只会越来越差，内脏也会退化。虽然腿基本上不能动，但是他拄着双拐到外头去，每天坚持锻炼来恢复。"[①]"大学培养了我不怕

[①] 殷蔚明访谈，2018年12月25日，武汉。资料存于采集工程数据库。

图 8-1　2009 年殷鸿福获科技部野外科技工作突出贡献奖时的照片（由殷鸿福提供）

吃苦的品质"，回首过往，殷鸿福坦言苦练走路的经历"磨炼了意志，锻炼了坚韧性"，让自己受益一生。接下来的二十多年，殷鸿福继续向着终身献身地质的目标而奋斗。他一次又一次地攀爬大自然的高山峡谷，高达 5000 多米，也开启了自己科研成果集中爆发的模式。2009 年，他荣获科技部野外科技工作突出贡献者奖。

锲而不舍开放长兴

1996 年 6 月，殷鸿福联合中、美、俄、德九名投票委员在国际刊物联名推荐，以煤山 D 剖面 27c 之底作为全球二叠系—三叠系界线层型剖面和点位，工作组进行了意向投票，投票的结果表明多数人同意煤山剖面为全球二叠系—三叠系界线层型剖面和点位。然而，正当殷鸿福等人欣喜地准备将煤山剖面向国际地层委员会申请"金钉子"时，中外专家在新疆大龙口剖面考察过程中发生了不愉快事件。

要了解新疆大龙口事件，首先要明白"金钉子"的一个特点。大部分

"金钉子"都是在海相地层，但实际上二叠系—三叠系还有很多陆相地层，海相地层的标准用不到陆相地层上去，但两者必须相互补充；以陆相地层标准来辅助海相地层标准，才能使得"金钉子"更具完整性和说服力。新疆大龙口地区剖面是中国境内最好的陆相辅助剖面之一。殷鸿福及其团队为中国争取到了"金钉子"的海相标准，但同时中国和其他国家的地质学家也从未放弃过对陆相标准的竞争。中国新疆大龙口就是各国都在争抢的一个陆相标准。

当时，来自美国、俄罗斯、德国的专家专程赶往新疆大龙口，想要在浙江长兴煤山剖面成为"金钉子"海相标准之后，尽快先确立出大龙口的陆相标准，冠上自己国家和团队的名字。在20世纪90年代，中国的生产能力和科技水平与发达国家相比还比较落后，新疆地区的基础设施建设不尽人意。为了对新疆大龙口进行剖面地质研究，中国、美国、俄国、德国的专家签订协议，由美国、俄罗斯、德国出资支持项目，美国提供大部分的经费支持，我国则为专家提供相应便利。由于技术手段限制，当时我国的检测仪器不足以支撑研究，所以在协议中签订了将大龙口的标本带到美国进行进一步的分析化验。在离界线还有几十米的时候，在经费和权益上出现了矛盾，合作双方产生了不愉快，于是这一跨国合作就不欢而散。各国研究团队带着各自采集的标本全员返回北京。美国和德国的研究团队则分别向其大使馆汇报，美、德大使馆一出面，这一科研争端就变成了外交事件。大使馆出面与中国地质科学院代表协商也未得到一个双方都满意的结果，中方在重新对新疆大龙口地区进行全方位的研究考察之后发现，这一地区除在地质上的重要性以外，还牵扯到军事保密问题。新疆大龙口作为重要的军事地区，对外开放是要经军方同意的。而当时的合作协议却没有这一条。军区表示反对继续研究，这一项目也因此被叫停。美方研究团队最终结束了新疆大龙口的项目，被迫回国，空手而归的美方团队面对这一结果表达了强烈不满。回国后，美方在国际地层委员会、二叠系分会、三叠系分会、界线工作组等针对此事刊登了对中方的抵制声明，国际著名期刊《科学》亦发文支持。部分美、德专家以此为由，通过发抵制函、在报纸杂志刊登文章等方式抵制浙江长兴煤山剖面，理由是该剖面与大龙口剖面一样，均未获官方批准对外开放，国外学者无法进驻深入研究。这样将"金钉子"定在中国的进程暂时搁置。

殷鸿福得知后立即发表反驳函件并在地质界和国际地层委员会做了多方的说服工作，力争把抵制煤山剖面的国际影响降到最低，尽量使该事件不波及煤山剖面申请"金钉子"。中美双方学者的这一争论引起了美国政界的注意。当时新墨西哥州的参议员多米西勒（Domicile）将此事反映给了中国驻美国大使李肇星[①]并质询结果。李肇星将参议员的质询信告知中国地质科学研究院、地矿部和国际二叠系—三叠系界线工作组组长殷鸿福等人，要求向大使馆说明情况。他们商量后就此事件拟写了一份回答书，递交给大使馆，外交风波也就逐渐平息下来。

为了争取"金钉子"，殷鸿福进行两方面的艰苦工作，一方面是争取国际支持的工作。殷鸿福先后多次以界线工作组组长的名义，向国际地层委员会及二叠系分会、三叠系分会致函，并多次在国际会议上发言，反对将大龙口事件扩大化以抵制煤山。同时通过与国外专家沟通交流，争取他们的支持。国际地层委员会二叠系分会、三叠系分会先后发表声明，反对抵制煤山，并支持以殷鸿福为首的工作组继续进行确立煤山为GSSP的工作。同时，他和金玉玕研究员等又找《科学》期刊的驻华代表交谈，申述我方立场，取得其理解。半年多后，《科学》又发表了以"和解"（Reconciliation）为主题的文章，不再抵制煤山剖面。鉴于新疆大龙口事件引起的争端，1997年初，国际地层委员会颁布规定，所有GSSP候选剖面必须通过国家权威部门通知允许对外开放，才能生效。

另一方面更难的是争取长兴全境开放的工作。虽然将"金钉子"定在浙江长兴煤山是迟早的事，但是煤山南坡是"金钉子"剖面，北坡就是军事地区，这也涉及军事机密问题。并且浙江省长兴有众多的军事设施，还涉及国家安全问题，不可能轻易开放。从1996年起，中国科学家为减少

---

① 李肇星，中华人民共和国原外交部部长，第十一届全国人大外事委员会主任委员、中国翻译协会会长。1995年2月任外交部副部长。1998年3月任中国驻美国特命全权大使。2001年任外交部副部长。2003-2007年，任外交部部长。

大龙口事件带来的不利影响并争取煤山剖面所在地——浙江长兴县正式开放，进行了大量工作。

由于事关“金钉子”最终的确定，殷鸿福尝试了一切能想到的办法使长兴煤山能够得到开放，包括联系南京军区、湖北省和浙江省政府、国土资源部、公安部、地质矿产部和国务院。1997 年 6 月和 9 月，殷鸿福通过单位以中国地质大学的名义，两次向地质矿产部和浙江省政府发函，请求将煤山剖面对外国地质学家开放。11 月 25 日，国家地质矿产部 379 号文函浙江省政府，建议煤山剖面对所有地质学家开放，不分国籍，只要申请签证便可进入开展研究，同时对该剖面永久保护。但是，部队方面有个坎过不去，那就是长兴众多的军事设施，涉及国家安全。即使前方困难重重，殷鸿福朝着目标前进的心也从未动摇过。

到了 1998 年 3 月，殷鸿福等 10 名全国政协委员提交 2208 号提案，呼吁开放煤山剖面，但提案石沉大海。在人大与政协的全国会议上，殷鸿福约见了时任浙江省省长柴松岳，并向柴省长表达了开放长兴煤山的期盼。柴省长让时任省地矿厅厅长毛光烈直接操办此事。得到浙江省政府的支持后，很快殷鸿福又将目标转向了南京军区。

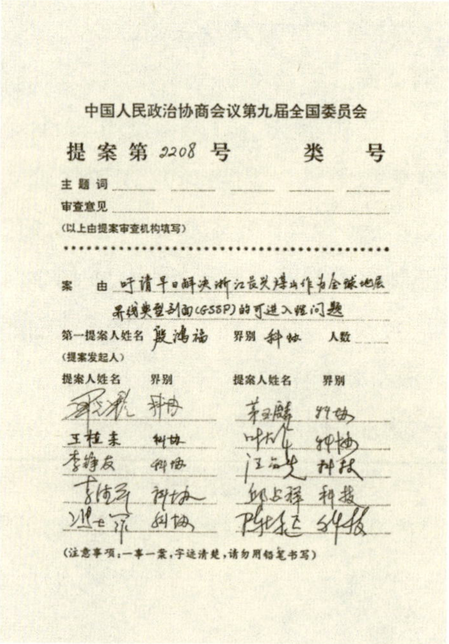
中国人民政治协商会议第九届全国委员会

提案第 2208 号　　类　号

主题词

审查意见

(以上由提案审查机构填写)

案　由　吁请早日解决浙江长兴煤山作为全球地层界线典型剖面(GSSP)的可进入性问题

第一提案人姓名　殷鸿福　界别　科协　人数

(提案发起人)

提案人姓名　界别　提案人姓名　界别

(注意事项：一事一案，字迹清楚，请勿用铅笔书写)

图 8–2　1998 年 3 月殷鸿福等 10 名全国政协委员为吁请开放浙江长兴煤山提交的 2208 号提案（由殷鸿福提供）

4 月，殷鸿福以全国政协委员的身份拜访了南京军区司令部作战处，经过多次沟通和协商，希望军方能够支持长兴煤山的开放。在殷鸿福的不懈努力下，军方也被说服了，原则上同意开放煤山剖面，但开放区域严格限定在东经 119° 38′—119° 44′，北纬 31° 03′—31° 06′，开放范围为 52.25 平方千米，并且规定乘火车往返杭州和牛头山为唯一的进出路线。尽管如此，外国人进入长兴仍有诸多障碍。

5月，殷鸿福开放煤山剖面的意见，得到当时浙江省地矿厅、省外办、省国家安全厅、省公安厅、省保密局等单位的同意。6月，浙江省地矿厅将煤山剖面开放上报国土资源部。一个月后，国土资源部复函浙江省地矿厅，表示浙江省政府可立碑将剖面永久保护，允许所有地质学家不分国籍申请签证进入煤山剖面进行研究。

1998年10月，浙江省政府复函国土资源部，同意将长兴县列入开放地区。国家部委层面这一关过了，殷鸿福仍旧没有停下推动长兴对外开放的脚步。除了通过正式渠道做工作，殷鸿福还采取了辅助措施以更快地实现煤山开放。12月，殷鸿福利用政协委员和中国科学院院士的身份写信给当时主管文教科卫工作的李岚清副总理，希望国务院开放浙江长兴煤山剖面。另一方面，殷鸿福又两次向时任浙江省省长柴松岳写信，吁请浙江省政府上报国务院将长兴县列为开放地区开放浙江长兴煤山剖面，柴省长在信上写了详细的支持意见。

殷鸿福在信中表示，长兴煤山剖面的提案被通过对于提高我国地质科学的国际地位有重要意义，且开放长兴对浙江省也是有利的，所以希望柴省长可以和他一起努力，通过从各方面给上级领导做工作，让国务院开放长兴县。殷鸿福曾向毛光烈厅长致信，托其向柴省长转交开放长兴煤山相关内容的信件。

1999年1月，浙江省政府的报告正式上报到国务院。1999年3月11日，"泛大陆及古、中生代转折期"国际会议召开，殷鸿福正是此次会议的主席和主要组织者。在会议上，24名外国参会人士签名呼吁对煤山剖面给予切实保护，供世界各国地质工作者研究。在这一年的全国"两会"上，殷鸿福再次联名全国政协委员提交1884号提案，催请开放煤山剖面。殷鸿福非常关心提案的进展情况，由于公安部负责管理县的对外开放，而政协委员有权询问提案的督办过程，于是殷鸿福每隔一个星期就给公安部打电话咨询。在殷鸿福多次致电后，公安部接到电话就说"殷老师你不要再打电话了，副总理批示快下达了，你就等着吧"。终于在8月，从公安部传来

图 8-3　1998 年 12 月 14 日殷鸿福为吁请开放浙江长兴煤山剖面写给浙江省省长的信（由殷鸿福提供）

了好消息，李岚清副总理已批示同意长兴开放。在 9 月 13 日，公安部下发了公境〔1999〕1328 号文件，宣布长兴等 13 个县（市、区）为对外开放地区，新华社随即予以转发。经过不懈努力和漫长的等待，殷鸿福终于等到了长兴开放的这一天。在得知长兴被批准开放后，殷鸿福也不忘向浙江省地矿厅厅长毛光烈致信。殷鸿福在信中向毛光烈等推动长兴开放工作的人员表达了感激之情，并希望毛厅长在新华社发布长兴开放的消息后第一时间通知自己，最后向他简述了后期"金钉子"投票的过程。

1999 年 10 月，殷鸿福看到长兴开放的文件后，立即启动对煤山剖面进行第一轮表决的工作，向国际二叠系—三叠系界线工作组 26 名选举委员寄出选票，并将此前整理完毕的申请资料递交给了国际地层委员会及国际地质科学联合会。至 2000 年 11 月，先后对煤山剖面进行了国际二叠系—三叠系界线工作组、三叠系分会、国际地层委员会三轮投票，各国学者凭着自己的科学良知，让长兴煤山剖面在多轮投票中均以高票通过。由于第三轮即国际地层委员会投票为 100% 通过，终于，在 2001 年 2 月的国际地质科学联合会阿根廷会议上，正式确定中国浙江长兴煤山剖面为全球二叠系—三叠系界线层型剖面和点位——"金钉子"。它的确立标志着所在国的地层研究水平，是一项科学荣誉。这一"金钉子"设在中国，必将引起国际地质学界的重视，并产生相应的社会经济效应。

"无论做何事，每一阶段都需要考虑到各种各样的可能性"，这是殷鸿福进入社会后学到的一个重要道理。从新界线标准的提出，到煤山"金钉子"最终的确定，这一路上，殷鸿福经历了太多的辛酸与曲折，也正是这些坎坷让他深刻体会到：研究科学就要志在国际前沿；立志之后需要创新求实，克服困难去争取国际水平的成果；读书人也得懂政治。正是殷鸿福不畏艰险、锲而不舍的精神，一直支撑着他经历重重磨难而从未退缩，可谓是历尽牺牲终不悔。

勤俭朴素捐资助学

殷鸿福非常朴素，多年来，无论刮风下雨，他一直坚持骑自行车上下班。他既是中国地质大学（武汉）的校长又是中国科学院院士，但是他从来都不随意使用公车。前中国地质大学（武汉）校长张锦高回忆说："除了开会的时候，在其他的时间里，殷鸿福绝对不会用公家的车。有一次殷鸿福的爱人生病住院了，他也不用公家的车。"[1] 这表现出殷鸿福十分公私分明。王焰新校长也说："殷鸿福自己有私事的时候就选择坐公共汽车或者骑自行车外出，他绝不会动用学校的资源。这样朴实的作风深深地打动了他的同事们，是非常值得传承和弘扬的。"[2] 殷鸿福的弟子们考虑到他的安全，曾多次劝说他不要再骑自行车。弟子谢树成甚至与校长商量，希望学校专门出台一个文件，禁止一定年龄以上的院士骑自行车。即使同事和弟子们极力劝阻，后来他仍然骑过几次直至有一次摔伤了才停。因为殷鸿福心里一直秉承着一个理念，那就是向他的恩师杨遵仪院士学习。杨院士在九十多岁高龄时还在骑自行车，倔强的殷鸿福说："杨老师可以，我当然也可以做到。"在强烈的内心信念的支撑下，他就这样几十年如一日地骑着已经生锈的自行车。

---

[1] 张锦高访谈，2019 年 10 月 10 日，武汉。资料存于采集工程数据库。
[2] 王焰新访谈，2019 年 10 月 13 日，武汉。存地同①。

殷鸿福总是穿着同一件衣服，即使它已经十分破旧了，殷鸿福还是舍不得换一件新衣服。其他人只需从远处看到他的衣服就能够认出他来。谢树成曾用八个字评价殷鸿福的为人处世："生活简朴、平易近人。"① 除了朴实无华的衣食住行之外，殷鸿福的廉洁还表现在对自己所在的学科毫无私心。很多人在当了校长之后更是会考虑一下自己所在的学科，比如买一些相关的仪器设备等，而殷鸿福担任校长期间却从未对自己所在的学科有所偏爱，他自己也没有太多精力来考虑自己学科的发展，所以在他担任校长期间古生物学科的发展是比较慢的。此外，殷鸿福淡泊名利，他带领团队做项目、出版图书后总是把劳务费和稿酬分发给学生和与他同辈的人，自己却很少拿这些钱。1982年殷鸿福回国后承担的第一个项目是继续做"金钉子"的研究，开始时分到团队的项目资金仅有5000块钱，而当时一台最便宜的计算机需要15000块。买不起计算机，就花3500块买了一个计算器。在经费紧张的艰苦条件下，殷鸿福仍坚守初心，追逐自己心中的目标。可见殷鸿福的勤俭朴素体现在他生活的方方面面。

"文化大革命"期间，殷鸿福曾被下放到江西赣江的"五七"干校。到了干校以后，一般女同志负责种菜、种稻等农活，男同志则需要建房，也要烧砖、烧瓦、打土坯、搞木工等。殷鸿福被分配到了木工组。当木工也有一些要求，既要有力气，又要手脚灵活，殷鸿福竟很快地适应了这份工作。在干校的两年多，殷鸿福学到了不少手艺，如修自行车等，其中做得最好的就是木工活。殷鸿福的子女殷蔚明与殷蔚华回忆说，在他们大学毕业以前，家里的家具大部分是殷鸿福亲手打造出来的。殷鸿福的高中同学周大可曾评价他："殷鸿福从小为人纯朴真诚。"② 殷鸿福的同事何心一也对殷鸿福作出较高评价："他为人真诚、友善、谦和、乐于助人。"③

在殷鸿福眼中，"上百块钱的衣服与上千块钱的衣服在穿暖方面没有区别，昂贵的衣服并不见得比便宜的衣服更保暖，所以没有必要花钱买贵的

---

① 谢树成访谈，2019年6月3日，武汉。资料存于采集工程数据库。

② 周大可访谈，2019年3月9日，北京。存地同①。周大可（1933- ），殷鸿福的高中（上海育才中学）同学，入团介绍人。

③ 何心一访谈，2019年3月9日，北京。存地同①。何心一（1931- ），中国地质大学（北京）教授，1957—1975年殷鸿福在北京地质学院古生物教研室时的同事。

衣服"①。实际上，殷鸿福也从不考虑这些事情，朴素的生活作风已经不自觉地成为他的习惯。尽管自己生活朴素，但对于教育，他无私奉献。在殷鸿福心里，自己的后代并不缺钱，他更倾向于把自己富余的钱捐给来自山区的贫困学生。用他自己的话讲，"与其锦上添花，不如雪中送炭"。他曾多次把自己获得的科研经费和奖励，甚至自己的工资收入，拿出来设立奖学金。例如，殷鸿福曾在 2001 年将"光谷提议奖"的 2 万元奖金全部捐给中国地质大学（武汉）用于大学生俱乐部改建，把"金钉子"项目结题后结余的 20 万元项目款以及 2002 年"何梁何利地球科学奖"所得的 20 万港元全部捐给了中国地质大学（武汉）用作奖学金。

从 2007 年开始，殷鸿福资助了一名地球科学学院的学生陈慧慧，她是 2006 年入学的优秀贫困生。殷鸿福每年都会通过"地学之光"基金会向陈慧慧捐赠 3000 元补贴，资助她更好地完成学业。陈慧慧也没有辜负殷鸿福和学院的殷切期待，本科毕业后她成功考入中国科学院南京地质古

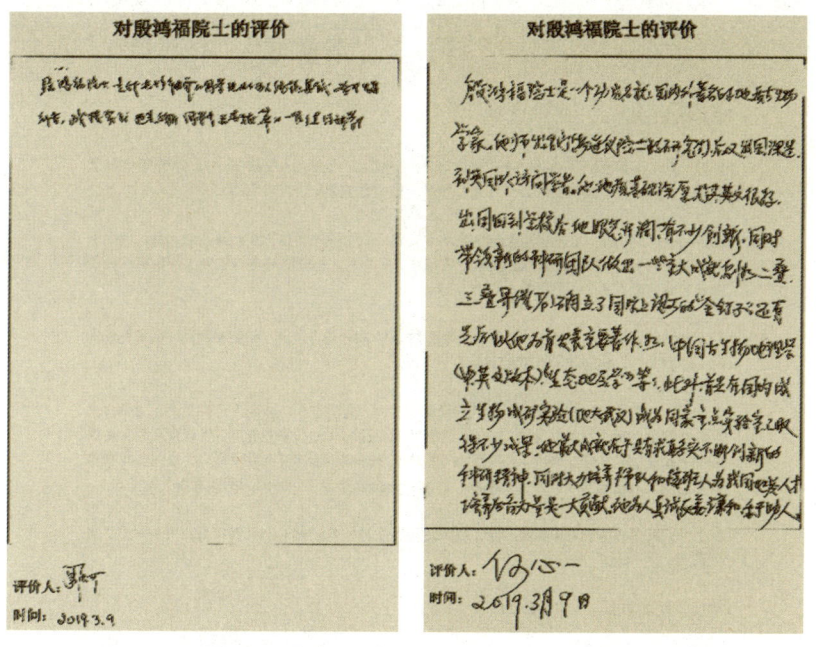

图 8-4　周大可、何心一对殷鸿福院士的评价（由采集小组提供）

---

① 殷鸿福访谈，2019 年 11 月 14 日，武汉。资料存于采集工程数据库。

生物研究所，完成了研究生的学习和深造，毕业后也找到了一份不错的工作，在杭州定居。这么多年来，陈慧慧也始终没有忘记殷鸿福给予自己的帮助。2014 年，她满怀感激之情给殷鸿福写下了一封感谢信。在信中，陈慧慧邀请殷鸿福到杭州游玩，并对于殷鸿福曾给予自己关心和帮助表达了真挚的感谢。陈慧慧只是殷鸿福资助的众多学生中的一人，多年来他还资助了许多优秀学子。

殷鸿福荣获教育部和中央广播电视总台《寻找最美教师》2018 年度“最美教师”称号后，于 2019 年 6 月 30 日，向中国地质大学（武汉）教育发展基金会捐赠了 20 万元用于“殷鸿福与金钉子奖学金”。2021 年 11 月，他又将获得的首届湖北省杰出人才奖的奖金 50 万元捐赠给上述奖学金。至此，他已经向学校教育基金会捐助奖学金累计达 112 万元。此外他还在不同场合做过几次捐献，如 2020 年新型冠状病毒肺炎蔓延期间，他向全国慈善总会捐款 5 万元用于抗疫等。即使捐赠超过百万元，殷鸿福依然十分低调，他曾多次拒绝媒体报道自己捐款的善行，不图名利地为祖国教育贡献着自己的力量。对于捐资奖学，殷鸿福认为这只是一种理念，他

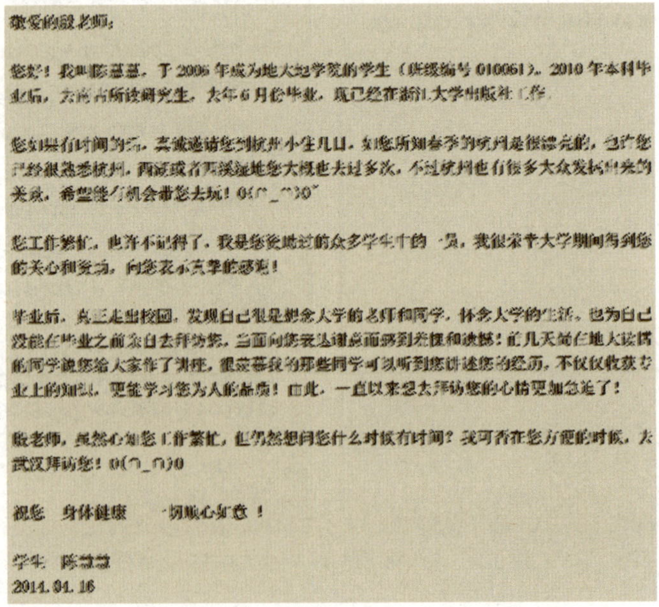
敬爱的殷老师：

您好！我叫陈慧慧，于 2006 年成为地大地学院的学生（班级编号 010061）。2010 年本科毕业后，去南古所读研究生，去年 6 月份毕业，现已经在浙江大学出版社工作。

您如果有时间的话，真诚邀请您到杭州小住几日。如您所知春季的杭州是很漂亮的，也许您已经很熟悉杭州，西湖或者西溪湿地您大概也去过多次，不过杭州也有很多大众发掘出来的美景，希望能有机会带您去玩！o(^_^)o

您工作繁忙，也许不记得了，我是您资助过的众多学生中的一员，我很荣幸大学期间得到您的关心和资助，向您表示真挚的感谢！

毕业后，真正走出校园，发现自己很是想念大学的老师和同学，怀念大学的生活，也为自己没能在毕业之前亲自去拜访您，当面向您表达谢意而感到羞愧和遗憾！前几天留在地大读书的同学说您给大家作了讲座，很羡慕我的那些同学可以听到您讲述您的经历，不仅仅收获专业上的知识，更能学习您为人的品质！由此，一直以来想去拜访您的心情更加急迫了！

殷老师，虽然心知您工作繁忙，但仍然想问您什么时候有时间？我可否在您方便的时候，去武汉拜访您！o(∩_∩)o

祝您　身体健康　　一切顺心如意！

学生　陈慧慧
2014.04.16

图 8-5　2014 年 4 月 16 日陈慧慧发给殷鸿福的感谢信（由殷鸿福提供）

图 8-6　殷鸿福捐赠证书（由殷鸿福提供）

希望能够尽量帮助到最需要帮助的青年学子。在被问到为什么没有考虑把钱留给子女时，殷鸿福说，作为父母，留给孩子最好的东西就是技能和精神，技能能让他不饿肚子，精神能让他保持向上，让孩子们自己探索、自己发展，会青出于蓝胜于蓝。

严师高徒拓宽学科

在人才培养方面，殷鸿福有不少独到的见解，他曾多次发表关于教育的论文。如 2007 年发表在《教育与职业》上的《高等教育要注意统筹兼顾，均衡发展》，在该文中殷鸿福提道："实现高等教育的公平和普及是教育的高层次目标，是落实科学发展观的国策；为增强国际竞争力，适度集中教育资源投入精英教育是必要的，但又应是有限的和有效的。"[1] 2009 年

---

[1]　殷鸿福：高等教育要注意统筹兼顾，均衡发展。《教育与职业》，2007 年第 7 期。

第八章　学之良师　德之楷模

发表在《中国地质教育》的《培养博士研究生的几点体会》，殷鸿福提出了三个关键点："第一，导师要按学科前沿和国家急需结合的目标去培养研究生。在实现这个共同目标的过程中，形成师生相长的关系。第二，导师应以培养学科继承人的情怀培养博士生，避免雇佣关系和过于'亲密'的关系。第三，注意德育工作，建立正确的科研规范，在学科集体中形成一种公正、团结和奋斗的氛围。"[①]2012年发表在《中国地质大学学报》上的《反思与期盼——中国地质大学建校60周年感言》，殷鸿福在该文中表明："大学精神的精髓是独立精神和自由思想。教育是培养人才，科研是追求真理，紧紧抓住这两项本质，我们就在很大程度上坚持了大学精神。发扬艰苦奋斗的校风是一项长期的努力，需要长期的投入，不能只求速效；'从严治校'不是一句空话，只有长期坚持高标准、严要求，不留情面，不开后门，再加上其他因素，才能养成老老实实做学问的学风、培养出高水平人才和取得显著的成果。"[②]

此外，在公开场合殷鸿福也多次探讨"大学精神"以及培养人才的经验。2011年4月，他参加武汉中国地质大学地学文化名家论坛，畅谈大学精神，呼吁中国大学保持独立思考、自由表达，像一座高高矗立的灯塔，照亮社会。[③]2014年4月，他再次在母校的"学而有道"论坛中为学子作了《谈大学精神》的演讲，阐述了自己关于"坚守理想与面对现实，独立之精神和自由之思想"的理解。在回答学生是什么让他坚持到现在时，殷鸿福说："是信仰，而我的信仰并不伟大，我既然是知识分子，就应该正直而努力地做好知识分子该做的事，即使成功还很遥远，我也要坚持做下去。"[④]2019年1月11日，华人教育家大会暨荣耀盛典在北京凤凰中心隆重举行。此次大会以"育人成长 预见未来"为主题，致敬改革开放四十年。海内外众多华人教育界人士齐聚一堂，分享中国改革开放四十年来教育发展的巨大成就，并对教育未来进行展望。大会组委会推选出八位优

---

① 殷鸿福：培养博士研究生的几点体会。《中国地质教育》，2009年第2期。
② 殷鸿福：反思与期盼——中国地质大学建校60周年感言。《中国地质大学学报》，2012年第5期。
③ 做社会高高矗立的灯塔——殷鸿福谈大学精神。地大通坤的博客，2011-05-20。
④ 殷鸿福谈"大学精神"人气爆棚。凤凰教育网站，2014-04-25。

秀华人教育工作者，授予"华人教育名家"荣誉称号。中国地质大学（武汉）的赵鹏大、殷鸿福两位院士获此殊荣。大会的宣传片在介绍殷鸿福的过程中对他的"治学与做人"给予了极高的评价：

  他是一位矢志报国、踏上地学之路的勇士；是一位求实创新、铸就科研灵魂的学者；更是一位精心育人、倡导优良学风的师者。他对自己始终坚持"高标准、严要求、多贡献、少索取"的标准。已耄耋之年、功成名就的他，仍像一台开足马力的机器，整天在不知疲倦地工作着，他没有忘记自己年轻时立下的"终身做一个地质工作者为祖国服务"的诺言！

颁奖现场，殷鸿福以"风正一帆远，树直百年材"与广大中青年教育工作者共勉。他说："教育是民族的未来，自己将不忘初心，在教书育人的岗位上，继续努力、继续奋斗。"①

殷鸿福也曾在多次采访中谈到，教育的核心是教书育人，"人才"二字由"人"字和"才"字组成，"人"和"才"不是一回事。"人"指的是他的世界观、人生观、价值观；"才"指的是几种主要的能力和学识，例如专业上和一般科学知识上的广泛性和深度，以及一些组织能力、分析能力、领导能力等。②殷鸿福认为："长期以来，我们在人才培养上有一个误区：认为成绩好就是人才，实际上这与立德树人的要求相距甚远。育才的过程更是育人的过程！德行是最为重要的，不能让学生手里攥着高精尖的技术，心里却没装着祖国和人民。如果你懂原子、懂核能，那么你既可以在中国建很好的核电厂，研究新能源来造福百姓，也可能替恐怖分子造核武器来破坏社会稳定。火药、转基因等也是中性的东西，关键还是看你怎么去使用。所以最重要的必须是为人，在做好'人'的基础上，再来治学。老师不仅要培养学生的爱国精神和科学思想，也应具有教师的基本道

---

① 地大要闻：中国地质大学赵鹏大、殷鸿福两位院士同获"华人教育名家"称号．地大之声网站，2019-01-14．

② 殷鸿福访谈，2019年11月14日，武汉．资料存于采集工程数据库．

图 8-7 2019 年 1 月殷鸿福获 2018—2019 年度"华人教育名家"称号海报及奖杯（由殷鸿福提供）

图 8-8 殷鸿福在"华人教育名家"颁奖现场致辞照片（从地大之声网站获取）

德。想成为教育家，不仅需要做好学问，还要做好育人。"① 谈及育人的心得，殷鸿福说："教育不仅要言传，更要身教。你只凭口舌无法说服现在的年轻人，需要自己带头去实践、经常与学生接触，用自己的一举一动来影

---

① 殷鸿福访谈，2019 年 11 月 14 日，武汉。资料存于采集工程数据库。

响他们。"①

言传不如身教，殷鸿福扎根讲台近六十年。他曾感叹："一位教师如果只做好科研，而没有把成果转化为教学的活水，他的教师身份是不完整的。"②每学年9月开始，殷鸿福都给地质学专业的大一新生讲授"普通地质学"，给全校研究生讲授"科学方法论"。虽然年复一年讲授同一门课，但是他每次备课都很认真。此外，他多次利用出国交流的机会，随堂选听国外的精品课程，回国后讲给学生们听，让他们了解地球科学的最新进展。他一丝不苟的治学态度潜移默化地影响着他的弟子们。在殷鸿福的同事们眼中，他在做人、治学等各个方面都堪称楷模。中国地质大学（武汉）前任校长张锦高曾真挚地评价殷鸿福："爱党爱国。对事业执着追求，紧咬目标不放松。待人诚恳，为人谦逊。"③中国地质大学（武汉）现任校长王焰新也给予殷鸿福极高的评价："殷鸿福先生是一位有家国情怀的教育家，有创新精神的科学家。"④吴顺宝先生评价殷鸿福："殷鸿福院士是一位

图8-9 2018年9月10日殷鸿福获中央广播电视总台"最美教师"荣誉证书及奖杯（由殷鸿福提供）

---

① 殷鸿福访谈，2019年11月14日，武汉。资料存于采集工程数据库。
② 《殷鸿福：问道争朝夕 治学忌功利》，《光明日报》，2019-08-16，第10版。
③ 张锦高访谈，2019年10月10日，武汉。存地同①。
④ 王焰新访谈，2019年10月13日，武汉。存地同①。

第八章 学之良师 德之楷模　**161**

杰出的古生物学家、地质学家及教育家。"[1] 曾在古生物教研室工作的老同事李志明在访谈中评价殷鸿福道:"在学术上有前瞻性。有团队精神。注重年轻人的培养和教研室的建设。在古生物学的发展和建设上作出了杰出的贡献。"[2] 从同事们的评价中可以看出,无论是在教育还是学术方面,殷鸿福都可称为时代标杆!

殷鸿福在治学方面对学生最大的影响之一就是培养学生不怕坐"冷板凳"的精神。2018年9月10日晚,在由教育部和中央广播电视总台主办的2018年《寻找最美教师》活动的颁奖典礼上,殷鸿福被授予"最美教师"的荣誉称号。此项荣誉是由教育部进行遴选和评定的,在殷鸿福的心中占据着十分重要的地位,因为它是对殷鸿福数十年来教书育人的极高肯定。在颁奖台上,殷鸿福与自己从"60后"到"90后"的学生站在一起,四代地质人的精神传承让台下掌声雷动。面对主持人的提问:"在你的心中殷老师是一个什么样的老师?"童金南[3]以坚定的语气答道:"可以说殷老师既是我们地质事业的奠基者,也是我们的精神导师。请殷老师相信,我们一定会努力将您的学识和精神传承下去,争取为国家的地质教育和科技事业再添砖加瓦!"当主持人请殷鸿福分享从教经验时,他铿锵有力且饱含深情地说:"问道争朝夕,治学忌功利。"他进一步阐释:"探询教学科研的道路、道理,一定要力争朝夕、全力以赴;治学、做学问要为人师表,切忌急功近利。"这简简单单的十个字,道出了殷鸿福院士数十年如一日严谨治学的态度。"舍得了功名,耐得住寂寞,坐得稳冷板凳",这是殷鸿福给当代学术开出的"药方"。殷鸿福也曾多次强调:论文搞短平快,创新性成果少,缺乏团队精神,迷信所谓学术权威,崇信洋教授洋成果等这些现象会让学术生态"滋生病菌"。[4]

---

[1] 吴顺宝访谈,2019年4月14日,武汉。资料存于采集工程数据库。吴顺宝(1935-),殷鸿福的大学同学,自1960年开始成为古生物教研室的同事。

[2] 李志明访谈,2019年4月15日,武汉。存地同①。李志明(1936-),殷鸿福所在古生物教研室的老同事,自1961年开始共事。

[3] 童金南,殷鸿福指导的第一位研究生。生物地质与环境地质国家重点实验室主任,博士生导师,全国政协委员。

[4] 殷鸿福:《问道争朝夕　治学忌功利》,《光明日报》,2019-08-16,第10版。

殷鸿福曾在二三十岁风华正茂的年纪坐了十七年的"冷板凳"。在十七年的助教岁月里，殷鸿福连一篇论文都没有写成发表。在那个时期，学校停课，辗转多地，没有多少人能真正静下来做学问。当时殷鸿福每月的工资只有61元，他坚持寄21元回家贴补家用，而自己省吃俭用，从仅剩的40元生活费中省出钱来做科研。此外，由于图书馆早期的资料无法外借，殷鸿福就利用相机，把资料拍下来带回家中学习。当时殷鸿福使用每卷1.5元的柯达胶卷进行拍照，在摸索出每半张胶卷照两页的拍照经验后，他能利用一卷胶卷拍下140多页资料。殷鸿福不畏艰难地钻研学术也终有所获。1978年，迎来了科学的春天，殷鸿福此前研究的十余篇论文陆续发表，这也为之后"金钉子"的成功打下基础。回顾那段难忘的岁月，殷鸿福坦言："学术研究不能功利化，要取真经！只有安下心去踏踏实实地干活，这样才能真正做出成绩。"2019年夏天，84岁高龄的殷鸿福不顾35摄氏度的高温，奔波于全国各地讲学，再次用实际行动体现出"问道争朝夕，治学忌功利"的学术追求。

殷鸿福大学时代说"我以自己能终身做一个地质工作者为祖国服务而感到幸福和自豪"。六十多年来，由杨遵仪和殷鸿福两位院士领衔的"第一代""第二代"从古生物学到地球生物学团队，他们心系家国，一辈子呕心沥血、皓首穷经，为的是培养学生、发展学术、科教兴国。他们开一代新风，发扬艰苦奋斗、求真务实的治学精神，因为在学术研究和学科建设领域做出了杰出的成就，分别成为中国地层古生物学和地球生物学的开拓者，用实干和奋斗践行了最初的誓言。殷鸿福的高瞻远瞩，使他能够先后倡导并开创了古生物地理学、生态地层学、生物成岩成矿作用、生物地质学等一系列分支学科，由此提出了完整的地球生物学的新学科体系，在国内外产生了重要影响。在给研究生讲授"治学与做人"的课程中，殷鸿福将自己的治学过程分为"三阶段"。①

第一阶段是殷鸿福1956年大学毕业之后的二十余年，在这段时间，殷鸿福一直跟着前辈走传统的道路（生物地层学）。生物地层学是主要研究生

---

① 殷鸿福：治学与做人。2019年，未刊稿。资料存于采集工程数据库。

物化石的时空分布、地层形成发育规律和确定地层相对时代的学科，是地层学的一个分支。生物地层学这一术语是比利时学者 L. 多洛于 1904 年首次提出的，意指应用古生物学方法研究的地层学。殷鸿福强调，传统的科学至今都很重要，它是开拓出新道路的基础，所以做学问必须要先打牢基础。经历二十余年的研究与探索，在生物地层学这条路上，殷鸿福拿到了两个国家自然科学奖[秦岭研究（1999）和"金钉子"研究（2002）]，但他始终认为古生物在生物地层学中并没有得到完全开发，学科的发展远不能局限于此。

第二阶段为殷鸿福 1982 年从美国访学回国后的近二十年，这段时间里，殷鸿福在武汉地质学院开拓了一条新道路——生物地质学。生物地质学致力于研究固体地球系统与生物圈之间相互作用及其规律。它主要涉及地史时期（包括地史时期的大气圈和水圈），但亦包括正在进行的生物地质作用，如生物成岩成矿作用及在固体地球中进行的生物地球化学作用。[①]他这方面的研究于 2008 年拿到了第三个国家自然科学奖。

第三阶段则为大致从 1994 年至今，殷鸿福回忆："很难说具体从哪一年开始，我有意识地走上了一条更宽广的路——地球生物学。"地球生物学是地球科学与生命科学交叉形成的一级学科，它们的相互作用，不仅是地球影响生物圈，而且生物圈也影响地球系统。这种相互作用或影响，从地球历史早期起一直在协同、耦合地进行着。在殷鸿福支持下，由谢树成等领衔于 2016 年又拿到一项国家自然科学奖。

对于"三阶段"带来的启示，殷鸿福曾用五个字概括——"问道争朝夕"。"问道"就是指走学术的道路，要不断地开拓和创新，而"争朝夕"是指要时刻思考这条路该怎么走。"只有力争朝夕地去开拓与创新，才能赶上世界的潮流，始终走在同行的前沿。任何学科不仅需要'传承'还需要'开拓'。除了传承好的东西，还要加入新的东西。'问道争朝夕'就是要立刻学习别人好的东西，否则这个学科是没有前途的。学科不仅要传承，还需要变化和开拓，唯一不变的就是变化。"[②] 在培养自己的弟子时，

---

① 殷鸿福，杨逢清，谢树成，等：《生物地质学》．湖北：湖北科学技术出版社，2005 年．
② 殷鸿福：治学与做人．2019 年，未刊稿．资料存于采集工程数据库．

殷鸿福从来都不会限定他们的研究方向和研究领域，相反，他特别鼓励他的弟子们不断地进行创新，开拓新的学科研究领域。殷鸿福团队十分强调这些，如果不思进取，那么这个学科也就无法传承下去。殷鸿福认为，"师生之间的精神传承是完全可以的，但学科的传承不能仅仅只是传承，还必须有开拓"。①

殷鸿福在学科的传承与开拓方面付出的努力，他的弟子谢树成深有体会。早在1988年，谢树成尚处于本科阶段，就作为地球科学实验室优秀生免试推荐为研究生，师从殷鸿福，一直到硕士和博士毕业。1997年，他进入中科院冰川冻土研究所博士后工作站工作近两年，在姚檀栋所长领导下在希夏邦玛峰达索普冰川打冰芯。希夏邦玛海拔7000多米，条件异常艰苦。姚院士评价谢树成是在打冰芯中最能吃苦的一个。1998年博士后出站时破格授予他教授资格。1998年谢树成回校时，恰逢职称评审，他没有以教授资格报聘，而是在校又工作了两年，在教学科研有了更多积累后，于2000年11月才以教授资格报聘。1999年，谢树成去英国布里斯托尔大学访学，由于工作成绩突出，理查德·埃弗谢德（Richard Evershed）教授（现为英国皇家学会会员）提出延长其访英期限，并提供经费资助。他没有动心，还是按期返回学校了。2005年谢树成第二次访英，与埃弗谢德教授、殷鸿福等合作，在《自然》刊物上以第一作者发表了地质微生物方面的论文，显示了他的才华。这些事情使殷鸿福感到谢树成在为人和治学方面具有成为杰出人才的潜质。所以殷鸿福向谢树成提出，让他跳出传统古生物学，从事生物地质学研究。

一开始，谢树成跟随殷鸿福在四川东北寨金矿床做生物成矿作用研究。他们于1992年在《地球科学》上发表了论文《四川松潘东北寨金矿预富集过程中的菌藻成矿作用》。该研究指出："海底火山活动导致了当时松潘海盆中金浓度的提高，生活于海盆中的藻生物吸附海水中的金，藻生物体进入沉积物后，又经细菌的改造使金从有机物中转移到了黄铁矿和粘土矿物中，导致矿源层中部分金的富集，为后期热液成矿奠定了雄厚的成矿

---

① 殷鸿福访谈，2019年11月14日，武汉。资料存于采集工程数据库。

物质基础。"① 这是谢树成第一次接触地质微生物新领域的研究，同时也为他后续在地球生物学领域进行深入研究打下良好的基础，让他有机会走上一条更宽广的学术之路。

到了硕士阶段，谢树成在殷鸿福的指导下开始进行川西（四川西部）地区的生物成矿作用研究，其相关文献为1995年发表在《地质与勘探》上的《生物在金矿成矿过程中的作用——以川西北地区东北寨金矿为例》。该文阐述了："金的富集与海洋浮游生物有关。即海洋浮游生物或其地质残存物——有机碳，从古大洋中富集金，后期又经热液改造成矿作用，形成含金矿石。"②

博士阶段，谢树成开始进行长江中下游的相关研究，因为长江中下游是我国另外一个成矿带，那里有很多铜矿、铅锌矿，所以谢树成从研究生物对金的成矿作用转为研究生物对铜、铅锌矿的成矿作用。谢树成回忆说："自己选择师从殷鸿福，在中国地质大学（武汉）攻读博士学位的主要原因就是受到殷老师的影响。"③ 当时殷鸿福鼓励谢树成做生物成矿作用的研究，因为它是一个全新的领域。生物成矿作用的研究与传统的古生物研究并不相同，所以殷鸿福希望谢树成能够进一步开拓这个领域。受殷鸿福积极开拓新学科领域思想的影响，谢树成说道："学科想要持续发展，除了要做好传统的领域，也需要不断地有新的学科生长点出来，这样学科才能不断地发展。"④ 谢树成当时研究的生物成矿作用就相当于古生物学的学科生长点，这个伸展点越做越大就发展成为后来的地球生物学。殷鸿福指导谢树成去开拓这个领域，为之后学科的大发展创造了很好的条件。

除了在学术方向上的指导和把握，殷鸿福还花了很多心血在生物成矿研究实验室的建设上。研究生物成矿作用需要具备高精尖设备的实验室，

---

① 殷鸿福，谢树成：四川松潘东北寨金矿预富集过程中的菌藻成矿作用。《地球科学》，1992年第3期。

② 陈中强，谢树成，余水生：生物在金矿成矿过程中的作用——以川西北地区东北寨金矿为例。《地质与勘探》，1995年第2期。

③ 谢树成访谈，2019年6月3日，武汉。资料存于采集工程数据库。

④ 同③。

而早期大部分古生物学科的实验室条件不够理想。于是殷鸿福想尽各种办法为实验室创造好的条件，包括筹集经费、借购设备、提供建议，甚至借实验室等。为解决这些问题，殷鸿福可谓是呕心沥血，在他的不懈努力下最终建成了生物成矿实验室。他坚持不懈、不畏艰难、追求卓越的精神感染了他的弟子们。因为有了这些生物地质学的学科基础，21世纪初国际上地球生物学兴起时，谢树成能迅速抓住机遇予以响应，在《科学通报》上发表了《从古生物学到地球生物学的跨越》一文（2006年），并得到殷鸿福的大力支持。回首往事，谢树成不禁感叹："殷老师最大的特点就是要让地质学的学生不断地开拓新方向，不断地壮大这个学科，我们学校古生物学发展基本是这样的过程，比如童金南、赖旭龙等师兄做古生物地理学、生态地层学研究，这些都是古生物学生长出来的新方向。"[①] 谢树成不仅在思想上传承了殷鸿福的艰苦奋斗精神，更在学科上开拓了地球生物学。正是由于在学科的传承与开拓方面作出了重大贡献，谢树成成为地球生物学和地质微生物学方面的领头人，并于2021年当选为中国科学院院士。这些收获与成就都离不开殷鸿福的谆谆教导。谢树成也给了殷老师极高的评价："思维敏捷，不断开拓新的学科领域。"[②]

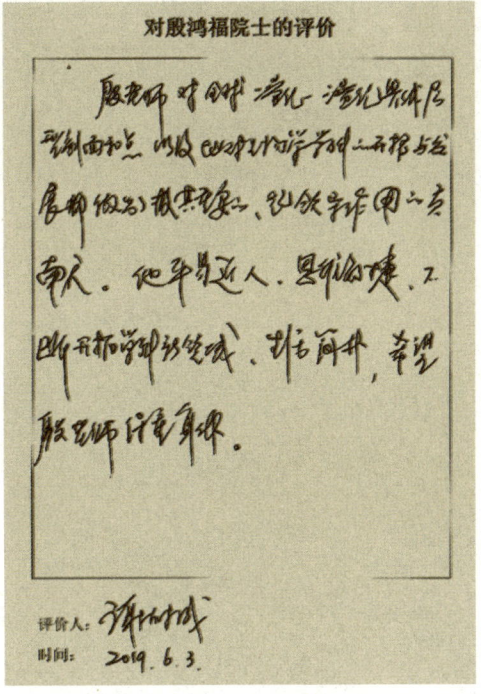

图8-10 弟子谢树成对殷鸿福院士的评价
（由采集小组提供）

1991年，赖旭龙在殷鸿福指导下获中国地质大学（武汉）古生物学及地层学专业博士学位。当时，殷鸿福认为古DNA这个研究方向很有

---

① 谢树成访谈，2019年6月3日，武汉。资料存于采集工程数据库。
② 同①。

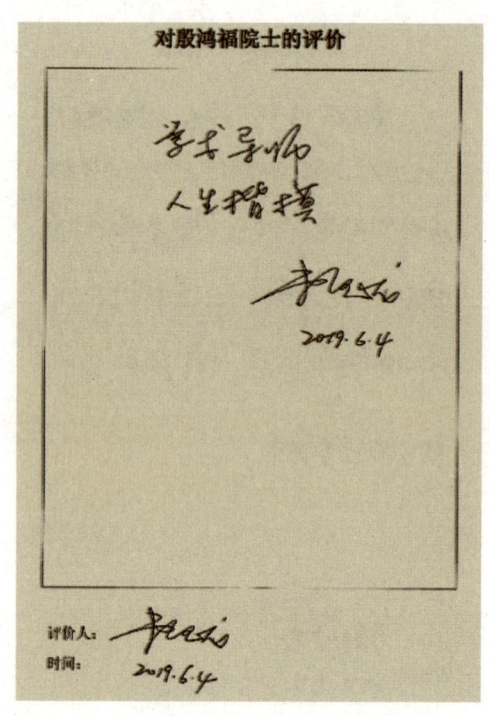

图8-11 弟子赖旭龙对殷鸿福院士的评价（由采集小组提供）

前景，而赖旭龙正年轻，可以尝试探索新的领域。古DNA属于分子生物学与地质学的交叉部分，这对于赖旭龙来说是一个完全陌生的方向。尽管在研究古DNA的过程中会遇到各种困难，但殷鸿福一直在背后支持赖旭龙的探索。从国外回校后，赖旭龙带领团队重点进行古DNA方面的探索，获得了诸多研究成果，独立发表论文《古代生物分子与分子考古学》，参与发表《古代DNA实验技术研究》《仰韶文化人类遗骸古DNA的初步研究》《一种从大熊猫粪便中抽提DNA的新的改进方法》《古DNA的研究方法与应用》等论文，为古DNA领域作出了重要贡献。2019年5月，媒体多次报道赖旭龙小组研究出的大熊猫首例全基因组这一重要成果。赖旭龙能取得这些成就离不开殷鸿福的高瞻远瞩和全力支持。受殷鸿福的影响，赖旭龙的研究领域也涉猎广泛，他先后做过石油、金矿等研究。赖旭龙感叹道，殷老师带给他最大的启发有三点：第一点是勤奋，做地质学研究既要持之以恒又要刻苦钻研；第二点是严谨，学生就要踏踏实实地搞学习、做研究；第三点是时刻了解学科的发展动态，一个好的科学家，要能够做到指导别人需要做什么，所以了解学科发展的前沿和大量阅读文献，这两个方面是非常重要的。这些启发还深深地影响了赖旭龙建设学术团队的理念，赖旭龙经常告诉他的学生可以选择哪个方向进行研究，以避免学生进行重复研究[1]。无论是

---

[1] 赖旭龙访谈，2019年6月4日，武汉。资料存于采集工程数据库。

治学还是做人，殷鸿福都给予赖旭龙太多的启发，赖旭龙曾动情地用八个字来评价殷老师：学术导师，人生楷模。

建设梯队传承精神

除了对学术孜孜不倦的探索，殷鸿福尤其重视人才梯队的建设。殷鸿福说："人才梯队的建设与古生物学的发展有着密不可分的关系。一个学科想要实现良好的发展，后续人才的支撑是必不可少的。科学不仅需要开拓，还需要传承。一个科学家如果想要追求长远的价值实现，不仅在于他本人所取得的成就，还在于他能否领导出一支优秀的科学团队，能否把他毕生所学发扬光大。"[①] 由此可见，殷鸿福十分注重对年轻一代学科接班人的培养，殷鸿福前后构建起一棵学科人才梯队树，树根为殷鸿福的导师杨遵仪院士，树干为殷鸿福，树枝与树叶则为殷鸿福的历届学生及他学生的学生。

殷鸿福认为在梯队建设中，真正需要传承的是"问道争朝夕，治学忌功利"的思想和精神。事实上，殷鸿福从来没有具体地规划过传承的事。真正有"计划"的事在于：殷鸿福团队善于挖掘有悟性、能吃苦的孩子，在发现这类学生之后就会重点关注并培养他们。关于人才的挖掘和培养，殷鸿福曾提到要重点关注两类人才——"早露头角"型和"大器晚成"型。"早露头角"型是指青少年时期就崭露头角的人，"大器晚成"型则是指青少年时期没有受到关注但坚持做学问的人。殷鸿福说："既要关注'早露头角'型的人才，给予他们正确的引导，让他们安下心去踏踏实实地干活；也要特别关注'大器晚成'型人才，因为有许多踏实做学问的人没有受到关注而被埋没了。"[②]

在殷鸿福众多的研究生之中，童金南是大师兄。1977年，中断了十年的中国高考制度恢复，童金南也成为制度恢复后第一批参加高考的幸运

[①] 殷鸿福访谈，2019年11月14日，武汉。资料存于采集工程数据库。

[②] 同①。

儿。他在 1978 年考上了武汉地质学院，开始了地层古生物学专业的学习。而在刚开始的几年，童金南与学校老师的接触并不多，并且从 1980 年到 1982 年殷鸿福都在美国进行学术访问，所以童金南与殷鸿福之间并无交集。1982 年 3 月，殷鸿福从美国回到武汉地质学院。同年，童金南在本科毕业答辩会上遇见了参加答辩的殷鸿福，殷鸿福与童金南的缘分始于此次见面。相较于其他的答辩组，在童金南所在的答辩小组内，提问的学生特别多。在殷鸿福回校前，答辩组内仅有老师向答辩学生提出疑问。而在殷鸿福回校后，他对于专业问题的把握和深究受到师生们的敬佩，在他的带动下，同一答辩组内的学生之间也开始互相提问，整个答辩会的风气也在不知不觉中发生了变化。第一次见面，殷鸿福就给童金南留下了严谨治学的深刻印象。据童金南回忆，殷鸿福回校后还专门组织成立了一个负责内部印刷的组，将优秀毕业论文做成杂志发给学生们学习。童金南本科毕业以后报名了殷鸿福的老师——杨遵仪院士的研究生，但由于杨院士出国，而殷鸿福正好开始招研究生了，就这样童金南"阴差阳错"地成为殷鸿福的首个研究生。

在殷鸿福的带动下，教研室的风气很正，大家也十分团结。[①] 可见，殷鸿福端正的学风感染了他身边的学者。除了端正的学风，殷鸿福对童金南性格的养成和改变也具有一定的影响。由于殷鸿福刚带研究生，资源受限，研究项目不多，所以在 1982 年至 1983 年，童金南跟随其他老师做原青藏高原地质部的科考项目，该项目主要研究西藏的化石和地质。童金南在西藏采集到化石以后，就会立马回到学校古生物教研室的暗室内做化石拍照、冲洗照片、描化石等工作。殷鸿福的家距离暗室很近，他每天都要在暗室里面看书，所以在这期间殷鸿福和童金南很长时间都在一起工作，每次吃完饭殷鸿福都会花一些时间与童金南聊天谈心。早期童金南的性格比较内向，在殷鸿福潜移默化的影响下，童金南的性格也逐渐开朗起来。此外，殷鸿福也对学校科研工作的推动发挥了重要作用。那时学校的教师以教学为主要工作，才刚开始注重科学研究。由于当时国家整体的经济水

---

① 殷鸿福访谈，2019 年 11 月 14 日，武汉。资料存于采集工程数据库。

平较低，学校无法订购国外的报纸、杂志，并且文献和资料从国外到国内需要一两年的时间，所以学校整体的科研水平相对落后。而殷鸿福从国外带回来很多西方的新理念、新思想，也邀请了很多国外的专家学者来学校讲学，师生们对学科的认识更加国际化和具有前沿性，学校的科研也能尽快跟上国际发展的步伐，这也是殷鸿福鼓励学生们出国访学的主要原因之一。上大学以前，童金南的英语水平很低，而与国外来访学者的交流障碍促使童金南不得不加强对英语的学习，这也为后来童金南到国外进行学术交流打下了基础。

殷鸿福令童金南感触极深的一点，就是他身上体现出的精神品质。童金南还记得第一次拿到科研项目时，教研室分得2000元的科研资金，虽然项目的科研任务主要由殷鸿福和童金南承担，但殷鸿福却无私地把这笔钱分给所有教研室的同志们用作研究开销。受殷鸿福的影响，后来有不少以自己作为主要负责人的项目完成后，童金南也是无私地将项目劳务费分给整个教研室的成员。1985年7月至今，童金南一直都在中国地质大学（武汉）任教，1996年12月在地质矿产部被破格晋升为教授，1999年12月被评为博士生导师。童金南能够取得这些成就及荣誉与殷鸿福的言传身教息息相关。童金南也曾发自肺腑地说："殷老师的人格魅力和教学方式对我的求学以及之后的教师生涯都有深远的影响，他是我的一盏明灯。"

殷鸿福一直都鼓励弟子关注学术前沿，注重与国外的学者进行学术交流，这也在一定程度上影响了童金南。1994年10月至12月，1997年11月至1998年1月，1998年11月至1999年2月，童金南分别在美国史密森学会、澳大利亚迪肯大学和美国亚利桑那大学进行科学访问和合作研究。在地层古生物学研究领域，童金南像恩师殷鸿福一样，也发表了大量具有学术影响力的专业论文，成为国家杰出青年基金获得者。近年还获得了湖北省自然科学奖一等奖、国家自然科学奖二等奖、湖北省教学成果奖一等奖、全国五一劳动奖章以及湖北名师、全国优秀科技工作者等荣誉称号。

在殷鸿福几十年的教书、科研工作中，他几度面临经费难题，尤其是在"金钉子"项目和生命与环境协调演化的生物地质学研究中。他说道："两个项目研究期间，既无项目支持，也无经费保证，能取得今天的成就都是坚持的结果。后来获得的上千万元经费都是在成果做出来引起学界和社会注意后得到的，在此之前，我们大约经历了二十年的经费拮据状态。"对于这种困境，他坦然认为："支持我们完成成果的，是不计较经费、不计得失的团结集体。激励这个集体长期甘于坐冷板凳的思想基础，是开拓学科新方向的前景和不断创新、不断成功的快乐和自豪。"[1] 殷鸿福身上不图名利、刻苦钻研的学术精神也对童金南产生了潜移默化的影响。2011年，中国地质大学（武汉）"生物地质与环境地质国家重点实验室"成功获批。随着仪器增加和专家引进，实验用房一度十分紧张。为了安置仪器和引进的专家及青年人才，作为实验室主任的童金南，带着实验室管理团队的成员们，曾"屈居"于地勘楼地下室三年，正可谓真正坐在冷板凳上。在此期间童金南患上了风湿病，但他没有丝毫怨言，这正体现出殷鸿福所说的"问道争朝夕，治学忌功利"。

殷鸿福的另一位弟子张克信，则在传承创新方面表现突出。张克信的创新思想和实践突出表现在确立"金钉子"标准和建立造山带非史密斯地层学两方面。

1982年至1985年，张克信师从杨遵仪院士在武汉地质学院北京研究生部攻读硕士学位。1983年夏，杨遵仪院士让张克信去武汉找殷鸿福、吴顺宝和丁梅华[2] 求教，其科学目标是以煤山剖面的二叠系—三叠系界线层的牙形石建带与国际对比为主攻方向开展深入研究，并完成张克信的硕士学位论文。

张克信1983年和1984年连续两年从煤山剖面牙形石系统采样到武汉室内样品精心分析，终于于1984年春获得重大发现——在煤山D剖面第27C层之底获得重要牙形石微小欣德刺及其谱系演化系列。这一工作奠定了全球二叠系—三叠系生物地层界线划分的基础。

殷鸿福敏锐地意识到这一突破的重大意义。1985年初，他召集杨逢

---

[1] 殷鸿福：《科学方法论》。2018年10月9日，未刊稿，资料存于采集工程数据库。

[2] 丁梅华，中国地质大学教授，殷鸿福同事，从事牙形石研究。

清和张克信等人深入研讨国际二叠系—三叠系界线划分新标准，最终决定三人联合发表专门论述国际二叠系—三叠系界线划分新标准的论文，这就是后来的《海相二叠系—三叠系生物地层界线划分的新方案》一文。1986年，在意大利召开国际二叠系—三叠系工作组会议，殷鸿福代表三人就此作了报告，其中心议题是：在二叠系—三叠系界线划分中，百年来传统上以伍氏耳菊石作为标准化石，其地理分布有局限性，不宜作为全球的对比标准，应该选择微小欣德刺的首次出现作为三叠系开始的标志，并说明了原因。

到 2001 年，这枚"金钉子"终于定在中国大地上的浙江长兴煤山。张克信对牙形石的研究作出了突出贡献，名副其实地获得了国家自然科学奖（2002）。

张克信创新的第二方面是中国东昆仑造山带非史密地层填图理论与方法研究。1995 年 4 月，时任地质矿产部部长宋瑞祥到武汉，找殷鸿福询问，中国能否不依赖欧美，独立自主地创立造山带地质填图新理论与新方法，为中国造山带多金属矿产勘查与环境地质评价奠定坚实基础？当时殷院士的回答十分坚定：行！一定行！宋部长马上说：好，此重任就请殷院士担当！

造山带一般都经历了多期板块裂解与拼合的复杂演化过程。造山带地层体在造山带洋盆会聚、俯冲消亡和陆内造山阶段，发生过强烈的构造搬运和构造混杂。俯冲带在消减板块下潜过程中，盆地中先前在重力机制下形成的原始浊积岩和远洋沉积（基质）、同沉积滑塌岩块，与先前在热力机制下形成的蛇绿岩和火山弧，与早先裂解的陆壳碎片等最终一并带入俯冲带内遭受剪切，发生构造混杂。这种混杂作用形成的地层体（称为非史密斯地层）通常由经强烈构造剪切作用的基质（浊积岩和远洋沉积）和混入的多种外来岩片（块）构成，是造山带地层研究的主体。

殷鸿福意识到，中国陆域造山带约占全国 3/5 的陆域面积，克拉通区（稳定地块区）面积仅占 2/5，不能将克拉通区地层调查研究的理论与方法简单地照搬到造山带。造山带非史密斯地层是制约我国造山带矿产勘查与环境地质评价的瓶颈，必须花大力气，在调查研究的理论与方法上获得突破与创新（参见第六章《造山带研究的新思路及其成功应用》）。

在团队中，张克信是兼具造山带和地层学工作经验的一员干将，并且在煤山工作中显示了其创新性。殷鸿福认准张克信能承担此重任，因此委派张克信具体落实实施。张克信接此重任十分激动，并请求以此为题，在殷院士的指导下攻读博士学位，殷院士欣然接受。

张克信奉命组建了精干的野外地质调查队，于1996年6月赴青海东昆仑山进行造山带混杂岩区非史密斯地层填图方法研究。

昆仑山，对中国地质大学（武汉）主要由生于南方的青年教员们组建的野战队来说，既陌生，又神往！陌生的是他们都初次前往，对那里的气候、生活、民情习俗、自然地理、地质结构均不了解；神往的是登昆仑似乎是大侠之举，许多武打小说中都有昆仑大侠，且自成一派，这次他们要进军昆仑，虽不成昆仑大侠，也得与昆仑山大侠一比高低！进昆仑山前，张克信或多或少受港台武侠影视的影响，脑海中隐约浮现着昆仑虽为大山，但到处林木参天，流水潺潺，满目翠绿。可一到昆仑山，赫然闯入他们眼帘的是连绵不断基岩赤裸的高山，白雪皑皑的雪峰，还有白云和蓝天，与港台武侠影视中的景象截然不同。

张克信和他的野战队员们在殷鸿福的亲密关怀和热情指导下，在海拔4000米以上的东昆仑造山带历经五年（1996—2000）艰苦探索，克服了高原地势高亢、空气稀薄、缺氧、气候多变、路断粮绝、路险车陷、猛兽出没等重重险境，完成了"1∶25万冬给措纳湖幅区域地质调查与东昆仑造山带非史密斯地层区1∶25万区域地质填图方法研究"。当时殷鸿福任中国地质大学（武汉）校长，事务繁重，尽管如此，1996年和1997年连续两年的暑假期间，他不顾腿伤和六十岁以上高龄，亲赴昆仑山高寒缺氧野外指导工作。由于高海拔缺氧而干燥，殷鸿福嘴唇干裂发紫肿痛，气短胸闷，但仍然以坚强的毅力，言传身教，每天早出晚归上山野外考察，晚上回到营地刚用过晚餐，还要与野战队员讨论学术问题，野战队员们在殷鸿福的高度敬业精神激励下，更加斗志高昂，学术创新意识高涨。殷鸿福为顺利完成造山带野外调查和填图理论与方法创新起到了不可估量的引领作用。

值得一提的是，张克信在殷院士指导下，以昆仑山造山带地质填图材料为基础，完成了博士论文《东昆仑造山带非史密斯地层研究》。该成果进一步深化了造山带地层空间结构规律和成因特征研究，在造山带混杂岩地区突破了一批关键性的疑难地层问题，使造山带非史密斯地层学在研究理论、方法和指导思想上得到丰富和发展；为中国地质调查局在我国青藏高原艰险区全面开展 1∶25 万地质填图工作积累了宝贵经验，提供了范例。其创新性成果"造山带混杂岩区构造岩片四维裂拼复原方法"被我国青藏高原开展的造山带区 40 多个地质填图项目广泛采用。由于这一成果在青藏高原 1∶25 万区域地质调查中作出了开创性贡献，中国地质调查局指定由张克信为全国新一轮国土资源大调查主持研制了《1∶250000 区域地质调查技术要求》《青藏高原艰险区 1∶250000 区域地质调查技术要求》和《青藏高原区域地质调查野外工作手册》，并聘任他为全国区域地质调查技术质量监审专家。2002 年，张克信的博士论文也喜获教育部颁发的"全国百篇优秀博士论文奖"。他们完成的《东昆仑造山带 1∶25 万冬给措纳湖幅》也被评为全国区域地质调查优秀图幅展评一等奖（列第 1 位），张克信获全国野外工作先进工作者荣誉。

实际上，殷鸿福并没有规划传承的事情，就这样自然而然一代一代地传承下来了。殷鸿福团队一贯强调金钱不是重要的，精神才是最重要的。所谓传承不是传承金钱和功名，而是传承艰苦奋斗的精神。殷鸿福感叹，历代人说"诗书传家宝""富不过三代"，意思就是诗书代表的是一种精神文明，需要传承的是精神。"富不过三代"是人人都知道的事情，意思就是金钱传承到第二代就基本不行了，到第三代就肯定完了，不是钱被用完了，而是人学坏了。如果只传承金钱，没有艰苦奋斗的精神，人必然会学坏。殷鸿福强调一定要坚持艰苦奋斗的精神，不能被金钱迷惑了双眼。没有钱是万万不能的，但只有钱也是不行的。殷鸿福团队从来不乱花钱，坚决不买不需要的东西，不会为了花钱而花钱。他们追求的目标是学术进展和研究成果而不是金钱，这些宝贵的精神品质一定会持续地传承下去。

对于"治学与做人"，殷鸿福曾动情作下四首诗来抒发心中的感想：

立志

修身报国吾辈志,创新求实人生路。
问道务须争朝夕,治学切忌急功利。

正气

自古仕子重骨气,富贵贫贱皆不移。
"苟利国家生死以,岂因祸福避趋之。"

戒躁

"牢骚太盛防肠断,风物长宜放眼量。"
少年头角峥嵘好,大器晚成亦堪奖。

奋斗

不取真经非好汉,历尽牺牲终不悔。
千番觅得夜阑珊,"为伊消得人憔悴"。

退而不休余晖红

2014年,与他相濡以沫半个世纪的夫人胡雍不幸因病逝世。三年以后,在双方同事的介绍下,他和宋龙妹[①]走到一起,于2017年9月结为伉俪。宋老师十分贤淑,陪伴殷院士出差、与会,形影相伴,谈笑风生,解除了殷鸿福丧偶后的孤寂。她与殷院士的子女相处甚欢,经常聚会,构成了

图8-12 2017年9月殷鸿福与宋龙妹的结婚照(由殷鸿福提供)

---

① 宋龙妹,生于1948年8月。中学毕业后务农四年,后就读于华东师范大学,分配至上海市晋元中学任数学教师直至退休。

新的和谐家庭。她原来不事烹饪,结婚以后从头学起,技艺精进,获得亲友们赞誉。作为贤内助,她对殷鸿福退休后能继续发挥余热起了很大的帮助作用。

虽然年事已高,殷鸿福仍然时刻关注最新的动态,为中国地质大学(武汉)和国家建设献言献策。在国家经济技术建设方面,殷鸿福曾参与推动"武汉·中国光谷"的建设。"中国光谷"的前身就是创建于1988年的武汉东湖新技术开发区,简称"东湖高新区"。2001年被国家计委、科技部批准为国家光电子产业基地,即"武汉·中国光谷"。据殷鸿福回忆:"当时美国硅谷十分有名,许多地方计划建类似的高科技'谷'。国内有长春、广州、武汉这三座城市在竞争'中国光谷'的建设。长春以中科院长春光机研究所为基础进行建设;广州主要是联合研究激光的高新科技研究单位;武汉则有赵梓森(中国光纤之父)以及长飞公司(中国光纤光缆生产企业的龙头)等大企业。由于国务院只会批准一个城市建成'光谷',这时民间的积极性则尤为重要。"当时殷鸿福作为湖北省科协副主席、中科院院士,十分乐意为武汉建立"中国光谷"贡献一份力量。1999年,包括殷鸿福等15名委员在全国政协九届三次会议上提交提案《大力发展光电子产业,建议在武汉建立"武汉·中国光谷"》,即建立武汉光谷高新技术开发区。此提案被采纳,2000年国务院发文同意建立武汉光谷。后来,在政府的支持下,武汉正式建成"中国光谷"。殷鸿福作为民间代表亲身推动并亲眼见证了武汉光谷的建成。武汉市政府为此优秀提案提供奖励30万元,每位委员2万元,殷鸿福的一份随即捐给学校。

即使已经是功成名就的老院士,殷鸿福也从未觉得他的故事就此结束,他依然不断地反思和改进自己的团队。即使已经被评为国家创新团队,团队中有来自各个科研机构和领域的杰出青年学者,拿到过许多国家级奖项,他仍然觉得在人才、团队、项目、成果等方面的亮点不够。除了对自身的反思,他也放眼整个学科,提出了许多学科建设不足的地方,如:在科学家兴趣和国家需求双轮驱动方面,国家需求驱动不足;在常规和超常规两种人才培养与引进方式中,超常规方式较弱;小本经营多,联合的大科学少,对"基础研究—产业化"一条链式的大项目准备不足。殷

第八章 学之良师 德之楷模

鸿福一直对地球生物学十分期待，一直希望能够将其建设成为地球科学的一级学科，并把中国地质大学（武汉）的生物地质与环境地质国家重点实验室建设成为一流的地球生物学研究中心。在学习温家宝总理《在会见国际地科联执行局成员的谈话》后深受教益，2009年11月，殷鸿福以"地球生物学"为主题向温总理致信。殷鸿福在信中写道："这正是我们多年来试图探索和发展的科学前沿主题，也是当前地球系统科学的骨干和基础学科——地球生物学的核心命题。"得到了总理的支持。

2012年是中国地质大学建校六十周年，为了庆贺母校六十华诞，温家宝总理也于校庆前夕专程返回地大。除了为地大师生带来了一场让人回味无穷的讲座，还亲自为母校题写了校名"中国地质大学"。此外，中国地质大学的校训"艰苦朴素　求真务实"，也是温总理在1994年10月19日视察地大时的题词。

2012年5月19日，殷鸿福陪温总理参观了生物地质与环境地质国家重点实验室，并向温总理介绍了"金钉子"成果。温总理毕业于北京地质学院地质构造专业，他自1968年至1985年在地质系统工作期间的工作、学习笔记160余篇，手迹影印件632幅，回忆文章24篇，照片50余幅等珍贵资料，都收录于《温家宝地质笔记》中。足见，温总理即使政务繁忙，也不曾忘记地学发展。在参观母校的过程中，他对殷鸿福等人的"金钉子"研究成果颇有兴致，他认为这是一个解决问题的新方法，二叠系—三叠系的界线问题是一个地层学古生物学问题，也是温总理在北京地质学院就读时就已经颇为关注的事情，看到殷鸿福等人攻下了这个国际难题，为中国地学争光，温总理感到非常高兴和欣慰。

2017年7月，殷鸿福代表地大师生迎接温总理，并陪同他参加周口店太平山野外地质教学实习活动。在太平山上，殷鸿福为温总理详细地讲解了相关的地质现象。早在2004年，中国地质大学周口店实习站建站50周年之际，温总理亲自题写了"摇篮"二字以示祝贺。如今，"摇篮"二字在周口店实习站和中国地质大学的校园内都可以看到，并且已经成为中国地质大学的一个十分具有纪念意义的标志。据了解，之所以题写"摇篮"二字，是因为建于1954年的周口店实习站在几十年的时间里，为中国培养了数以万计的地质人才,从这里走出的院士也多达 26 名,不可不谓之地质人才的摇篮。

2017 年 12 月 29 日,心系母校与地大师生的温家宝总理亲笔致信殷鸿福。温总理在信中写到,他难以忘怀七月上旬重回周口店与殷鸿福等人一起上山实习的经历,那是一次让人激动且难忘的回忆。温总理的信中也倾情表达了坚持努力奋斗的赤诚之心以及对母校和老师的感恩之心。

元旦前夕,殷鸿福给心系母校师生的温家宝总理写了一封回信。信中,殷鸿福表达了收到温总理来信的惊喜与激动之情,也向温总理简述了中国地质大学(武汉)的学科现状及未来建设方向,最后表达了对温总理敬爱之情并希望他再次访问地大。

殷鸿福不仅尽心学术,还非常乐于参加师生和同僚的活动。元旦作为新年伊始,中国科学院每年都会组织院士们开展元旦晚会,为严谨的学术活动增添些许娱乐,并借此机会总结和表彰一年的科研成果,促进院士之间的交流互动。2008 年,殷鸿福也一展歌喉,唱响《春光美》,表现出不逊于少年人的精神奕奕的面貌。他每年都参加返校校友座谈会。2010 年

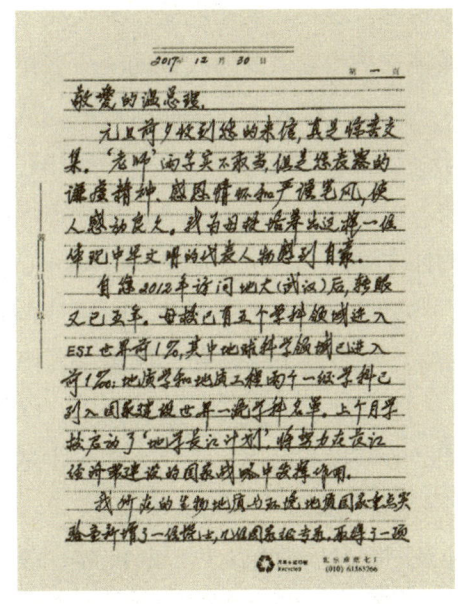

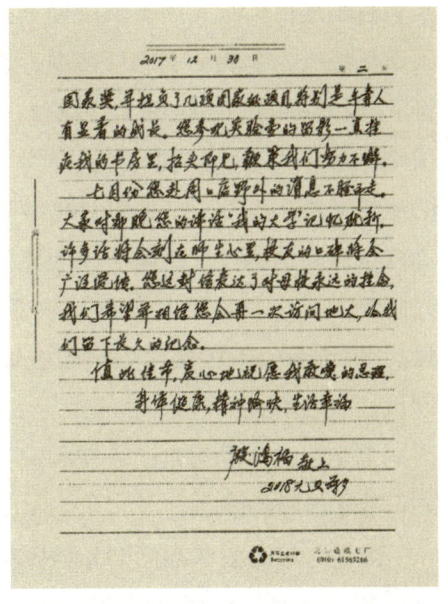

图 8-13　2018 年元旦前夕殷鸿福给温总理的回信(由殷鸿福提供)

第八章　学之良师　德之楷模

10月,他参加了中国地质大学原地质系80级返校校友座谈会,并在会上讲话,表达了他对广大校友在取得骄人业绩之后仍然心系母校的欣慰之情。他希望,广大校友不以名利衡量成败、不以成败论英雄,在各自的岗位上能够继续传承与发扬母校艰苦朴素、求真务实的校训精神,努力用自己的聪明才智为社会作出更大的贡献。殷鸿福的肺腑之言,感染了在场的所有来宾。同年11月,喜爱唱歌的殷鸿福担任了中国地质大学(武汉)金钉子教职工合唱团的名誉顾问,学术生活之余也不忘放松身心,娱情养性。

2015年对殷鸿福来说是一个特殊的年份,这一年,他八十岁,正是杖朝之年。虽然年事已高,但由于长期坚持锻炼的原因和不服输的少年精神,殷鸿福丝毫不显老态。在他八十岁的寿辰庆典上,他作了一个主题为"人生的回顾与展望"的分享。在"人生的回顾与展望"的演讲中,他紧紧围绕"理想""奋斗""团结"三个关键词。他说:"知识分子要有自己的精神追求。它是我们人生的目标,处事的原则。在复杂的现实社会关系中,我们外在的棱角都磨圆了,但是我们内心是有规矩的,是外圆内方。理想就是规矩,是我们内心的精神支柱。有它在,我们在人生选择中就总是朝着长远目标走,而不被短期利益所诱惑。现在,要紧的是,如何在今天市场经济、金钱至上的环境中,忠诚地守护住它,并用我们的一生来作证。"殷鸿福的一生也确实是这样一步一步追随着人生理想而前进的。从殷鸿福选择报考冷门的北京地质学院开始,他就踏上了一条"修身报国"的逐梦之路。挺过艰辛的野外考察环境,突破层层权威的束缚,抗住美国高薪待遇的诱惑,忍受坐"冷板凳"的怀才不遇和经济上的拮据,他一心只想为祖国谋得更好的发展。热爱文学的他时常从古诗词中汲取精神力量。"咬定青山不放松,立根原在破岩中。千磨万击还坚劲,任尔东西南北风。"是他常压在桌下的座右铭之一。他还常用"苟利国家生死以,岂因祸福避趋之"提醒自己,在国家需要的时候挺身而出,报效祖国,才是知识分子最好的归宿。

耄耋之年的殷鸿福仍旧为地质事业及国家发展发光发热。2016年,殷鸿福参与童金南负责的国家自然科学基金委中英合作"二叠纪—三叠纪危机后生态系统重建和复苏过程"项目，负责第四课题。2017年和2019年，殷鸿福两次启动了其负责的中国科学院地学部及国家自然科学基金委"中国深部地下生物圈"及"极端地质环境微生物"两项学科发展战略研究项目。为了进一步科普地球生物学的意义，殷鸿福与周高修一同编写了科普书《生物演化与人类未来》，2016年出版，2020年再版。此科普书分为三部分。篇幅最大的第一部分用浅近有趣的语言和图件介绍化石——地质历史时期的生物。第二部分介绍三条生命演化的规律：第一，由低级到高级、由简单到复杂的进步性演化；第二，与地球演化同步的协调性演化；第三，突变与渐变相交替的间断平衡式演化。第三部分谈生命演化对人类未来的启示，从生物演化的几种模式讲起，解释了为什么要保护生物多样性和警惕物质文明对人种演化的影响。最后归结为争取人类演化的光明未来。最近几年，殷鸿福在武汉20余所高校及全国各地广泛进行了科普讲座。2018年，殷鸿福与古生物化石的故事和研究成果获得由中国古生物化石保护基金会与新华公益共同举办的"平凡化石故事·非凡贡献人物

图8-14　2018年殷鸿福（前排左五）在"平凡化石故事·非凡贡献人物（1998—2018）"活动合影（由殷鸿福提供）

（1998—2018）"活动颁发的"非凡贡献人物（终身成就）"荣誉。该活动旨在更好地宣传在古生物化石发现、保护、科研、修复与复原、馆藏与展陈、科普宣传与教育、化石艺术展示和文化传承等方面的突出人物和鲜为人知的故事。其中，既有古生物学界专家、院士们的故事，又有基层化石保护管理者、古生物科普宣传员和化石发掘修复农民技工的故事，表彰他们为璀璨夺目的中华文化作出的不朽贡献。①

图 8-15　1995 年殷鸿福获全国先进工作者称号证书（由殷鸿福提供）

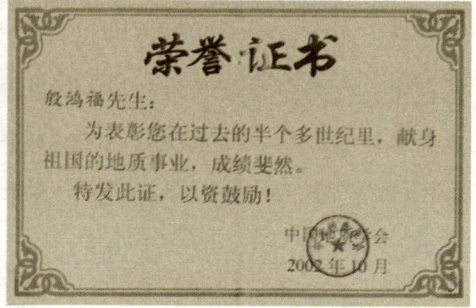

图 8-16　2002 年殷鸿福获献身地质事业半个多世纪荣誉证书（由殷鸿福提供）

图 8-17　2019 年 11 月殷鸿福荣获中国古生物学会"终身成就荣誉"奖牌（由殷鸿福提供）

图 8-18　2021 年 11 月殷鸿福获首届"湖北省杰出人才奖"（由殷鸿福提供）

---

① "平凡化石故事·非凡贡献人物"（1998-2018）征集活动揭晓并举行发布仪式. 新华网客户端，2018-11-20.

殷鸿福从事科研与教育至今已获得无数成就和荣誉，他是湖北省特等劳动模范（1994）和全国先进工作者（1995）。2002年10月和2019年11月，他先后荣获中国地质学会颁发的献身地质事业荣誉和中国古生物学会"终身成就荣誉"。2021年11月，他又获首届"湖北省杰出人才奖"。这些奖项便是国家对殷鸿福一生贡献的高度肯定与赞扬，而他自己在科研上的硕果便是最好的证明。

据中国科学技术大学科技哲学教研部的学者（徐飞、赵明）统计，1991年至2009年，当选院士后获国家级研究奖次数最多的院士有朱道本、闵乃本、陈竺、殷鸿福、夏建白等。[①] 根据累积优势理论，杰出科学家的科学贡献越大，获奖次数就越多，科学家声望也就越高。殷鸿福为祖国地质事业奉献的光荣岁月以及他一生取得的不凡成就，会在历史的长河中永恒地闪耀，永不泯灭。他的故事未完待续，他的精神也将会永远传承下去。

---

① 徐飞，赵明：杰出科学家的国家认可机制探索——以中国科学院院士制度与国家自然科学奖励制度关联性为例.《科技导报》，2012年第11期。

结　语

　　纵观殷鸿福院士的一生，他能够取得令人瞩目的学术成就，主要应该归功于两个方面："做人"与"治学"。殷鸿福曾在科学方法论的课程上讲道："科学知识与人文精神密不可分，为人与治学要兼备，因为科技是力量，人文是方向。纵观人类历史，每次重大科技发现，如火药、细菌、原子能、克隆技术等，在促进人类进步的同时，都带来了新的问题。科学技术的正面或反面价值取决于掌握科技的人使用它的目的和实际作用。所以，科学技术是一把双刃剑，人文精神是那仗剑的人。"他坚信："要治好学，就要先做好人。"

　　在"做人"方面，他有勤俭朴素、与人为善的生活方式以及不畏艰险、锲而不舍的精神品质。

　　"勤俭朴素，与人为善"贯穿殷鸿福生活的方方面面。早在北京地质学院担任助教期间，他省吃俭用从微薄的薪水中挤出钱来拍摄资料、做学术研究，这为后期发表十余篇论文打下基础。在第一次拿到 2000 元的项目科研资金时，即使科研任务主要由自己及学生承担，但他仍将这笔钱分给教研室所有的同志用作科研开销。正是由于他"大公无私"让人心悦诚服，他的研究团队能够齐心协力、凝聚一心做出一个又一个重要成果，也使他能建设起一个人才梯队，培养出一代又一代"地质人才"，将学科发扬光大。

地质研究需要扎根于野外，而野外的环境往往险象环生。即使遭遇"膝盖骨粉碎"如此重大挫折，殷鸿福仍没有停下在野外探索的脚步，在耄耋之年多次带领学子到野外进行实践教学。在"长兴金钉子"确立的过程中，即使有"国际抵制""开放长兴难"等重重阻碍，但殷鸿福始终没有动摇，可谓是"历尽牺牲终不悔"。正是他不畏艰险、锲而不舍的宝贵品质，让他能够创造出一个又一个耀眼的成就。

在"治学"方面，首先，他对地质与古生物研究具有浓厚的兴趣，并且他坚定地相信自己能在地质学、古生物学有所成就，有着为祖国地质事业终身奉献的信念；其次，他有"问道争朝夕，治学忌功利"的治学态度，高瞻远瞩的气魄与开拓创新的思维方式。

在上海育才中学读一年级时，地理老师黄杰明用火热的爱国之情、诗性的语言给殷鸿福描绘了祖国的地理地貌，这在年轻的殷鸿福心中种下了一颗"地质之种"。受到黄杰民老师的影响，以及被地球的神秘感吸引，殷鸿福逐渐对地学产生了浓厚的兴趣。高中毕业报考大学时，刚刚成立的中华人民共和国急需地质人才，殷鸿福心中的"地质之种"也迅速发芽成长，他毅然选择了刚成立不久的北京地质学院并且选择了冷门的地质矿产与勘探系。回顾自己的地质生涯，殷鸿福曾说："我以自己能终身做一个地质工作者为祖国服务而感到幸福和自豪。"可见，对地质的浓厚兴趣以及终身奉献的信念是殷鸿福在"地质之路"上不断前进的动力源泉。

"问道争朝夕，治学忌功利"可谓是殷鸿福"治学之道"的精髓。"问道争朝夕"可由他治学历程的三个阶段来体现，分别是：20世纪50年代中期至70年代末，生物地层学；20世纪80年代初至90年代初，生物地质学；20世纪90年代初至今，地球生物学。在这三个阶段，殷鸿福团队均取得了荣获国家自然科学奖二等奖的成果。对于这个历程带来的启示，他曾说："'问道'是指走学术的道路需要不断地开拓与创新，而'争朝夕'是指要时刻思考这条路该怎么走，只有力争朝夕地去开拓与创新，才能始终走在世界的前沿。"[①] 也正是由于他高瞻远瞩的气魄与开拓创新的思维方

---

① 殷鸿福：治学与做人。2019年，未刊稿。资料存于采集工程数据库。

式，使得他能够不断开拓新的研究领域，取得一个又一个研究成果，也使得他成为当选中科院院士后获奖次数最多的院士之一。

"治学忌功利"可由他的"三次选择"来诠释。"第一次选择"在于他放弃热门专业而选择了冷门的地质专业。这次选择意义非凡，它代表殷鸿福正式开启"地质之门"。"第二次选择"在于从1961年研究生毕业到1978年升讲师，殷鸿福选择坐了17年"冷板凳"，其中有15年的科研空白。面对政治运动的冲击，他并没有选择放弃而是默默地坚持做科研。这次选择也使得殷鸿福在1978年迎来了自己科研成果的小爆发，他在三年内发表了十余篇论著，为后续的"地质之路"打下基石。"第三次选择"在于1982年访学结束后，他放弃国外丰厚的条件而选择回国，不遗余力地为祖国的地质发展作出贡献。这三次选择都体现出殷鸿福"不图名利"的治学态度。

附录一　殷鸿福年表

1935年

3月15日，出生于山东威海，出生后不久就随父母到上海生活。家中有兄弟姐妹五人，三男两女。父亲毕业于南开大学，在上海英国领事馆做翻译兼秘书。

1937年

八一三事变爆发，上海陷入战争。一家人生活在上海公共租界内，暂未受影响。

1940年

全家在上海生活。

1941年

12月，太平洋战争爆发，日本占领上海公共租界。

跟随祖父母、姑姑和姐姐逃难回老家浙江舟山的定海县生活。父母留在上海工作。

1942年

9月，于浙江舟山的定海县平政桥小学（现名定海小学）读一年级。

1946年

7月，于浙江省舟山定海县平政桥小学毕业，随家人返回上海。

9月，进入上海市育才中学读初中，受地理老师黄杰民的影响，激发出探索地球奥秘的兴趣。

1949年

7月，于上海市育才中学初中毕业。

9月，继续于上海市育才中学读高中。

11月，加入中国共产主义青年团，并在班里担任团支部委员。

1951年

中学时，除课程作业外，还接受父亲的英语课外辅导和作业，打下了较好的英语基础。

高二时，响应抗美援朝号召，报名参军，未获批准。

1952年

7月，于上海市立育才中学高中毕业。

9月，大学入学考试时以优异成绩报考地质专业，进入北京地质学院矿产地质与普查勘探系学习。

1953年

5月，接受中国青年报采访，写《正确选定志愿，使我学习得好》一文。

7月，在北戴河进行地学认识实习。

9月，进入二年级，选择该系煤田地质及勘探专业方向。

大学二至三年级，担任班长和团支委。

1954年

7月，在唐山教学实习。

大学二年级暑假，参加了学校组织的约30名全优生（各门课都达到优秀的学生）参加的，由校苏联专家组长、化石专家帕夫林诺夫带领的南京汤山地质观察、化石采集活动，并参观南京大学。

大学二到四年级，积极参加跑西山活动。

1955年

7月，到山西大同煤矿实习，参加矿区1:5万比例尺地质填图。

9月，回校后参加学校和班级的肃反运动。

大学四年级，因肺结核辞去班长职务。

1956年

2—4月，撰写本科毕业论文。

5月，因需暂调西北地质局半年，在甘肃、新疆交界的公婆泉地区进行煤的普查找矿工作。在野外期间学校颁发北京地质学院毕业证书。

9月回校，10月参加研究生考试，11月被录取。

12月，进入北京地质学院地层古生物专业攻读副博士研究生，师从著名地质古生物学家杨遵仪教授。

1957年

研究生阶段兼任助教。

第一年出野外，在贵州都匀、独山及广西桂林一带进行地层古生物研究工作。

1958年

参加中国科学院组织的祁连山科学考察，赴青海南祁连山区的青海湖、天峻、茶卡一带工作，重点是石炭系至三叠系地层古生物研究。

1959年

研究生第三年，在北京地质学院勤学苦读。

为三峡建坝留库区地层资料，率地层古生物专业班学生去宜昌秭归一带测制三峡地层。

1960年

研究生第四年。

3—4月，参加大干（科研）40天，五一献礼，负责阜新软体生物群研究。

5月前往准备参加勘探，6—10月底赴贵州山区勘探，因肺结核复发，发着39℃的高烧，带病搜集研究生毕业论文《贵州三迭纪生物地层问题》的野外资料。返校后开始毕业论文撰写工作。

1961年

完成研究生毕业论文《贵州三迭纪生物地层问题》的撰写，修改重建了贵州省三叠系生物地层框架，但因肺结核推迟半年毕业。

5月18日，副博士毕业答辩，毕业论文成绩和答辩成绩均为优秀。从北京地质学院研究生毕业后留校任助教。

1961—1978年，一直在北京（武汉）地质学院地质系（学院）教授古生物学、古生态学及古生物专题——软体动物门（或瓣鳃纲）并数次承担有关教材的编写出版。是古生物教研室教学工作量最饱满的教员之一。

1962年

6月，以第一作者发表第一篇学术论文《贵州三迭纪生物地层问题》。该文和后续论文提出对嘉陵江组和雷口坡组时代的重新认识，建立了贵州三叠系地层框架。

9月，《贵州三迭纪生物地层问题（续）——贵州三迭纪岩相分区和古生态分析》发表。本文是《贵州三迭纪生物地层问题》一文的补充，目的在于将贵州三叠纪岩相和生物古生态联系为一个整体，以便有助于划分地层区，确定各时期化石组合的地理和岩相分布，并从中选择适宜的带化石，以及用以推测沉积矿床的远景。

1963年

与古生物教研室杨式溥等合作的我国第一部古生态学教材《古生态学》出版。

1964年

参加"四清"运动，到京郊房山农村进行四清。

与夫人胡雍结婚。

1965年

女儿殷蔚华出生。

3—5月，学校开展教育思想革命，讲学用毛泽东教育思想。个人作思想总结，并进行批评与自我批评。

1966年

3月，和北京石油学院张一伟等师生、北京地质学院陈发景等师生一起参加湘鄂西石油勘探大会战，至11月回校。

1967年

5月，开展"高校六十条"批判，参加教研室讨论高校十七年红线与黑线。

1968年

10月，因家庭出身及对四人帮的某些看法被审查，于1969年3月经宣传队批准结束审查。

儿子殷蔚明出生。

1969年

1969—1971年，被下放到赣南吉安老区仁和附近的农村，接受贫下中农再教育，插秧、打垒建房子，从事木匠工作。

1972年

"五七干校"解散，返回工作岗位，继续在北京地质学院担任助教，到"文化大革命"结束期间一直保持自主学习。从1972年返校到1978年恢复高考招生的六年间，他放弃与家人团聚的机会，守在学校搞研究。

1974年

12月，贵州省三叠系研究系列论文《贵州贞丰、青岩中、上三叠统瓣鳃类》发表。后扩充为《古生代瓣鳃纲》和《中生代瓣鳃纲》，发表于《西南地区古生物图册·贵州分册》（1978）。

1975年

北京地质学院整体迁至湖北省省会武汉，更名为武汉地质学院，随学校变动来到武汉工作。

1976年

1976—1977年，学校迁汉后因无校舍，寄居于武昌教师进修学院及中医学院，为地质系讲古生物学课。其间参与杨遵仪教授与青海地质局合作的南祁连山三叠系研究（成果于1978年及1983年出版）。

1978年

"文化大革命"结束，其间研究成果陆续发表。晋升为武汉地质学院讲师。

1979年

作为作者之一参与完成了由杨遵仪院士、郝诒纯院士主编的《古生物学教程》。

9月及12月，论文《陕西渭北石千峰群的海相化石》及论文《陕西渭北地区三叠纪海相化石层并论石千峰群的时代》发表，论证了华北三叠纪初存在海侵，打破了纯陆相的传统观点。

1980年

7月，论文《三叠纪古生物地理与大陆漂移》发表。

1980年3月—1982年3月，作为高级访问学者赴美访问。在史密森学会国家自然历史博物馆（华盛顿，1980—1981）和美国自然历史博物馆（纽约，1981—1982）任高级访问学者。其间，与美国前古生物学会主席埃利斯·约克尔森合作研究三叠纪软体动物，先后在耶鲁大学和纽约科学院等25所大学和研究所作了关于中国地质和古生物研究的报告。完成6篇SCI学术论文。三次参加美国地质协会年会并作报告。

晋升为武汉地质学院副教授。

1981年

8月，论文《克氏蛤和正海扇的分布及其地质意义》发表，提出三叠世分布新依据。

1982年

1月，论文《中国的拉丁阶问题》发表，提出中国拉丁阶大海退新观点。

3月，在美进修期满，回武汉地质学院继续任教。

4月，其研究成果《三叠纪古生物地理与大陆漂移》获武汉地质学院年度优秀科研成果三等奖。

12月，其关于国外古生物学研究现状成果的论文《国外古生物学理论的新进展》发表。

1982—1985年，培养首批硕士研究生：童金南、凌秋贤。

论文《华南二叠系最高层（长兴阶）海扇》[*Uppermost Permian (Changxingian)*

Pectinacea from South China］发表，提出使用细弱湖南海扇为长兴期带化石。

1983年

7月，论文《"间断平衡论"风靡欧美——国外古生物学新动向之一》发表。提出二叠系—三叠系界线粘土岩火山成因学说，并主张二叠纪、三叠纪之交的生物大绝灭主要是海水进退、火山事件、地球化学异常所造成的灾变环境与生物内在演替规律相互作用的结果。传播访美收获的新思想、新理论，获得广泛反响。开始组织生物地质学分支学科——古生物地理学的研究。

7月，论文《古生代、中生代之交的华南双壳类——分带、对比与危机》发表，从双壳类角度来讨论古生代、中生代的界线及生物界危机问题。

合著《南祁连山三叠系》发表，建立西北地区第一个海相中生界地层系统——祁连山区海相三叠系地层系统。

论文《中国贵州青岩中三叠世腹足类1：翁戎螺和莫奇逊螺》（Middle Triassic Gastropoda from Qingyan, Guizhou Province, China: 1—Pleurotomariacea and Murchisoniacea）发表，论文提出在中国西南部贵州省的一条安尼期的岩石剖面的页岩和泥灰岩中发现了保存完好的腹足动物群，并进行了研究。

论文《华南二叠系—三叠系界线附近的双壳类》（Bivalves near the Permian-Triassic Boundary in South China）发表，对与朱尔法期到史密斯期同期的双壳类动物组合进行了全球综述。

1984年

11月，加入了中国共产党。

12月，获地矿部献身地质事业三十年荣誉证书。

论文《华南二叠—三叠纪界线及生物地层分带》发表，阐述了建立长兴阶作为国际二叠系最高层位的材料和理由，并提出了浙江长兴煤山剖面作为长兴阶的层型剖面。

撰写第二十七届国际地质交流大会学术论文《华南古、中生代之交海洋生物界的更替》。

1985年

1月,研究成果"华南及陕北晚二叠世及三叠纪双壳类、腹足类及其地质意义"获地质矿产部科技进步奖三等奖(排名第一)。

1月,其研究成果"华南海相二叠—三叠系界线地层研究"荣获地质矿产部科学技术成果奖三等奖。

7月,带队赴秦岭山区科考。其间疲劳过度摔伤在乱石丛中,造成粉碎性骨折并留下严重后遗症,但他克服伤病,继续活跃在野外第一线。

11月,荣获武汉地质学院优秀教师奖。

研究成果《南祁连山三叠系》获地质矿产部科学技术成果奖二等奖(排名第二)。

论文《过渡层——华南三叠系的底界》发表,首先提出过渡层的底才是华南三叠系的真正底界。

1986年

1月,研究成果"华南海相二叠系—三叠系界线地层研究"系列论文获地质矿产部科技进步奖三等奖、湖北省自然科学优秀学术论文二等奖。这一系列研究成果及其获得的荣誉为殷鸿福团队二叠系—三叠系界线"金钉子"研究打下了基础。

1月,论文《古生物演化的新思潮及其对地质学的影响》《关于新灾变论的争论现状》发表。

6月,担任武汉地质学院教授、博士生导师。

参加于意大利召开的国际二叠系—三叠系界线工作会议,报告论文《二叠系—三叠系生物地层界线的建议》(*A Proposal to the Biostratigraphic Criterion of Permian/Triassic Boundary*),提出以牙形石微小欣德刺的首次出现作为三叠系开始的标志,推翻了欧美国家一百多年前确定的化石标准,引起国际重视。

论文《居维叶在演化论方面的功与过》《中国三叠纪古生物地理区系》发表。

1987年

7月，与杨遵仪等编著的《华南二叠—三叠系界线地层及动物群》出版，提出二叠系—三叠系界线灭绝事件的两幕式及火山成因说。

11月，国家教委批准武汉地质学院更名为中国地质大学，武汉、北京两地办学，总部设在武汉。

12月，被武汉市科委授予"武汉科技新秀"称号。

1987—1993年，培养首批博士生：童金南（1987）、赖旭龙（1987）、姚华舟（1989）、谢树成（1993）等。

1988年

4月，与徐道一、吴瑞棠编著《地质演化突变观》一书出版，系统介绍了地质突变观这一新思潮，包括间断平衡论、新灾变论和事件地层学，引起国内对古生物新理论的注意。

7月，其研究成果《古生物演化的新思潮及其对地质学的影响》获湖北省科学技术协会第二届优秀学术论文三等奖。

10月，《中国古生物地理学》出版。

12月，荣获中国古生物学会尹赞勋奖。

论文《秦岭三叠纪分带及印支期发展史》发表，提出对秦岭地区三叠纪地层、岩相及构造发展形成的初步认识。

1989年

2月，钱学森写信向他请教《地质演化突变观》一书中的问题。

3月，论文《论地史上温带生物区系的识别方法》发表，提出地史上温带生物区系的识别方法。

7月，研究成果《华南二叠—三叠系界线地层及动物群》获国家教育委员会科技进步奖二等奖（排名第二）；《中国古生物地理学》获地质矿产部科技进步奖二等奖（排名第一）。

7月，当选南京地质古生物研究所现代古生物学和地层学开放研究实验室学术委员会委员。

9月，受聘为《古生物学报》编辑委员会副主编。

作为国际地质对比规划"203"项"东特提斯地区二叠系—三叠系事件及其洲际对比研究"部分研究成果，论文《华南二叠纪—三叠纪之交的火山活动及其对生物绝灭的影响》发表。

1990年

国家人事部授予"有突出贡献的中青年专家"称号。

1990年11月—1991年5月，作为高级访问学者赴英国自然历史博物馆访问学习。

1991年

1月，研究项目"海相二叠三叠系生物地层界线划分新方案的研究"获地质矿产部地质科技进步奖三等奖（排名第一）。

7月，被国家人事部授予"有突出贡献的中青年专家"称号并享受国家政府特殊津贴。

9月，论文《秦岭晚海西—印支期构造古地理发展史》发表。

参加了1983—1987年、1988—1992年（任秘书长）两届以二叠系—三叠系为主题的国际地质对比规划（IGCP）项目。1991年，共同主编外文专著《东特提斯二叠纪—三叠纪事件》(*Permo-Triassic Events in the Eastern Tethys*)在剑桥大学出版社出版。

被中国地质大学（武汉）推荐为中国科学院学部委员候选人。被中国地质大学（武汉）杨遵仪院士等推荐为中国科学院院士候选人。

1991年，当选为中国古生物学会副理事长，于1995年卸任。

1992年

5月，当选为国家自然科学基金委员会地球科学部学科评审组成员。

9月，其研究成果《华南二叠纪—三叠纪之交的火山活动及其对生物绝灭的影响》再提生物灭绝的火山成因说，获《地质学报》优秀论文奖。

论文《火山活动对华南二叠纪—三叠纪生物灭绝的影响》（*The Effects of Volcanism on the Permo-Triassic Mass Extinction in South China*）发表，把生物灭绝的火山成因说推向国际。

1993年

4月，其研究成果《秦岭及邻区三叠系》获地质矿产部科技进步奖二等奖（排名第一）；研究成果《西藏阿里地区地层及古生物》获地质矿产部科技进步奖二等奖（排名第四）。

8月，以全票当选国际二叠系—三叠系界线工作组组长。在加拿大召开的国际二叠系—三叠系界线工作组会议上，确定了4个国际二叠系—三叠系界线层型候选剖面，其中3个候选层型在中国，尤其浙江长兴煤山位居榜首。

8月，担任《古生物学报》编辑委员会副主编。

10月，获李四光地质科学奖委员会颁发的李四光地质科学研究奖。

11月，论文《二叠系—三叠系的全球年代地层单位界线层型候选剖面》（*Candidates for Global Stratotype Sections of the Permian-Triassic Boundary*）发表。

12月，当选为中国科学院院士。

1993—1997年，任国际地质对比规划"359"项目（环太平洋、特提斯、冈瓦纳边缘二叠系、三叠系）主席。

论文《思维的定势化问题》发表，以近年来地层学古生物学的螺旋式发展历程为例，说明思维方式对于学术发展的重要性。

1994年

3月，当选为国家自然科学基金委员会地质学科评审组成员。

4月，其研究成果《华南二叠、三叠纪过渡期地质事件》获地质矿产部地质科技进步奖二等奖（排名第三）。

5月，接待李岚清副总理视察中国地质大学。

9月，论文《扬子区晚二叠世—中三叠世海平面变化》发表。

9月，当选为第三十届国际地质大会顾问委员会委员。

9月，赴奥地利参加"第三届浅水特提斯"国际会议并主持分会会场。

10月，评选为湖北省特等劳动模范。

11月，其研究成果《西秦岭及松潘地区印支期生态地层和金的生物成矿研究》获中国地矿部地质科技进步奖三等奖（排名第一）。

11月，论文《生物地质学》发表，明确提出要"走生命科学与地球科学学科交叉的道路"，以地球环境与生物的协同演化为主攻方向。

12月，担任中国地质大学（武汉）地球科学学院院长（至1996年9月）。

论文《煤山——GSSP二叠系—三叠系界线候选层型》[The Meishan Section—Candidate of the Global Stratotype Section and Point（GSSP）of the Permian-Triassic Boundary（PTB）]发表。

著作《中国古生物地理学》（The Palaeobiogeography of China）英文版由英国牛津大学出版社出版，此书系统地提出中国各时代的古生物地理区划，并为我国板块活动提供了一个方面的论证。

论文《古生物学向何处去》发表，提出古生物学要通过发展生物地质学，并指引古生物学应该走与地质学全面结合的路子，为地学全方位服务以焕发青春。

论文《东亚三叠纪事件》（Triassic Events of East Asia）发表，提出在三叠纪晚期，泛大陆东部经历的主要过程是整合而不是分裂。

1995年

3月，论文《层序地层界面与年代地层界面的关系》发表。

4月，国务院授予其"全国先进工作者"称号。

4月，任湖北省科学技术协会委员会常委。

8月，论文《早古生代镇淅地块与秦岭多岛小洋盆的演化》发表，解释了东秦岭加里东期"碰撞而不造山"的问题，提出多岛小洋盆的概念。

9月，当选为国家教育委员会第二届高等学校地质学教学指导委员会副主任。

11月，参加于越南河内举办的东南亚地质会议，任主席团成员并主持分会场。

11月，论文《秦岭显生宙古海洋演化》发表。系统提出应用古地磁、构造、沉积、地球化学、古生物地理和古气候进行古海盆的活动论复原方法，并以秦岭和华南为对象探索活动论的古海洋恢复和盆地演化。

12月，主编的我国第一部生态地层学专著《扬子区及其周缘东吴—印支期生态地层学》出版。充实与修正了生态地层学的理论和方法，是国内外第一部系统的区域性生态地层专著。

"金钉子"定址第一次预投票，浙江长兴煤山获胜。

提出了生物—有机质—流体成矿系统的理论体系。

1996年

1月，任地质矿产部科学技术高级顾问。

4月，作为"359"项目主席访问澳大利亚及新西兰并召集年度会议。

5月，担任中国典型培养物保藏中心顾问。

7月，当选为国家自然科学基金委员会第六届学科评审组成员。

7月，开始担任中国地质大学（武汉）校长，于2003年7月卸任。

"金钉子"定址第二次预投票，浙江长兴煤山获胜。

10月，大龙口事件爆发。长兴煤山作为军事区被抵制，将"金钉子"定址中国被迫中断。

11月，被评为中国地质大学（武汉）优秀研究生导师。

担任国际地质对比规划"359"项目主席，从30届（1996）至32届（2004）国际地质大会，连续担任有关分会场的召集人。

任"中国西部不同类型造山带及非史密斯地层区1∶25万区域地质填图方法研究"项目负责人。

论文《推荐煤山剖面作为三叠系底部界线GSSP层型》（*Recommendation of the Meishan Section as Global Stratotype Section and Point for Basal*

Boundary of Triassic System）发表。联合九名委员正式建议煤山为国际二叠系—三叠系界线层型候选剖面。

发表院士建议《对造就青年科技人才的看法与建议》。胡锦涛同志对此文作了重要批示："此建议很有针对性，值得重视。请中组部、人事部认真研究，改进工作"。

1997年

4月，论文《为层序地层学服务的生态地层学研究》发表，为层序地层学研究和区域及至全球的海平面变化分析提供了重要的方法和手段。

5月，当选为国务院学位委员会第四届学科评议组成员。

5月，当选为湖北省科学技术协会第五届全省委员会副主席。

12月，任南京地质古生物研究所现代古生物和地层学开放研究实验室第三届学术委员会副主任。

共同主编的外文专著《晚古生代和早中生代环太平洋事件及其全球相关性》（*Late Palaeozoic and Early Mesozoic Circum-Pacific Events and Their Global Correlation*）在剑桥大学出版社出版。

论文《东亚三叠纪生物地层学与古生物地理学》（*Triassic Biostratigraphy and Palaeobiogeography of East Asia*）发表，将主要的三叠纪生物群的生物地层进行了对比，总结了东亚的三叠系。

参加曼谷东南亚西太平洋地质会议，任主席团成员并主持分会场。

1998年

3月，当选为第九届全国政协委员（后连任第十届全国政协委员，于2007年3月卸任）。

7月，参加中俄韩国际学术会议。

9月，论文《中央造山带的演化及其特点》发表。

10月，主持武汉"泛大陆及古、中生代之转折"国际会议。

10月，主持武汉"中国中央造山带结构、组成和演化"国际学术研讨会。

11月，获中国地质大学（武汉）优秀研究生指导教师荣誉证书。

12月，任高等地质学报编辑委员会编委。

12月，《秦岭造山带岩石圈结构、演化及其成矿背景》获得国家教委科技进步奖一等奖（排名第五）。

与 S. 鲁卡斯（S. Lucas）共同主编《二叠系—三叠系界线和全球三叠系对比》(The Permian-Triassic Boundary and Global Triassic Correlations) 专集，在《古地理学　古气候学　古生态学》(Palaeogeography, Palaeoclimatology, Palaeoecology) 出版。

1999年

4月，主编《生物成矿系统论》出版，这是生物地质学又一分支学科——生物成矿作用的专著，提出了生物—有机质—流体成矿系统的理论体系。将生物成矿作用扩展到有机热流体—多金属矿床领域。

12月，"秦岭造山带岩石圈结构与演化"获国家自然科学奖二等奖（排名第五）。

1999年12月，任教育部霍英东教育基金会顾问委员。

1999年，任全国地层委员会副主任。

任"泛大陆及古、中生代转折期"国际学术会议主席。

其创建的"地球表层系统实验室"被湖北省科委批准为省级开放实验室。

论文《华南是特提斯多岛洋体系的一部分》发表，提出华南是特提斯多岛洋体系的一部分。

论文《关于"非史密斯地层"的若干问题讨论》发表，提出运用非史密斯地层学与大地构造相分析，研究混杂岩及其相关岩石组合、结构构造特征与形式、演化和大陆动力学意义及造山带构造岩片裂解拼合四维复原法。

论文《从地学角度谈长江中游防洪》发表。

先后任国家自然科学基金委员会地质学科专家咨询组组长，"地球环境与生命过程"科学指导与评估专家组副组长、组长。

2000年

2月，其研究成果《秦岭造山带岩石圈结构、演化及其成矿背景》获得梁亮胜侨界科技奖励基金二等奖。

8月，前往巴西里约热内卢参加第三十一届国际地质大会（IGC）并作报告。

9月，论文《从生物演化看可持续发展》发表。

11月，当选为中国地质调查局地层古生物学研究中心第一届学术委员会委员。

12月，"江汉平原自然环境变化与环境地质问题"项目获得湖北省科技进步奖三等奖（排名第三）。

12月，著作《中国古生物地理学》（中、英文版）获湖北省自然科学奖一等奖（排名第一）。

12月，担任霍英东教育基金会顾问委员会委员。

12月，担任南京地质古生物研究所现代古生物和地层学实验室学术委员会副主任。

主编专著《特提斯与西环太平洋二叠纪—三叠纪的演化》（*Permian-Triassic Evolution of Tethys and Western Circum-Pacific*），在爱思唯尔（Elsevier）出版。

论文《实施信息化数字化工程是创建一流大学的有效途径》发表，总结了地质大学实行该工程的经验。

论文《中国三叠系及其区域间对比》（*The Triassic of China and Its Interregional Correlation*）发表，发现三叠纪地层构成了一个具有明显双旋回特征的二级层序组（四个二级层序）和十二个三级层序，强调了印支期造山运动对三叠系层序及其分布的影响。

当选为国际地层委员会三叠系分会副主席。

与贾兰坡院士等合著的《生命的历程》一书获2000年全国科普作品三等奖（排名第三）。

2001年

2月，由国际地质科学联合会确认，浙江长兴煤山剖面正式树为全球年代地层单位界线层型剖面和点位（GSSP）。

9月，获中国地质大学"211工程"一期建设先进个人一等奖荣誉。

11月，作为全国政协九届三次会议1331号提案《大力发展光电子产业，建议在武汉建立"武汉·中国光谷"案》的提案人，中共武汉市委员会和武汉市人民政府对其予以表彰，并颁发荣誉证书。

12月，其研究成果"全球二叠系—三叠系界线层型研究"获湖北省自然科学奖一等奖（排名第一）。被评为2001年中国基础科学研究十大新闻之一（科学技术部）、2001年中国高等学校十大科技进展之一（教育部）、2001年中国十大科技新闻之一（科技日报）。并于2002年获国家自然科学奖二等奖。

2001—2005年，任教育部地球科学教学指导委员会主任。

论文《二叠系—三叠系全球年代地层单位界线层型剖面和点位》[The Global Stratotype Section and Point (GSSP) of the Permian–Triassic Boundary] 发表，说明国际地质科学联合会已经批准了二叠系—三叠系界线的全球界线层型剖面和点位划在微小欣德刺牙形石带之底，即中国华南浙江省长兴县煤山D剖面27c底部。

论文《人类活动对长江洪水和洪灾的影响》（Human Impact on Floods and Flood Disasters on the Yangtze River）发表，指出洪水泛滥的情况是对自然环境不恰当的人为干预的结果，建议合适的策略应从"挡住洪水"改为"疏导洪水"。

任"二叠系—三叠系全球界线层型及古生代—中生代事件"国际学术会议主席。

作为第二作者出版《造山带混杂岩区地质填图理论、方法与实践——以东昆仑造山带为例》，从非史密斯地层学角度对东昆仑造山带混杂岩石带内各类岩石建造体进行了翔实的调查和分析，并对造山带混杂岩非史密斯地层单元系统的建立、划分等提出全新的、科学的理论方法体系。

2002年

1月，被评为湖北省杰出专业技术人才。

5月，当选为《中国地质通报》编委会特邀委员。

6月，论文《早古生代镇淅地块与秦岭多岛小洋盆的演化》获《地质学报》优秀论文奖。

10月，获中国地质学会半个多世纪献身地质事业荣誉。

2002—2006年，主持国家自然科学基金委重点科研项目"古、中生代之交生命环境过程及其对当代的启示"。

获教育部何梁何利基金会"何梁何利科学与技术进步奖"。向母校中国地质大学（武汉）捐赠人民币39.5万元，设立"殷鸿福与金钉子奖学金"，并获得捐赠证书。

2003年

1月，其研究成果"全球二叠系—三叠系界线层型研究"获国家自然科学奖二等奖（排名第一）。

2月，参加2002年度国家科学技术奖励大会。

6月，任第四、五届国务院学位委员会委员（2003—2012）。任国务院学位委员会第五、六届地质学科评议组组长。担任《地球科学（中国地质大学学报）》中、英文版编委。

10月，其研究成果"中国古大陆及其边缘层序地层与地球节律研究"获国土资源科学技术奖一等奖。

12月，任中国地质调查局地层与古生物中心特邀委员。

2003—2007年，任国际地质对比规划"359"项目主席。

2003—2008年，任政协第十届全国委员。

将非威尔逊旋回理论与非史密斯地层学方法成功地应用于"中国西部不同类型造山带及非史密斯地层区1∶25万区域地质填图方法研究"课题。

2004年

4月，任中国地质大学江城学院名誉院长。

5月，当选为国家自然科学基金委地球科学部第二届专家咨询委员会委员。

8月，参加意大利佛罗伦萨第32届国际地质大会（International Geological Congress），作晚二叠世—早三叠世事件和特提斯重建的报告并主持两个分会议。

12月，获"湖北省优秀研究生导师"称号。

论文《长江中游的泥沙淤积问题》发表。

论文《亚欧特提斯东部多岛洋系统》（The Archipelagic Ocean System of the Eastern Eurasian Tethys）发表。

2005年

1月，任中国地质调查局高级咨询专家。

3月，论文《两次微生物群落变化与二叠纪—三叠纪生物大灭绝》（Two Episodes of Microbial Change Coupled with Permo-Triassic Faunal Mass Extinction）在《自然》刊物发表。

担任《中国地球科学前沿》（Frontiers of Earth Science in China）主编。

创建的生物成矿实验室被批准为湖北省及教育部开放实验室。

作为国家自然科学基金委地球环境与生命过程重点方向的组长，组织了生物与环境协调演化的双清论坛。

以第一作者身份发表著作《生物地质学》。

主持的"生物与环境相互作用"列入国家自然科学基金委"十一五"一级重大科学课题。

2006年

3月，获"'科学中国人'2005年度人物"称号。

5月，参加并主持第二届国际火山大会（IVECEI Ⅱ）。

6月，参加并主持于北京举办的第二届国际古生物学大会（The Second Intern. Palaeontology Congress）。

11月，获校研究生教育突出贡献荣誉。

2007—2011年，承担中石化重大项目"华南海相优质烃源岩形成的地球生物学过程"，并被评为16个项目中3个较好项目之一。其后与团队成员谢树成等共同发表《烃源岩地球生物学》专著，提出烃源岩形成的地球生物学模型，建立了评价烃源岩的地球生物学的新方法，提出一些潜在的烃源岩新层位。

2007年

1月，作为客座主编的《中生代—古生代之交的环境和生物变化》（Environmental and Biotic Changes During the Paleozoic–Mesozoic Transition）专集由《地球与行星变化》（Global and Planetary Change）刊物出版。

3月，作为共同客座主编的《亚洲季风性河流》（Monsoon Rivers of Asia）专集由《地貌学》（Geomorphology）刊物出版。

7月，任《科技创新与品牌》杂志编委会副主任。

8月，作为国家自然科学基金委地球环境与生命过程重点方向的组长，组织国际中国地球科学促进会（IPACES）2007会议。

11月，与童金南共同主编的《古生物学》出版。

11月，任河南省生物遗迹与成矿过程重点实验室学术委员会主任。

12月，"长江中游主要水患区环境地质调查评估"获国土资源科学技术奖二等奖（排名第二）。

发表论文《论长江中游河湖关系》（On the River-lake Relationship of the Middle Yangtze Reaches）。

发表论文《二叠纪—三叠纪危机的延续与二叠纪—三叠纪界线的多期灭绝》（The Protracted Permo–Triassic Crisis and the Multi-episode Extinction Around the Permian–Triassic Boundary）。

2008年

1月，《生物地质学》获教育部自然科学奖一等奖。

1月，"生命与环境协调演化中的生物地质学研究"获教育部自然科学一等奖（排名第一）。

4月，任第五届国务院学位委员会委员。

8月，参加挪威奥斯陆第33届国际地质大会，并作报告。

12月，"生命与环境协调演化中的生物地质学研究"获国家自然科学奖二等奖（排名第一）。

12月，任国务院学位委员会第六届学科评议组组员。

提出了地球生物学初步的学科体系。

2009年

6月，荣获科技部野外科技工作突出贡献奖。

7月，参加古代分子生物国际会议。

9月，论文《谈地球生物学的重要意义》发表。

其团队为中国科学院地学部地球科学发展战略研究组撰写了《21世纪中国地球科学发展战略报告》一书中的《地球生物学与天体生物学》一节。

2010年

1月，任澳门科技大学荣誉教授。

6月，入选中国科学技术协会咨询专家库。

6月，于武汉组织了第一届国际地球生物学会议。

11月，任中国地质大学（武汉）金钉子教职工合唱团名誉顾问。

2011年

11月，负责中国科学院地学部学科发展战略研究项目"地球生物学与天体生物学"，这是他所承担的三项地球生物学及地质微生物学学科发展战略研究项目的第一项。

12月，领头创建的中国地质大学（武汉）"生物地质与环境地质国家重点实验室"申报成功，任实验室第一届学术委员会副主任。

12月，合著《长江中游洪灾形成与防治的环境地质研究》入选新闻出版总署第三届"三个一百"原创出版工程。

论文《海相碳酸盐烃源岩评价的地球生物学方法》发表。

合著《地球生物学：生命与地球环境的相互作用和协同演化》出版。

2012年

2月，与张克信共同完成的《东昆仑造山带1∶25万冬给措纳湖幅》获全国区域地质调查优秀图幅展评一等奖。

3月，任《地学大辞典》地质学学科副主编。

5月，陪同温家宝总理参观中国地质大学（武汉）生物地质与环境地质国家重点实验室，并向温总理介绍"金钉子"成果。

9月，于武汉组织了第二届国际地球生物学会议。

9月，发表《反思与期盼——中国地质大学建校60周年感言》纪念中国地质大学建校60周年。

9月，任宁夏回族自治区特聘专家。

论文《煤山GSSP剖面二叠纪—三叠纪界线的两次环境变化》（*Two Episodes of Environmental Change at the Permian–Triassic Boundary of the GSSP Section Meishan*）发表。

2013年

1月，获第二届湖北省出版政府奖。

1月，论文《古、中生代之交生物大灭绝与泛大陆聚合》发表。

3月，在北京主持中国科学院"地球生物学"科学与技术前沿论坛。

6月，参加世界屋脊中美联合国际会议，主持分会场并作报告。

发表论文《华南二叠纪末海退及其对生物大灭绝的影响》（*The End-Permian Regression in South China and Its Implication on Mass Extinction*）。

2014年

3月，"中国地层表及说明书"项目获中国地质科学院2013年度十大科技进展。

2011—2014 年，在武汉及外地高校、科研单位等作励志报告 10 次以上；在校内对学生及各单位作励志报告 10 次以上。

2015年

1 月，《殷鸿福文集》出版，总结 80 年的人生历程。

2 月，任罗平生物群大洼子化石村、兴义泥麦古化石村科学顾问。

7 月，"中国学科发展战略"丛书《地球生物学》出版。

2015—2016 年，在武汉及外地高校、科研单位等作励志报告 6 次。

2016年

9 月，任第 571 次香山会议（中国沉积学的未来国际会议）执行主席。

12 月，当选为生物地质与环境地质国家重点实验室顾问委员会主任。

参与由童金南负责的国家自然科学基金委中英合作"二叠纪—三叠纪危机后生态系统重建和复苏过程"项目。

2017年

6 月，任武汉市长江文明馆名誉馆长、武汉自然博物馆名誉馆长兼学术委员会主任；参加武汉市大河生命馆筹建工作。

7 月，代表地大师生迎接温总理，并伴其参加太平山野外地质教学实习，在太平山背斜南翼观察讲解地质现象。

2017—2018 年，负责中国科学院地学部"中国深部地下生物圈"学科发展战略研究项目。

2018年

9 月，荣获教育部与中央广播电视总台《寻找最美教师》2018 年度"最美教师"称号。

9 月，荣获楚天都市报、湖北教育基金会、湖北电视教育频道共同颁发的"荆楚好老师"特别奖。

11 月，在中国古生物化石保护基金会与新华公益共同举办的"平凡化石故事·非凡贡献人物（1998—2018）"活动中，获得"非凡贡献人物（终身成就）"荣誉。

11月，任中南地质科技创新中心咨询专家委员会主任委员。

《显生宙古气候转型过程中的重大地质事件及其高精度时间标尺》获得湖北省自然科学奖二等奖（排名第五）。

2019年

1月，荣获中华全国归侨联合会、凤凰卫视2018—2019年度"华人教育名家"称号。

1月，启动第三项学科发展战略研究"极端地质环境微生物"（2019—2020）。

3月，向中国地质大学（武汉）教育发展基金会捐赠人民币20万元，用于补充"殷鸿福与金钉子奖学金"，并签署捐赠协议书。

6月，第二轮学科发展战略研究报告《深部地下生物圈》出版。

7月，被"中国国情与发展"论坛组委会聘请为论坛成员（2019—2021）。

11月，荣获中国古生物学会"终身成就荣誉"。

12月，与周修高合著科普书《生物演化与人类未来》出版。

2020年

2月，与其他8名在汉院士在《长江日报》集体发声："武汉抗疫必胜"。

7月，牵头撰写的咨询建议《深入实施长江大保护战略，全力创建武汉"世界湿地之都"》，经武汉市委主要领导批示，要求有关市领导采纳借鉴，专题研究落实。

9月，其2019年录制的《我的学生时代》于12日在中央电视台科技教育频道播放，获得社会好评。

9月，牵头完成第三轮学科发展战略研究报告《极端地质环境微生物》。

2021年

3月,在80岁以上老人中率先接受新型冠状病毒肺炎疫苗注射,其视频广为传播。

12月,获首届湖北省杰出人物奖,并将奖金50万元捐赠,用于补充"殷鸿福与金钉子奖学金"。

附录二　殷鸿福主要论著目录

一、论文

[1] 杨遵仪，丁培榛，杨蔚华，等. 青海天峻德令哈区二叠纪、三叠纪地层 [G] // 兰州地层现场会议文集汇编——全国地层会议学术报告汇编，1962.

[2] 殷鸿福. 贵州三迭纪生物地层问题 [J]. 地质学报，1962，42（2）：153-184.

[3] 殷鸿福. 贵州三迭纪生物地层问题（续）——贵州三迭纪岩相分区和古生态分析 [J]. 地质学报，1962，42（3）：289-306.

[4] YIN H F. On Lithofacies and Palaeocology of the Triassic of Kweichow Province, China [J]. Scientia Sinica, 1963, 12 (8)：1169-1196.

[5] 吴顺宝，殷鸿福. 四川广安谢家槽三叠系划分中的几个问题 [J]. 寻找钾盐矿产文集（内刊），1964：30-32.

[6] 殷鸿福. 贵州贞丰、青岩中、上三叠统瓣鳃类 [J]. 地质科技资料（内刊），1974，74（5）：19-60.

[7] 殷鸿福. 三叠系新知数则 [J]. 地质科技资料（内刊），1975，2.

[8] 甘修明，殷鸿福. 古生代瓣鳃纲 [M] // 西南地区古生物图册：贵州

分册（二）．北京：地质出版社，1978．

［9］武汉地质学院，青海地研所．青海省三叠纪地层及岩相古地理特征［M］//国际交流地质学术论文集（二）地层、古生物．北京：地质出版社，1979：124-142．

［10］殷鸿福，林和茂．陕西渭北地区三叠纪海相化石层并论石千峰群的时代［J］．地层学杂志，1979，3（4）：233-241．

［11］杨遵仪，殷鸿福，林和茂．陕西渭北石千峰群的海相化石［J］．古生物学报，1979，18（5）：465-474．

［12］殷鸿福．三叠纪古生物地理与大陆漂移［J］．地质科学，1980（3）：265-278．

［13］殷鸿福．克氏蛤和正海扇的分布及其地质意义［J］．地质学报，1981（3）：161-169．

［14］殷鸿福．中国的拉丁阶问题［J］．地质论评，1982，28（3）：235-239．

［15］YIN H F. Uppermost Permian (Changxingian) Pectinacea from South China [J]. Rivista Italiana di Paleontologia e Stratigrafia, 1982, 88 (3): 337-389.

［16］殷鸿福．国外古生物学理论的新进展［J］．地质科技情报，1982（4）：1-3．

［17］YIN H F, YOCHELSON E. Middle Triassic Gastropoda from Qingyan, Guizhou Province, China: 1—Pleurotomariacea and Murchisoniacea [J]. Journal of Paleontology, 1983, 57 (1): 162-187.

［18］殷鸿福．"间断平衡论"风靡欧美——国外古生物学新动向之一［J］．地球科学——武汉地质学院学报，1983（2）：1-8．

［19］殷鸿福．国外古生物演化的新理论——间断平衡论及其启示［J］．化石，1983，2（3）：27-29．

［20］YIN H F, YOCHELSON E. Middle Triassic Gastropoda from Qingyan, Guizhou Province, China: 2—Trochacea and Neritacea [J]. Journal of Paleontology, 1983, 57 (3): 515-538.

[21] 殷鸿福. 古生代、中生代之交的华南双壳类——分带、对比与危机[J]. 地质论评, 1983, 29 (4): 303-320.

[22] 殷鸿福. 分支系统学与微板块假说——国外古生物学新动向之二[J]. 地球科学——武汉地质学院学报, 1983 (4): 49-56.

[23] YIN H F, YOCHELSON E. Middel Triassic Gastropoda from Qingyan, Guizhou Province, China: 3—Euomphalacea and Loxonematacea [J]. Journal of Paleontology, 1983, 57 (5): 1098-1127.

[24] 殷鸿福. 70年代以来国际双壳类研究的新进展[J]. 地质科技情报, 1984 (2): 21-26.

[25] 殷鸿福. 对促进地质学术繁荣和人才培养的一些看法[J]. 地质工作研究, 1984, 4.

[26] 杨遵仪, 殷鸿福, 吴顺宝, 等. 华南二叠—三叠纪界线及生物地层分带[M]//国际交流地质学术论文集——为二十七届国际地质大会撰写1. 北京: 地质出版社, 1984: 99-110.

[27] 殷鸿福, 徐桂荣, 丁梅华. 华南古、中生代之交海洋生物界的更替[M]//国际交流地质学术论文集——为二十七届国际地质大会撰写1. 北京: 地质出版社, 1984: 195-201.

[28] YIN H F. On the Transitional Bed and the Permian-Triassic Boundary in South China [J]. Newsletter on Stratigraphy, 1985, 15 (1): 13-27.

[29] YIN H F. Bivalves near the Permian-Triassic boundary in South China [J]. Journal of Paleontology, 1985, 59 (3): 572-600.

[30] 殷鸿福. 居维叶在演化论方面的功与过[M]//中国古生物学会. 中国古生物学会第十三、十四届学术年会论文选集. 合肥: 安徽科学技术出版社, 1986: 69-77.

[31] 殷鸿福, 凌秋贤. 中国三叠纪古生物地理区系[M]//中国古生物学会. 中国古生物学会第十三、十四届学术年会论文选集. 合肥: 安徽科学技术出版社, 1986: 189-204.

[32] YOCHELSON E, YIN H F. Redescription of Bellerophon Asiaticus Wirth from China, and a survey of Triassic Bellerophontacea [J].

Journal of Paleontology, 1985, 59（5）：1305-1319.

［33］殷鸿福. 论湖南海扇［J］. 古生物学报, 1985, 24（6）：635-639.

［34］殷鸿福, 吴顺宝. 过渡层——华南三叠系的底界［J］. 地球科学（武汉地质学院学报）, 1985, 10（特刊）：163-173.

［35］殷鸿福. 关于新灾变论的争论现状［J］. 地质科技情报, 1986, 5（1）：42-47.

［36］殷鸿福. 古生物演化的新思潮及其对地质学的影响［J］. 地质论评, 1986, 32（1）：73-79.

［37］YIN H F, YANG F Q, ZHANG K X, et al. A Proposal to the Biostratigraphic Criterion of Permian/Triassic Boundary［J］. Mem. Soc. Geol. It, 1986（34）：329-344.

［38］殷鸿福. 古中生代之交生物演化型式及原因［J］. 地质专报, 1987.

［39］殷鸿福. 间断平衡论［J］. 当代地质科学动向, 1987：35-38.

［40］GUPTA V J, YIN H F. Otoceras and the Permian-Triassic Boundary［J］. Journal Geological Society of India, 1987, 30（2）：132-142.

［41］YANG Z Y, YIN H F. Achievements in the Study of Permo-Triassic Events in South China［J］. Advances in Science of China：Earth Sciences, 1987, 2：23-42.

［42］殷鸿福, 杨逢清, 赖旭龙, 等. 秦岭三叠纪分带及印支期发展史［J］. 现代地质, 1988, 2（3）：355-365.

［43］殷鸿福, 张克信, 杨逢清. 海相二叠系、三叠系生物地层界线划分的新方案［J］. 地球科学（中国地质大学学报）, 1988, 13（5）：511-519.

［44］张克信, 殷鸿福. 天、地、生研究的新进展［J］. 地质科技情报, 1989, 8（2）：41-46.

［45］殷鸿福. 论地史上温带生物区系的识别方法［J］. 古生物学报, 1989, 28（2）：162-170.

［46］殷鸿福, 黄思骥, 张克信, 等. 华南二叠纪—三叠纪之交的火山活动及其对生物绝灭的影响［J］. 地质学报, 1989, 63（2）：169-181.

［47］谢树成，殷鸿福. 四川省松潘县东北寨金矿区发现早石炭世化石［J］. 地球科学（中国地质大学学报），1989，14（3）：270.

［48］张克信，殷鸿福，吴顺宝. 华南二、三叠之交的灾变群及其对生物大绝灭的效应［G］//天地生综合研究进展（第三届文集），1989.

［49］YIN H F. Paleogeographical Distribution and Stratigraphical Range of the Lower Triassic Claraia, Pseudoclaraia and Eumophotis（Bivalvia）［J］. Journal of China University of Geosciences，1990：102-114.

［50］殷鸿福，童金南. 80年代古生物学研究领域的进展［J］. 中国地质，1990（1）：12-13.

［51］殷鸿福，聂泽同. 阿里三叠纪双壳类［J］. 西藏阿里古生物，1990：100-114.

［52］殷鸿福，聂泽同. 阿里地区侏罗纪双壳类［J］. 西藏阿里古生物，1990：160-179.

［53］YIN H F. Mesozoic and Cenozoic Paleoclimate of China in View of Paleobiogeography［G］// Progress in Geology of China（1989—1992）—Papers to 29th IGC. 1990：287-290.

［54］林明月，殷鸿福. 黔西南长兴期有孔虫化石群落研究［J］. 河北煤炭建筑工程学院学报，1991（1-2）：33-38.

［55］林明月，殷鸿福. 黔西南长兴期生态地层的初步研究［J］. 地球科学（中国地质大学学报），1991，16（2）：127-135.

［56］殷鸿福，赖旭龙. 秦岭三叠纪岩相古地理特征［J］. 矿物岩石地球化学通讯，1991（4）：246-247.

［57］殷鸿福，杨逢清，赖旭龙. 秦岭晚海西—印支期构造古地理发展史［G］//秦岭造山带学术讨论会论文选集，1991：68-77.

［58］YIN H F. Triassic Paleobiogeography of China［J］. Saito Ho-on Kai Spec. Pub，1991（3）：403-421.

［59］SWEET W C，YANG Z Y，DICKINS J M，et al. Permo-Triassic Events in the Eastern Tethys—an Overview［M］//Sweet et al. Permo-Triassic Events in the Eastern Tethys，1991.

［60］殷鸿福，赖旭龙．生态地层学与层序地层学［J］．中国煤田地质总局南方煤田组研究工作通讯，1992，1：57-71．

［61］赖旭龙，殷鸿福，杨逢清．秦岭三叠纪古海盆的生态地层、生物古地理特征及其演化［J］．地球科学（中国地质大学学报），1992，17（3）：345-352．

［62］殷鸿福，赖旭龙，杨逢清，等．论官亭群的时代归属［J］．地球科学（中国地质大学学报），1992，17（3）：280．

［63］殷鸿福，童金南．贵州南部拉丁—卡尼阶过渡层［J］．地球科学（中国地质大学学报），1992，17（3）：308．

［64］SWEET W C，杨遵仪，殷鸿福，等．东特提斯二叠—三叠纪事件概述［J］．现代地质，1992，6（4）：373-383．

［65］谢树成，殷鸿福，周修高，等．金属矿床的生物成矿作用［J］．地质科学译丛，1992，9（增刊）：1-9．

［66］殷鸿福．东亚三叠纪古生物地理［J］．地球科学（中国地质大学学报），1992，17（增刊）：123-136．

［67］殷鸿福，谢树成．四川松潘东北寨金矿预富集过程中的菌藻成矿作用［J］．地球科学（中国地质大学学报），1992，17（3）：241-249．

［68］YIN H F. Correlation Charts for the Triassic of East Asia［J］．Albertiana，1992，10：41-48．

［69］殷鸿福．思维的定势化问题［J］．中国地质教育，1993（4）：56-59．

［70］YIN H F. Candidates for Global Stratotype Sections of the Permian-Triassic Boundary［J］．Albertiana，1993，12：39-44．

［71］殷鸿福，张克信．古生物学研究的新理论新假说［M］．北京：科学出版社，1993．

［72］殷鸿福，谢树成，周修高．微生物成矿研究的新进展和新动向［J］．地学前沿，1994，1（4）：148-156．

［73］殷鸿福．古生物学向何处去［J］．中国地质教育，1994（3）：48-49．

［74］赖旭龙，杨逢清，殷鸿福，等．西秦岭地区二叠—三叠系界线地层研究［J］．现代地质，1994，8（1）：20-26．

［75］殷鸿福. 二叠系—三叠系研究的进展［J］. 地球科学进展，1994，9（2）：1-10.

［76］殷鸿福. 生物地质学［J］. 地球科学进展，1994，9（6）：79-82.

［77］YIN H F. Synthetc Regional Stratigraphic Sharts of South China［J］. Albertiana，1994，14：79-82.

［78］YIN H F，WU S B，DING B H，et al. The Meishan Section-Candidate of the Global Stratotype Section and Point（GSSP）of the Permian-Triassic Boundary（PTB）［J］. Albertiana，1994，14：15-31.

［79］殷鸿福，童金南，丁梅华，等. 扬子区晚二叠世—中三叠世海平面变化［J］. 地球科学（中国地质大学学报），1994，19（5）：627-632.

［80］殷鸿福，谢树成. 微生物的成矿作用［J］. 科学，1994，46（6）：36-38.

［81］杨逢清，殷鸿福，杨恒书，等. 松潘甘孜地块与秦岭褶皱带、扬子地台的关系及其发展史［J］. 地质学报，1994，68（3）：208-218.

［82］YIN H F. Reassessment of the Index Fossils at the Paleozoic-Mesozoic Boundary［J］. Permain Stratigraphy，environments and resources，1994（4）：153-171.

［83］杨恒书，赖旭龙，杨逢清，等. 四川隆康、塔藏含火山岩地层时代新证据［J］. 中国区域地质，1995（1）：71-75.

［84］YANG F Q，YIN H F，YANG H S，et al. The Songpan-Garze Massif：its Relation to the Qinling Fold Belt and Yangtze Platform and Developmental History［J］. Acta Geologica Sinica，1995，8（1）：15-26.

［85］YIN H F. An Attempt to Integrate More Markers for the Permian-Triassic Boundary［J］. Albertiana，1995，15：9-12.

［86］LAI X L，YIN H F，YANG F Q. Reconstruction of Qinling Triassic Paleo-ocean［J］. Journal of China University of Geosciences，1995，20（6）：648-656.

[87] 殷鸿福，彭元桥. 秦岭显生宙古海洋演化 [J]. 地球科学（中国地质大学学报），1995，20（6）：605-611.

[88] 赖旭龙，殷鸿福，杨逢清. 秦岭三叠纪古海洋再造 [J]. 地球科学（中国地质大学学报），1995，20（6）：648-656.

[89] 殷鸿福，童金南. 层序地层界面与年代地层界面的关系 [J]. 科学通报，1995，40（6）：539-541.

[90] 殷鸿福，黄定华. 早古生代镇淅地块与秦岭多岛小洋盆的演化 [J]. 地质学报，1995，69（3）：193-204.

[91] 殷鸿福，谢树成. 生物—有机质—流体成矿系统 [J]. 当代地质科学技术进展，1995：9-15.

[92] YIN H F, ZHANG K X, WU S B, et al. Global Correlation and Defination of the Permian-Triassic Boundary (PTB) [J]. Journal of Geology (Vietnam) Ser. B, 1995：5-6.

[93] YIN H F, TONG J N. Relationship Between Sequence Stratigraphical Boundary and Chronostratigraphical Boundary [J]. Chinese Science Bulletin, 1995, 40 (16)：1357-1362.

[94] YANG Z Y, SHENG J Z, YIN H F. The Permian-Triassic Boundary: The Global Stratotype Section and Point [J]. Episodes, 1995, 18(1&2)：1-5.

[95] 殷鸿福，赵鹏大，汪品先. 对造就青年科技人才的看法与建议 [J]. 中国科学院院刊，1996（6）：402-405.

[96] DU Y S, FENG Q L, YIN H F, et al. New Evidence for Eastward Extension of Late Hercynian-Early Indosinian Qinling Sea [J]. Journal of China University of Geosciences, 1996, 7 (2)：141-146.

[97] YIN H F, TONG J N. Late Permian-Middle Triassic Sea Level Changes of Yangtze Platform [J]. Journal of China University of Geosciences, 1996, 7 (1)：101-104.

[98] 童金南，殷鸿福，杨英. 浙江长兴煤山二叠—三叠系界线系列剖面侧向追索研究 [J]. 现代地质，1996，10（3）：325-329.

[99] YIN H F. Triassic Events of East Asia [J]. Storia e Scienze Naturali, 1996, 11: 57-66.

[100] YIN H F. Annual Report of the Correlation of Tethyan, Circum-Pacific and Marginal Gondwanan Permo-Triassic-IGCP PROJECT 359 (1993—1997) [J]. Albertiana, 1996, 18: 33-37.

[101] 殷鸿福, 杜远生, 冯庆来, 等. 南秦岭勉略蛇绿混杂岩带中放射虫的发现及其古海洋意义 [J]. 地球科学, 1996, 21 (2): 184.

[102] 冯庆来, 杜远生, 殷鸿福, 等. 南秦岭勉略蛇绿混杂岩带中放射虫的发现及其古海洋意义 [J]. 中国科学 (D辑), 1996, 26 (增刊): 78-82.

[103] YIN H F, SWEET W C, GLENISTER B F, et al. Recommendation of the Meishan Section as Global Stratotype Section and Point for Basal Boundary of Triassic System [J]. Newsletter on Stratigraphy, 1996, 34 (2): 81-108.

[104] 张克信, 童金南, 殷鸿福, 等. 浙江长兴二叠—三叠系界线剖面层序地层研究 [J]. 地质学报, 1996, 70 (3): 270-281.

[105] 殷鸿福, 张文怀, 谢树成, 等. 金属矿床的生物成矿系统 [M] // 当代矿产资源勘查评价的理论与方法. 北京: 地质出版社, 1996: 52-56.

[106] 谢树成, 殷鸿福. 南京栖霞山铅锌银多金属矿床的生物成矿作用 [J]. 高校地质学报, 1997, 3 (2): 192-201.

[107] 殷鸿福, 童金南. 地史转折期的生态系 [J]. 地学前缘 (中国地质大学, 北京), 1997, 4 (3-4): 111-116.

[108] 谢树成, 殷鸿福, 王红梅, 等. 南京栖霞山多金属矿床的有机成矿作用 [J]. 矿床地质, 1997, 16 (4): 289-297.

[109] 谢树成, 姚檀栋, 殷鸿福. 冰心中的气候环境纪录与全球变化研究 [J]. 海洋地质与第四纪地质, 1997, 17 (4): 109-114.

[110] YIN H F. Permian-Triassic Boundary—A Discussions on Hindeodus Parvus and the Meishan Section [J]. Albertiana, 1997, 20: 19-24.

[111] YIN H F. IGCD Project No.359—Annual Report [J]. Albertiana, 1997, 20: 5-7.

[112] YIN H F. Final Report of IGCP Project 359 (Correlation of Tethyan, Circum-Pacific and Marginal Gondwanan Permo-Triassic) [J]. Episodes, 1997, 20 (3): 204-206.

[113] 殷鸿福, 张克信. 东昆仑造山带的一些特点 [J]. 地球科学 (中国地质大学学报), 1997, 22 (4): 339-342.

[114] 杜远生, 殷鸿福, 王治平. 秦岭造山带晚加里东—早海西期的盆地格局及构造演化 [J]. 地球科学 (中国地质大学学报), 1997, 22 (4): 401-405.

[115] 谢树成, 殷鸿福, 王红梅, 等. 一种潜在的微生物找矿法——蜡样芽孢杆菌指示金矿化的试验研究 [J]. 地球科学 (中国地质大学学报), 1997, 22 (4): 383-386.

[116] 殷鸿福, 童金南, 张克信, 等. 为层序地层学服务的生态地层学研究 [J]. 中国科学 (D辑), 1997, 27 (2): 155-163.

[117] 童金南, 殷鸿福. 下扬子区海相三叠系层序地层研究 [J]. 中国科学 (D辑), 1997, 27 (5): 407-411.

[118] 杜远生, 冯庆来, 殷鸿福, 等. 东秦岭—大别山晚海西—早印支期古海洋探讨 [J]. 地质科学, 1997, 32 (2): 129-135.

[119] 谢树成, 殷鸿福, 王红梅, 等. 南京栖霞山多金属矿床流体包裹体中的生物标志化合物 [J]. 科学通报, 1996, 42 (12): 1312-1314.

[120] XIE S C, YIN H F, WANG H M, et al. Biomarkers in Fluid Inclusions of Polymetallic Deposit of Qixiashan, Nanjing [J]. Chinese Science Bulletin, 1997, 42 (12): 1206-1208.

[121] 谢树成, 殷鸿福, 王红梅, 等. 金在藻类—有机质—流体系统中分布的实验研究 [J]. 科学通报, 1997, 42 (16): 1762-1764.

[122] XIE S C, YIN H F, WANG H M, et al. Experimental Study of Gold Distribution in the Algae-organic Matter-Fluid System [J]. Chinese Science Bulletin, 1997, 42 (19): 1640-1642.

[123] ZHANG K X, TONG J N, YIN H F, et al. Sequence Stratigraphy of the Permian-Triassic Boundary Section of Changxing, Zhejiang, Southern China [J]. Acta Geologica Sinica, 1997, 71 (1): 90-103.

[124] 殷鸿福. 对"创新工程"的一点浅见 [J]. 中国科学院院刊, 1998 (3): 221-223.

[125] 殷鸿福, 李长安, 陈德兴, 等. 长江中游防洪问题及对策——1998年长江特大洪灾的启示 [J]. 地球科学 (中国地质大学学报), 1999, 24 (4): 329-334.

[126] 殷鸿福, 张克信. 中央造山带的演化及其特点 [J]. 地球科学 (中国地质大学学报), 1998, 23 (5): 437-441.

[127] 李长安, 殷鸿福, 于庆文. 昆仑山东段的构造隆升、水系响应与环境变化 [J]. 地球科学, 1998, 23 (5): 456-460.

[128] TONG J N, YIN H F. The Marine Triassic Sequence Stratigraphy of Lower Yangtze [J]. Science in China (Series D), 1998, 41 (3): 255-261.

[129] 殷鸿福, 童金南. 生态地层学 [J]. 地球系统科学, 1998: 447-450.

[130] 殷鸿福, 张克信, 王国灿, 等. 非威尔逊旋回与非史密斯方法——中国造山带研究的理论与方法 [J]. 中国区域地质, 1998 (增刊).

[131] YIN H F. Tethys——An Archipelagic Ocean Model [G] //Proceedings of the 30th International Geological Congress, 1997, 11: 91-97.

[132] LUCAS S G, YIN H F. Preface. The Permian-Triassic Boundary and Global Triassic Correlations [J]. Special Issue, 1998, 143 (4): 215.

[133] YIN H F, TONG J N. Multidisciplinary High-Resolution Correlation of the Permian-Triassic Boundary [J]. Palaeogeography Palaeoclimatology Palaeoecology, 1997, 143 (4): 199-212.

[134] 殷鸿福, 张洪涛, 其和日格, 等. 关于"非史密斯地层学"的一点意见 [J]. 中国区域地质, 1999, 18 (3): 2-5.

[135] 李长安, 殷鸿福, 蔡述明. 试论长江中游的防洪减灾的工程对策

[J]. 长江流域资源与环境, 1999, 8（4）: 429-434.

[136] TONG J N, YIN H F, ZHANG K X. Permian and Triassic Sequence Stratigraphy and Sea Level Changes of Eastern Yangtze Platform[J]. Journal of China University of Geosciences, 1999, 10（2）: 161-169.

[137] YIN H F, TONG J N. The International Conference on Pangea and the Paleozoic-Mesozoic Transition[J]. Episodes, 1999, 22（2）: 127-128.

[138] YIN H F. Report on the International Conference on Pangea and the Paleozoic-Mesozoic Transition[J]. Albertiana, 1999, 23: 3-5.

[139] 童金南, 殷鸿福. 浙江长兴煤山剖面 Griesbachian 期旋回地层研究[J]. 地层学杂志, 1999, 23（2）: 130-135.

[140] 殷鸿福, 吴顺宝, 杜远生, 等. 华南是特提斯多岛洋体系的一部分[J]. 地球科学（中国地质大学学报）, 1999, 24（1）: 1-12.

[141] 李长安, 殷鸿福, 陈德兴, 等. 长江中游的防洪问题和对策——1998年长江特大洪灾的启示[J]. 地球科学（中国地质大学学报）, 1999, 24（4）: 329-334.

[142] 张克信, 黄继春, 殷鸿福, 等. 放射虫等生物群在非史密斯地层研究中的应用——以东昆仑阿尼玛卿混杂岩为例[J]. 中国科学（D辑）, 1999, 29（6）: 542-550.

[143] YIN H F. A Report from the International Conference on Pangea and the Paleozoic Mesozoic Transition[J]. Permophiles, 1999, 34: 33-34.

[144] 李长安, 殷鸿福, 于庆文. 东昆仑山构造隆升与水系演化及其发展趋势[J]. 科学通报, 1999, 44（2）: 211-214.

[145] 殷鸿福. 我国的资源环境问题和可持续发展[J]. 城市环境, 1999, 99（3）.

[146] 殷鸿福, 李长安. 从地学角度谈长江中游防洪[J]. 科技导报, 1999（6）: 23-25.

[147] 殷鸿福. 全面发展 迎接挑战[J]. 湖北招生考试, 2000（6）: 6.

[148] 殷鸿福. 营造创新环境 促进学科发展 [J]. 现代高教研究, 2000 (9): 1-5.

[149] 李长安, 殷鸿福, 俞立中, 等. 流域环境系统演化概念模型：山—河—湖—海互动及对全球变化的敏感响应——以长江为例 [J]. 长江流域资源与环境, 2000, (3): 358-363.

[150] 殷鸿福. 从生物演化看可持续发展 [J]. 现代地质（中国地质大学研究生院学报）, 2000, 14 (3): 363-365.

[151] 殷鸿福, 杨遵仪, 童金南. 国际三叠系研究现状 [J]. 地层学杂志, 2000, 24 (2): 109-113.

[152] 殷鸿福, 王焰新. 实施信息化数字化工程是创建一流大学的有效途径 [G] // 华中科技大学、台湾大学：湖北省科学技术协会, 海峡两岸校长会议论文集. 2000: 19-22.

[153] YIN H F, TONG J N. Transgressive Surface as Sequence Boundary [J]. Acta Geologica Sinica, 2000, 74 (2): 143-147.

[154] YIN H F, DICKINS J M, SHI G R, et al. Preface. Permian-Triassic Evolution of Tethys and Western Circum-Pacific [M] //Developments in Palaeontology and Stratigraphy, 18. Amsterdam: Elsevier Press, 2000.

[155] YAN J X, YIN H F. Paleoclimatic Constraints for Early Permian Paleogeography of Eastern Tethys [M] //Developments in Palaeontology and Stratigraphy, 18. Amsterdam: Elsevier Press, 2000.

[156] YIN H F, PENG Y Q. The Triassic of China and its Interregional Correlation [J]. Elsevier Science, 2000: 197-220.

[157] 李长安, 殷鸿福, 俞立中. 充分认识和利用洪水的淡水资源属性——解决我国淡水资源紧缺的出路之一 [J]. 科技导报, 2001 (7): 3-7.

[158] 李长安, 殷鸿福, 俞立中, 等. 关于长江流域生态环境系统演变与调控研究的思考 [J]. 长江流域资源与环境, 2001, 10 (6): 550-557.

[159] 彭元桥, 殷鸿福, 杨逢清. 陆相二叠系—三叠系界线研究进展 [J].

地球科学进展, 2001, 16 (6): 769-776.

［160］YIN H F, ZHANG K X, TONG J N, et al. The Global Stratotype Section and Point (GSSP) of the Permian-Triassic Boundary [J]. Episodes, 2001, 24 (2): 102-114.

［161］TONG J N, YIN H F. The Global Stratotype of the Permian-Triassic Boundary and the Paleozoic-Mesozoic Events [J]. Episodes, 2001, 24 (4): 274-275.

［162］王尚彦, 殷鸿福. 华南陆相二叠—三叠系界线地层研究新进展 [J]. 中国地质, 2001, 28 (7): 16-21.

［163］YIN H F, LI C. Human Impact on Floods and Flood Disasters on the Yangtze River [J]. Geomorphology, 2001, 41 (2): 105-109.

［164］TONG J N, YIN H F, ZHANG J J, et al. Proposed New Lower Triassic Stages in South China [J]. Science in China (Series D), 2001, 44 (11): 961-967.

［165］王尚彦, 殷鸿福. 滇黔地区陆相二叠系—三叠系界线附近粘土岩中发现微球粒 [J]. 地质论评, 2001, 47 (4): 411-414.

［166］YIN H F, TONG J N. The Global Stratotype of the Permian-Triassic Boundary and the Paleozoic-Mesozoic Events, Changxing, China, August 10-13, 2001 [J]. Albertiana, 2001.

［167］PENG Y Q, YIN H F, YANG F Q, et al. A Proposed Area for the Study of the Accessory Section and Point of the Terrestrial Permian-Triassic Boundary [J]. Journal of Earth Science, 2002, 13 (2): 157-162.

［168］殷鸿福. 保护生物多样性就是保护人类自己 [J]. 探秘, 2002 (7).

［169］李长安, 殷鸿福, 杨巍然, 等. 设立"长江日", 全民保护长江 [J]. 科技导报, 2002 (4): 51-53.

［170］汪品先, 赵鹏大, 丑纪范, 等. 中国地学教育的未来 [J]. 高校地质学报, 2003, 9 (1): 135-138.

［171］彭元桥, 殷鸿福. 古—中生代之交的全球变化与生物效应 [J]. 地学前缘, 2002, 9 (3): 85-93.

[172] YIN H F, TONG J N, MONICA J. Campi. Preface. The Global Stratotype of the Permian-Triassic Boundary and the Paleozoic-Mesozoic Events [J]. Journal of China University of Geosciences, 2002, 13 (2): 95-202.

[173] WANG S Y, PENG Y Q, YIN H F. Study on a Terrestrial Permian-Triassic Boundary Section—Zhejue Section, Weining County, Guizhou Province, China [J]. Journal of China University of Geosciences, 2002, 13 (2).

[174] TONG J N, YIN H F. The Lower Triassic of South China [J]. Journal of Asian Earth Sciences, 2002, 20: 803-815.

[175] 谢远云, 李长安, 何葵, 等. 青海省民和黄土的粒度组成及气候含义 [J]. 地质科技情报, 2002, 21 (2): 41-44.

[176] 殷鸿福, 童金南. 关于中国的海相三叠纪建阶及下三叠统分阶界线 [J]. 地球科学（中国地质大学学报）, 2002, 27 (5): 490-497.

[177] TONG J N, ZAKHAROV Y D, ORCHARD M J, et al. A Candidate of the Induan-Olenekian Boundary Stratotype in the Tethyan Region [J]. Science in China (series D), 2003, 46 (11): 1182-1200.

[178] 张素新, 彭元桥, 喻建新, 等. 黔西威宁岔河陆相二叠系—三叠系界线粘土岩研究——基于X射线衍射、扫描电镜分析 [J]. 地质科技情报, 2004, 23 (1): 21-26.

[179] 张克信, 殷鸿福, 朱云海, 等. 史密斯地层与非史密斯地层 [J]. 地球科学（中国地质大学学报）, 2003, 28 (4): 361-369.

[180] YIN H F, WANG S Y, YANG F Q. A Candidate for a Terrestrial Permian-Triassic Boundary Stratotype [J]. Albertiana, 2003, 28: 92.

[181] 何卫红, 殷鸿福, 盛桂莲, 等. 当代生物多样性剧减与古—中生代之交生物绝灭的对比 [J]. 地球科学（中国地质大学学报）, 2004, 29 (3): 263-268.

[182] 张智勇, 殷鸿福, 王秉璋, 等. 昆秦接合部海西期苦海——赛什塘分支洋的存在及其依据 [J]. 地球科学（中国地质大学学报）,

2004，29（6）：691-696.

[183] 张克信，朱云海，殷鸿福，等. 大地构造相在东昆仑造山带地质填图中的应用[J]. 地球科学（中国地质大学学报），2004，29（6）：661-666.

[184] 张克信，林启祥，朱云海，等. 东昆仑东段混杂岩建造时代厘定的古生物新证据及其大地构造意义[J]. 中国科学（D辑），2004，34（3）：210-218.

[185] 殷鸿福，陈国金，李长安，等. 长江中游的泥沙淤积问题[J]. 中国科学（D辑），地球科学，2004，34（3）：195-209.

[186] 郭建秋，张雄华，章泽军，等. 赣西北前寒武系首次发现内波内潮汐沉积[J]. 地质科学，2004，39（3）：329-340.

[187] YIN H F, ZHANG K X, FENG Q L. The Archipelagic Ocean System of the Eastern Eurasian Tethys [J]. Acta Geologica Sinica, 2004, 78（1）: 230-236.

[188] 童金南，殷鸿福. 国际三叠系年代地层研究进展[J]. 地层学杂志，2005，29（2）：130-136.

[189] 杨逢清，殷鸿福，喻建新，等. 贵州威宁岔河陆相二叠系—三叠系界线地层研究[J]. 中国科学（D辑），2005，35（6）：519-529.

[190] XIE S C, PANCOST R D, YIN H F, et al. Two Episodes of Microbial Change Coupled with Permo-Triassic Faunal Mass Extinction [J]. Nature, 2005, 43（4）: 494-497.

[191] LI Y F, LIANG H D, YIN H F, et al. Determination of Fullerenes (C60/C70) from the Permian-Triassic Boundary in the Meishan Section of South China [J]. Acta Geologica Sinica, 2005, 79（1）: 11-15.

[192] YIN H F, TONG J N, ZHANG K X. A Review on the Global Stratotype Section and Point of the Permian-Triassic Boundary [J]. Acta Geologica Sinica, 2005, 79（6）: 715-728.

[193] 殷鸿福. 改革我国高考制度的建议[J]. 世纪行，2006（3）：21.

[194] 殷鸿福，鲁立强. 二叠系—三叠系界线全球层型剖面——回顾和进

展［J］. 地学前缘，2006，13（6）：257-267.

［195］韦桃源，陈中原，魏子新，等. 长江河口区第四纪沉积物中的地球化学元素分布特征及其古环境意义［J］. 第四纪研究，2006，26（3）：397-405.

［196］谢树成，龚一鸣，童金南，等. 从古生物学到地球生物学的跨越［J］. 科学通报，2006，51（19）：2327-2336.

［197］殷鸿福. 生命与环境协同演化［J］. 大自然，2007，5：刊首页.

［198］谢树成，殷鸿福，解习农，等. 地球生物学方法与海相优质烃源岩形成过程的正演和评价［J］. 地球科学（中国地质大学学报），2007，32（6）：727-740.

［199］殷鸿福，冯庆来，童金南，等. 二叠系—三叠系界线及事件研究进展——中国地质大学研究组的报告［J］. 地球科学，2007，32（增刊）：9-23.

［200］YIN H F, FENG Q L, XIE S C, et al. Recent Achievements on the Research of Paleozoic-Mesozoic Transitional Period in South China［J］. Frontiers of Earth Science in China，2007，1（2）：129-141.

［201］XIE S C, YIN H F, XIE X N, et al. On the Geobiological Evaluation of Hydrocarbon Source Rocks［J］. Frontiers of Earth Science in China，2007，1（4）：389-398.

［202］YIN H F, FENG Q L, XIE S C, et al. The Pattern and Causality of the Permian-Triassic Extinction［J］. Journal of China University of Geosciences，2007，18：386-388.

［203］HUANG X Y, JIAO D, LU L Q, et al. The Fluctuating Environment Associated with The Episodic Biotic Crisis During the Permo/Triassic Transition: Evidence from Microbial Biomarkers in Changxing, Zhejiang Province［J］. Science in China（Series D），2007，50（7）：1052-1059.

［204］YIN H F, YANG F Q, YU J X, et al. An Accurately Delineated Permian-Triassic Boundary in Continental Successions［J］. Science in

China(Series D): Earth Sciences, 2007, 50(9): 1281–1292.

[205] YIN H F, WARRINGTON G, XIE S C. Environmental and Biotic Changes During the Paleozoic–Mesozoic Transition [J]. Global and Planetary Change, 2007, 55(1–3): 1–236.

[206] YIN H F, FENG Q L, BAUD A, et al. The Protracted Permo–Triassic Crisis and the Multi–Act Mass Extinction Around the Permian–Triassic Boundary [J]. Elsevier Science Global and Planetary Change, 2007, 55: 1–20.

[207] ZHONG Y C, GUPTA A, YIN H F. Monsoon Rivers of Asia [J]. Elsevier Science Geomorphology, 2007, 85: 129–130.

[208] YIN H F, LIU G R, PI J G, et al. On the River–Lake Relationship of the Middle Yangtze Reaches [J]. Elsevier Science Geomorphology, 2007, 85: 197–207.

[209] YIN H F, FENG Q L, BAUD A, et al. The Prelude of the End–Permian Mass Extinction Predates a Postulated Bolide Impact [J]. International Journal of Earth Sciences (Geol Rundsch), 2007(96): 903–909.

[210] 殷鸿福, 谢树成, 秦建中, 等. 对地球生物学、生物地质学和地球生物相的一些探讨 [J]. 中国科学（D辑）地球科学, 2008, 38(12): 1473–1480.

[211] LUO G M, HUANG J H, XIE S C, et al. Relationships Between Carbon Isotope Evolution and Variation of Microbes During the Permian–Triassic Transition at Meishan Section, South China [J]. Earth Science, 2010, 99: 775–784.

[212] 谢树成, 殷鸿福, 曹长群, 等. 二叠纪—三叠纪之交地球表层系统的多幕式变化：分子地球生物学记录 [J]. 古生物学报, 2009, 48(3): 487–496.

[213] 童金南, 殷鸿福. 早三叠世生物与环境研究进展 [J]. 古生物学报,

2009, 48 (3): 497-508.

[214] 殷鸿福, 谢树成, 童金南, 等. 谈地球生物学的重要意义 [J]. 古生物学报, 2009, 48 (3): 293-301.

[215] YIN H F, XIE S C, YANG J X, et al. An Attempt to Apply Geobiological Method in the Source Rock Evaluation [J]. Journal of Earth Science, 2010, 21: 312-314.

[216] YIN H F, HE W H, XIE S C. How Severe is the Modern Biotic crisis?—A Comparison of Global Change and Biotic Crisis Between Permian-Triassic Transition and Modern Times [J]. Frontiers of Earth Science, 2011, 5 (1): 1-13.

[217] CHEN Z L, YIN H F, MIAO H B, et al. Special Bedrock Buried Hill and the Reservoiring Process in Qijia-Yitong Basin in Northeastern China [J]. Frontiers of Earth Science, 2011, 5 (2).

[218] YIN H F, XIE S C, YANG J X, et al. Geobiological Approach to Evaluating Marine Carbonate Source Rocks of Hydrocarbon [J]. Science China: Earth Sciences, 2011, 54 (8): 1121-1135.

[219] 殷鸿福. 反思与期盼——中国地质大学建校60周年感言 [J]. 中国地质大学学报 (社会科学版), 2012, 12 (5): 1-3.

[220] YIN H F, XIE S C, LUO J M, et al. Two Episodes of Environmental Change at the Permian-Triassic Boundary of the GSSP Section Meishan [J]. Earth-Science Reviews, 2012 (115): 163-172.

[221] ALGEO T J, HENDERSON C M, TONG J N, et al. Plankton and Productivity During the Permian-Triassic Boundary Crisis: An Analysis of Organic Carbon Fluxes [J]. Global and Planetary Change, 2013, 105: 52-67.

[222] 殷鸿福. 关于改革我国高考制度的建议 (2006年院士建议) [M] // 中国科学家思想录 (第三辑). 北京: 科学出版社, 2013: 24-26.

[223] SONG H J, WIGNALL P B, TONG J. Two Pulses of Extinction During the Permian-Triassic Crisis [J]. Nature Geoscience, 2013, 6: 52-56.

[224] YIN H F, JIANG H S, XIA W C, et al. The End-Permian Regression in South China and its Implication on Mass Extinction [J]. Earth-Science Reviews, 2014, 137: 19-33.

[225] YIN H F, SONG H J. Mass Extinction and Pangea Integration During the Paleozoic-Mesozoic Transition [J]. Science China: Earth Science, 2013, 56 (11): 1791-1803.

[226] XIE S C, YIN H F. Progress and Perspective on Frontiers of Geobiology [J]. Science China: Earth Sciences, 2014, 57 (5): 855-868.

[227] 谢树成, 殷鸿福, 王凤平, 等. 若干重大地质环境突变的地球生物学过程 [J]. 中国基础科学, 2015 (4): 30-34.

[228] YIN H F. Changjiang Calls for Dialogue—A Brief Natural History of Changjiang [M] //Changjiang Civilization Museum.Evolution and Sustainable Development of Great River Civilizations: 2016 Great Rivers Forum.Wuhan: Changjiang Press, 2017: 44-45.

[229] 殷鸿福. 长江呼吁对话——长江自然历史简述 [M]. 长江文明馆. 大河文明的嬗变与可持续发展: 2016 大河对话. 武汉: 长江出版社, 2017: 32-33.

[230] 殷鸿福. 千年江湖话沧桑 [J]. 人与生物圈. 2017 (6): 38-39.

[231] 殷鸿福, 喻建新, 罗根明, 等. 地史时期生物对冰室气候形成的作用 [J]. 地球科学, 2018, 43 (11): 3810-3812.

[232] 谢树成, 殷鸿福, 刘邓, 等. 再谈古生物学向地球生物学的发展: 服务领域的拓展与创新 [J]. 地球科学, 2018, 43 (11): 3823-3836.

[233] 殷鸿福. 中国深部地下生物圈亟待研究 [J]. 科学通报, 2018, 63 (1): 1-2.

[234] 殷鸿福. "中国地下深部生物圈" 论坛综述 [J]. 学部通讯, 2019 (4): 28-37.

[235] 殷鸿福. 虚怀若谷, 助人为乐——记孙枢先生二三事 [M] // 孙枢追思文集编辑组. 孙枢追思文集. 北京: 科学出版社, 2019: 392-393.

[236] 殷鸿福. 高精度大数据重塑古代生物多样性纪录[J]. 科学通报, 2020, 65（28-29）: 3069-3070.

二、著作

[1] 杨遵仪, 殷鸿福, 徐桂荣, 等. 南祁连山三叠系[M]. 北京: 地质出版社, 1983.

[2] 杨遵仪, 殷鸿福, 吴顺宝, 等. 华南二叠—三叠系界线地层及动物群[M]. 北京: 地质出版社, 1987.

[3] 殷鸿福, 徐道一, 吴瑞棠. 地质演化突变观[M]. 武汉: 中国地质大学出版社, 1988.

[4] 殷鸿福等. 中国古生物地理学[M]. 武汉: 中国地质大学出版社, 1988.

[5] 殷鸿福, 张克信. 生物群集绝灭新思潮[M]. 武汉: 中国地质大学出版社, 1988.

[6] SWEET W C, YANG Z Y, DICKINS J M, et al. Permo-Triassic events in the eastern Tethys[M]. Cambridge: Cambridge University Press, 1992.

[7] 杨遵仪, 吴顺宝, 殷鸿福, 等. 华南二叠—三叠纪过渡期地质事件[M]. 北京: 地质出版社, 1991.

[8] 殷鸿福, 杨逢清, 黄其胜, 等. 秦岭及邻区三叠系[M]. 武汉: 中国地质大学出版社, 1992.

[9] YIN H F, HUANG S J, ZHANG K X, et al. The Effects of Volcanism on the Permo-Triassic Mass Extinction in South China[M]. Cambridge: Cambridge University Press, 1992: 155-169.

[10] YIN H F, The Palaeobiogeography of China[M]. Oxford: Oxford Science Publications, 1994.

[11] 殷鸿福. 苦练走路　江山作证——中国地质大学四十年校友畅言集[M]. 武汉: 中国地质大学出版社, 1994.

[12] 殷鸿福，丁梅华，张克信，等. 扬子区及其周缘东吴—印支期生态地层学 [M]. 北京：科学出版社，1995.

[13] YIN H F. The Palaeozoic-Mesozoic Boundary-Candidates of the Global Stratotype Section and Point of the Permian-Triassic boundary [M]. Wuhan：China University of Geosciences Press，1996.

[14] YIN H F, YANG Z Y, WU S B, et al. Global Correlation and Defination of the Permian-Triassic Boundary (PTB) [M]. Wuhan：China University of Geosciences Press，1996.

[15] YIN H F, WU S B, DING M H, et al. The Meishan Section, Candidate of the Global Stratotype Section and Point (GSSP) of Permian-Triassic Boundary (PTB) [M]. Wuhan：China University of Geosciences Press，1996.

[16] ZHANG K X, TONG J N, YIN H F, et al. Sequence Stratigraphy near the Permian-Triassic Boundary at Meishan Section, South China [M]. Wuhan：China University of Geosciences Press，1996.

[17] YIN H F, ZHANG K X. Eventostratigraphy of Permian-Triassic Boundary at Meishan Section, South China [M]. Wuhan：China University of Geosciences Press，1996.

[18] DICKINS J M, YANG Z Y, YIN H F, et al. Late Palaeozoic and Early Mesozoic Circum-Pacific Events and Their Global Correlation [M]. Cambridge：Cambridge University Press，1997.

[19] DICKINS J M, YANG Z Y, YIN H F. Major Global Change：Framework for the Modern World [M]. Cambridge：Cambridge University Press，1997.

[20] YIN H F. Triassic Biostratigraphy and Palaeobiogeography of East Asia [M]. Cambridge：Cambridge University Press，1997：168-185.

[21] 殷鸿福. 寻找恐龙的伙伴——著名科学家谈古生物学 [M]. 桂林：广西师范大学出版社，1998：92.

[22] 殷鸿福，张文怀，张志坚，等. 生物成矿系统论 [M]. 武汉：中国

地质大学出版社，1999．

［23］YIN H F，WU S B，DU Y S，et al. South China as a Part of Archipelagic Tethys During Pangea Time［M］. Wuhan：China University of Geosciences Press，1999．

［24］YIN H F，DICKINS J M，SHI G R，et al. Permian-Triassic evolution of Tethys and western Circum-Pacific［M］. Amsterdam：Elsevier Press，2000．

［25］张克信，殷鸿福，朱云海，等. 造山带混杂岩区地质填图理论，方法与实践［M］. 武汉：中国地质大学出版社，2001．

［26］YIN H F. Triassic Biostratigraphy of China［M］//Biostratigraphy of China. Beijing：Science Press，2003：379-422．

［27］殷鸿福，杨逢清，谢树成，等. 生物地质学［M］. 武汉：湖北科学技术出版社，2005．

［28］童金南，殷鸿福. 古生物学［M］. 北京：高等教育出版社，2007．

［29］刘广润，殷鸿福，陈国金，等. 中国地质调查局专报 No.2007004［M］. 武汉：中国地质大学出版社，2008．

［30］殷鸿福，谢树成，黄定华. 地球生物学与天体生物学［M］//中国科学院地学部地球科学发展战略研究组. 21 世纪中国地球科学发展战略报告. 北京：科学出版社，2009．

［31］谢树成，殷鸿福，史晓颖，等. 地球生物学——生命与地球环境的相互作用和协同演化［M］. 北京：科学出版社，2011．

［32］殷鸿福，谢树成，孙枢，等. 地球生物学前沿与展望［M］. 北京：科学出版社，2013．

［33］张克信，殷鸿福，童金南，等. 三叠系下三叠统印度阶全球标准层型剖面和点位［M］//中国科学院南京地质古生物研究所. 中国"金钉子"：全球标准层型剖面和点位研究. 杭州：浙江大学出版社，2013．

［34］中国科学院. 地球生物学［M］. 北京：科学出版社，2015．

［35］中国科学院. 深部地下生物圈［M］. 北京：科学出版社，2020．

[36] 殷鸿福，周修高. 生物演化与人类未来[M]. 北京：湖南少年儿童出版社，2020.

三、教材

[1] 殷鸿福. 瓣鳃纲[M]//古生物专题教材（内部），1961，1964，1983.

[2] 杨式溥，李凤林，张席缇，等. 古生态学[M]. 北京：中国工业出版社，1963.

[3] 殷鸿福. 软体动物门[M]//古生物学教程. 2版. 北京：地质出版社，1980.

[4] 殷鸿福. 第二章 生物的系统与分类；第三章 生物的演化[M]. 何心一，徐桂荣，等. 古生物学教程. 3版. 北京：地质出版社，1987.

参考文献

［1］郝翔，等. 中国地质大学史（1952—2012）［M］. 武汉：中国地质大学出版社，2012.

［2］赵鹏大，等. 中国地质大学大事记（1992—1996）［M］. 武汉：中国地质出版社，1997.

［3］《中国地质大学大事记》编委会. 中国地质大学大事记（1987.11—1991.12）［M］. 武汉：中国地质大学，1992.

［4］殷鸿福. 中国古生物地理学［M］. 武汉：中国地质大学出版社，1988.

［5］殷鸿福，等. 烃源岩地球生物学［M］. 北京：科学出版社，2015.

［6］赵鹏大. 励精图治五十秋——中国地质大学简史［M］. 武汉：中国地质大学出版社，2002.

［7］湖北省科学技术协会. 科学家的故事：湖北院士风采［M］. 湖北：世界图书出版公司，2013.

［8］中国二十世纪通鉴编辑委员会. 中国20世纪通鉴（1941—1960）［M］. 北京：线装书局出版社，2002.

［9］李晨. 崛起与奋进——共和国诞生之初［M］. 长春：吉林人民出版社，1994.

[10] 中国人民解放军政治学院党史教研室. 中共党史教学参考资料［Z］. 1979—1986.

[11]《青少年爱国主义教育读本》编委会. 科技与教育［M］. 北京：中国时代经济出版社，2009.

[12] 温家宝. 温家宝地质笔记［M］. 北京：地质出版社，2016.

[13] 王桧林. 中国现代史（1949—2013）（下册）［M］. 北京：高等教育出版社，2016.

[14] 赖旭龙. 大山情未了 追求无止境——记中国科学院院士殷鸿福［J］. 大学科普，2017（1）：14.

[15] 殷鸿福. 反思与期盼——中国地质大学建校60周年感言［J］. 中国地质大学学报，2012，12（5）：1-3.

[16] 殷鸿福. 培养博士研究生的几点体会［J］. 中国地质教育，2009（2）：29-32.

[17] 殷鸿福. 高等教育要注意统筹兼顾，均衡发展［J］. 教育与职业，2007（7）：12.

[18] 徐飞，赵明. 杰出科学家的国家认可机制探索——以中国科学院院士制度与国家自然科学奖励制度关联性为例［J］. 科技导报，2012（11）：15-20.

后 记

2018年2月10日上午10点,在中国地质大学(武汉)院士办公室主任林莉老师的带领下,我们带着中国科协的文件和湖北省科协出具的介绍信来到了地层古生物学家殷鸿福院士家中,并向院士详细介绍了项目的要求和开展项目的目的意义。殷院士表示支持我们的工作,并认为开展老科学家学术成长资料采集工程是具有历史和教育意义的,是一件好事情。殷院士对资料采集工作的支持,是我们顺利完成项目的基础。

此后两年多的时间过得充实而感动,我们有幸走进院士的生活中,近距离了解到一位杰出科学家卓越精彩的人生故事,感悟到平和谦逊和求实严谨的大师风范。在项目进行过程中,院士邀请我们去听了他的最后一堂公开课"治学与做人"。在将近3个小时的课堂中,殷院士全程站着上课,并神采奕奕地给全校新入学的研究生讲解了自己学术生涯中领悟到的治学与做人的道理。其中"坐得住'冷板凳'""机遇只垂青于有准备的头脑""问道争朝夕,治学忌功利"等经典语录给我们留下了深刻的印象。一个成长于战火中,并将个人志向与国家需求相结合,脚踏实地、不懈努力的人,必将记入国家发展的史册。

与院士的相处中,院士陆续向我们提供了化石、照片、课件、证件、论文、手稿等多种类型的资料,每一块化石、每一篇论文、每一张照片、每一次回忆都饱含着他对专业的执着和热情，记录了他在杨遵仪等名师指点下的成长经历。可惜院士提供的大部分资料是电子的，实物资料较少。由于中国地质大学经历了从北京到武汉的曲折迁校历程，殷院士学生时期的许多实物资料都没有保存下来。殷院士从本科到副博士再到任教都是在中国地质大学，母校是他学术生涯的起点，也是他光辉时刻的见证，中国地质大学（武汉）目前正在建设校史馆，殷院士想把自己的实物资料多留一些给母校，这也是情有可原的。因此我们采集到的资料以电子版为主，实物资料较少。

为了扩充实物资料的数量，我们也做了许多努力。在接下来的采访中，我们不仅对殷院士本人进行了多次直接采访，还对殷院士的家属、同事，各个阶段的同学、好友、学生等11人进行了采访，获得了一些实物资料，并收集到他们对殷院士的评价，扩充了资料的丰富性。

为收集档案资料，我们与中国地质大学（武汉）档案馆取得联系，先后扫描和复印了殷院士留校任教后的主要档案资料。为了采集殷院士本科时期和副博士时期的档案资料，我们专门前往中国地质大学（北京）档案馆，却只找到了殷院士的副博士毕业论文。此外，我们还与中国地质大学（武汉）图书馆取得联系，先后采集殷院士论文资料近200件。与档案馆和图书馆的合作，使我们采集到系统的、较为全面的资料，在此对这三个部门表示感谢，特别感谢地大档案馆的王根发馆长、帅斌馆长及工作人员，为我们进行档案查阅和采集扫描提供方便。

在采集工作过程中，殷鸿福院士不顾年事已高，对采集工作予以大力的支持。殷鸿福院士多次主动给我们寄来报纸、论著等实物资料，还寄来拷贝了大量电子资料的USB盘，并耐心地给我们讲解专业基本知识。采访过程中，殷鸿福院士认真准备，一丝不苟。虽然很多往事时间久远，记忆早已模糊，但他依然希望能回忆起来。每当我们看着殷鸿福院士竭力回忆往事时有些纠结的面容，都无比感动。殷鸿福院士的家人，包括夫人宋龙妹女士、女儿殷蔚华、儿子殷蔚明等都给予了项目巨大的支持和帮助。殷鸿福院士早年的同事和同学，如何心一、周大可、吴顺宝、李志明，四位八十多岁的老先生都愉快地接受了采访，并提供了一些重要的相关资料。

殷鸿福院士担任校长期间的同事，张锦高先生和王焰新校长也在百忙之中抽空接受了我们的采访，讲述了殷鸿福院士担任校长期间的相关事情。殷鸿福院士的学生，童金南、赖旭龙、谢树成等在繁忙的科研工作中，专门留出时间接受课题组的采访，给我们全面地讲述了殷鸿福院士对他们的教育与培养，并给采集小组讲解了一些专业学术问题。在此诚挚感谢以上人员对我们的大力支持。

本书稿凝聚着全体采集小组成员的心血，采集小组成员李彩容、李梦云、常露方、梁荣霞、罗鑫宇、程玲玲、胡娅妮、李梦婷、杜兴玥、王熳莉等都为采集工作付出了辛劳。2017级档案学的李珊珊、杜家蕊、陈永辉、冯佳芪、杨欢欣、肖元和田胡慧等同学也为采集工作的顺利完成作出了贡献。特别是常露方同学，参与了资料收集、整理和编撰工作，包括本书写作，付出了大量的时间和精力。本书写作过程中，历史学博士刘彦波教授对本书从历史学家的角度进行了审查和指导。感谢所有为采集工作付出心血的成员！

在完成殷鸿福院士学术成长资料采集的过程中，中国科学院大学张黎教授、北京理工大学吕瑞花教授为我们的采集工作提出了及时而宝贵的意见，保证我们对所要移交资料的规范化整理进程和研究报告的顺利完成。湖北省科协马贵兵部长和邓腾先生为我们提供了项目管理信息的沟通、检查和督促。

总之，殷鸿福院士学术成长资料采集工程的顺利进展，与以上诸多单位、领导、同事、朋友和同学的支持相关，在此一一致谢。

殷鸿福学术成长资料采集小组

2021年12月19日

老科学家学术成长资料采集工程丛书
已出版（139种）

《卷舒开合任天真：何泽慧传》　　　《此生情怀寄树草：张宏达传》
《从红壤到黄土：朱显谟传》　　　　《梦里麦田是金黄：庄巧生传》
《山水人生：陈梦熊传》　　　　　　《大音希声：应崇福传》
《做一辈子研究生：林为干传》　　　《寻找地层深处的光：田在艺传》
《剑指苍穹：陈士橹传》　　　　　　《举重若重：徐光宪传》

《情系山河：张光斗传》　　　　　　《魂牵心系原子梦：钱三强传》
《金霉素·牛棚·生物固氮：沈善炯传》《往事皆烟：朱尊权传》
《胸怀大气：陶诗言传》　　　　　　《智者乐水：林秉南传》
《本然化成：谢毓元传》　　　　　　《远望情怀：许学彦传》
《一个共产党员的数学人生：谷超豪传》《没有盲区的天空：王越传》

《含章可贞：秦含章传》　　　　　　《行有则　知无涯：罗沛霖传》
《精业济群：彭司勋传》　　　　　　《为了孩子的明天：张金哲传》
《肝胆相照：吴孟超传》　　　　　　《梦想成真：张树政传》
《新青胜蓝惟所盼：陆婉珍传》　　　《情系梁菽：卢良恕传》
《核动力道路上的垦荒牛：彭士禄传》《笺草释木六十年：王文采传》

《探赜索隐　止于至善：蔡启瑞传》　《妙手生花：张涤生传》
《碧空丹心：李敏华传》　　　　　　《硅芯筑梦：王守武传》
《仁术宏愿：盛志勇传》　　　　　　《云卷云舒：黄士松传》
《踏遍青山矿业新：裴荣富传》　　　《让核技术接地气：陈子元传》
《求索军事医学之路：程天民传》　　《论文写在大地上：徐锦堂传》

《一心向学：陈清如传》　　　　　　《铃记：张兴铃传》
《许身为国最难忘：陈能宽传》　　　《寻找沃土：赵其国传》

《钢锁苍龙　霸贯九州：方秦汉传》
《一丝一世界：郁铭芳传》
《宏才大略　科学人生：严东生传》

《我的气象生涯：陈学溶百岁自述》
《赤子丹心　中华之光：王大珩传》
《根深方叶茂：唐有祺传》
《大爱化作田间行：余松烈传》
《格致桃李半公卿：沈克琦传》
《躬行出真知：王守觉传》
《草原之子：李博传》

《此生只为麦穗忙：刘大钧传》
《航空报国　杏坛追梦：范绪箕传》
《聚变情怀终不改：李正武传》
《真善合美：蒋锡夔传》
《治水殆与禹同功：文伏波传》
《用生命谱写蓝色梦想：张炳炎传》
《远古生命的守望者：李星学传》

《善度事理的世纪师者：袁文伯传》
《"齿"生无悔：王翰章传》
《慢病毒疫苗的开拓者：沈荣显传》
《殚思求火种　深情寄木铎：黄祖洽传》
《合成之美：戴立信传》
《誓言无声铸重器：黄旭华传》
《水运人生：刘济舟传》
《在断了 A 弦的琴上奏出多复变
　　最强音：陆启铿传》

《虚怀若谷：黄维垣传》
《乐在图书山水间：常印佛传》
《碧水丹心：刘建康传》

《我的教育人生：申泮文百岁自述》
《阡陌舞者：曾德超传》
《妙手握奇珠：张丽珠传》
《追求卓越：郭慕孙传》
《走向奥维耶多：谢学锦传》
《绚丽多彩的光谱人生：黄本立传》

《探究河口　巡研海岸：陈吉余传》
《胰岛素探秘者：张友尚传》
《一个人与一个系科：于同隐传》
《究脑穷源探细胞：陈宜张传》
《星剑光芒射斗牛：赵伊君传》
《蓝天事业的垦荒人：屠基达传》

《化作春泥：吴浩青传》
《低温王国拓荒人：洪朝生传》
《苍穹大业赤子心：梁思礼传》
《仁者医心：陈灏珠传》
《神乎其经：池志强传》
《种质资源总是情：董玉琛传》
《当油气遇见光明：翟光明传》
《微纳世界中国芯：李志坚传》
《至纯至强之光：高伯龙传》

《弄潮儿向涛头立：张乾二传》
《一爆惊世建荣功：王方定传》
《轮轨丹心：沈志云传》
《继承与创新：五二三任务与青蒿素研发》

《淡泊致远　求真务实：郑维敏传》
《情系化学　返璞归真：徐晓白传》
《经纬乾坤：叶叔华传》
《山石磊落自成岩：王德滋传》
《但求深精新：陆熙炎传》
《聚焦星空：潘君骅传》

《逐梦"中国牌"心理学：周先庚传》
《情系花粉育株：胡含传》
《情系生态：孙儒泳传》
《此生惟愿济众生：韩济生传》
《谦以自牧：经福谦传》

《世事如棋　真心依旧：王世真传》
《大地情怀：刘更另传》
《一儒：石元春自传》
《玻璃丝通信终成真：赵梓森传》
《碧海青山：董海山传》

《追光：薛鸣球传》
《愿天下无甲肝：毛江森传》
《以澄净的心灵与远古对话：吴新智传》
《景行如人：徐如人传》

《材料人生：涂铭旌传》
《寻梦衣被天下：梅自强传》
《海潮逐浪　镜水周回：童秉纲
　　口述人生》

《采数学之美为吾美：周毓麟传》
《神经药理学王国的"夸父"：
　　金国章传》
《情系生物膜：杨福愉传》
《敬事而信：熊远著传》

《恬淡人生：夏培肃传》
《我的配角人生：钟世镇自述》
《大气人生：王文兴传》
《历尽磨难的闪光人生：傅依备传》
《思地虑粮六十载：朱兆良传》

《心瓣探微：康振黄传》
《寄情水际砂石间：李庆忠传》
《美玉如斯　沉积人生：刘宝珺传》
《铸核控核两相宜：宋家树传》
《驯火育英才　调土绿神州：
　　徐旭常传》

《通信科教　乐在其中：李乐民传》
《力学笃行：钱令希传》
《与肿瘤相识　与衰老同行：
　　童坦君传》

《没有勋章的功臣：杨承宗传》　　《科学人文总相宜：杨叔子传》